中等职业教育老年人服务与管理专业精品系列教材

老年人活动策划与实施

丁美方　范春玥　主编

科学出版社

北　京

内 容 简 介

本书以教育部颁布的《中等职业学校老年人服务与管理专业教学标准（试行）》及人力资源社会保障部、民政部联合颁布的《养老护理员国家职业技能标准（2019 年版）》为依据编写而成，主要内容包括认识老年人活动、老年人养生类活动策划与实施、老年人心理保健活动策划与实施、老年人学习类活动策划与实施、老年人团队活动策划与实施、老年人旅游休闲活动策划与实施、老年人节假日庆典活动策划与实施、老年人康乐活动策划与实施、老年人婚姻家庭活动策划与实施和老年人安全活动策划与实施。

本书可作为中等职业教育老年人服务与管理专业教材，也可作为广大老年服务行业工作者及各类社会管理人员的参考书。

图书在版编目（CIP）数据

老年人活动策划与实施/丁美方，范春玥主编. —北京：科学出版社，2021.3
（中等职业教育老年人服务与管理专业精品系列教材）
ISBN 978-7-03-067566-8

Ⅰ. ①老… Ⅱ. ①丁… ②范… Ⅲ. ①老年人-活动-组织管理学-中等专业学样-教材 Ⅳ. ①C936

中国版本图书馆 CIP 数据核字（2020）第 269405 号

责任编辑：王鹤楠 / 责任校对：陶丽荣
责任印制：吕春珉 / 封面设计：东方人华平面设计部

科学出版社 出版
北京东黄城根北街 16 号
邮政编码：100717
http://www.sciencep.com
北京中科印刷有限公司印刷
科学出版社发行 各地新华书店经销
*
2021 年 3 月第 一 版 开本：787×1092 1/16
2024 年 8 月第四次印刷 印张：14
字数：322 000

定价：59.00 元

（如有印装质量问题，我社负责调换）
销售部电话 010-62136230 编辑部电话 010-62135397-2041

中等职业教育老年人服务与管理专业精品系列教材
编委会

总　　序

人口老龄化应对是我国现阶段及未来很长一段时间的重点民生工程。党的二十大报告中提出“实施积极应对人口老龄化国家战略，发展养老事业和养老产业”。不断提速的老龄化进程，向职业教育提出了高质量养老服务人才培养的迫切要求。

中等职业教育阶段中的老年人服务与管理专业的诞生与发展时间相对较短，属于新兴专业。在养老人才培养工作中的很多方面还有很大的提升和发展空间。教育部等九部门联合印发的《关于加快推进养老服务业人才培养的意见》（教职成〔2014〕5 号）中指出，要加强养老服务相关专业教材建设。鼓励相关院校与行业、企事业单位联合编写养老服务相关专业特色校本教材。本系列教材就是在这样的形势和需求下诞生的。

北京市劲松职业高中作为中等职业教育阶段养老服务人才培养工作的先驱，贯彻落实国家职业教育改革发展的方针和要求，联合一批兄弟院校和行业企业专家，历时四年，共同编写完成本系列教材，包括《老年人服务礼仪与沟通》《老年人活动策划与实施》《老年人健康管理》《老年人营养膳食与搭配》《老年人照护实用辅助疗法》。本系列教材的编写经历了行业企业调研、人才培养方案修订、课程体系重构、课程标准修订、课程内容丰富与完善、课程资源建设等几个过程。

本系列教材立足于养老产业复合型、创新型人才的培养，以就业为导向，以学生为主体，注重“做中学、做中教”，主要体现了以下特色。

1. 需求导向，与时俱进

随着时代的发展与社会的进步，养老服务需求也发生着巨大变化。尽管护理人才短缺仍是现阶段最主要的问题，但伴随养老服务市场中对客服、销售、活动组织与带动、健康管理、营养膳食等方面的需求越来越大，市场对多技能、高素养的复合型养老服务人才的需求也越来越大。

本系列教材的编写工作以充分的行业、企业调研为基础，深入了解目前养老服务与照护工作中对人才和典型岗位职业能力与素养的需求，立足最紧要、最迫切的核心职业领域与岗位需求进行教材的设计和编写。近年来，老年人多元辅助疗愈活动的设计与实施受到广泛关注与应用。本系列教材集中了业界相关领域的行业和院校专家共同编写。其中，《老年人照护实用辅助疗法》首次填补了该领域教材的空白。

2. 任务驱动，自主探究

本系列教材充分考虑了中职学生的学习特点，结合养老服务工作的实际设计内容模块，在形式上打破了传统教材的单元设计，以逻辑相关的真实任务引领学习内容，并以任务驱动学习者进行自主探究式学习和合作型学习。同时，在内容设计上将理论知识与技能指导相结合，注重在学习过程中引领学习者将专业理论知识内化与实践技能应用相结合，最终达到深入理解和实际运用的目的。

3. 案例导向，理实一体

在内容组织与设计过程中，本系列教材以真实案例为基础，以任务为引入点，一改传统被动“填鸭式”的教学方法，努力启发学习者的自我认知、主动参与、身临其境感与独立思考能力，将理论知识与实际操作技能相结合，突破“技能关”，建立“整体观”，提升学习者的综合职业素养与能力。

本系列教材凝聚了众多行业企业专家、一线高技能人才、具有丰富教学经验的教师及学校领导的心血。本系列教材的出版不仅丰富了老年人服务与管理专业建设的内涵，也必将为兄弟院校的专业建设及人才培养提供重要支撑。当然，养老事业和养老服务人才的培养工作在不断发展，并提出了新的要求，本系列教材中的不足之处请各位专家、同仁批评指正。我们将在使用中不断改进和完善，希望本系列教材能够拥有良好的育人效果。

前　言

随着我国老龄人口的不断增加，社会养老服务人才需求与日俱增。2019 年 3 月，《国务院办公厅关于推进养老服务发展的意见》（国办发〔2019〕5 号）提出，“党中央、国务院高度重视养老服务，党的十八大以来，出台了加快发展养老服务业、全面放开养老服务市场等政策措施，养老服务体系建设取得显著成效。”该意见提出，“建立完善养老护理员职业技能等级认定和教育培训制度”“鼓励各类院校特别是职业院校（含技工学校）设置养老服务相关专业或开设相关课程”。

进一步加快课程体系建设，完善教学资源开发，提升养老服务人才培养质量是中等职业教育老年人服务与管理专业建设工作的当务之急。在此背景下，编者编写了本书。本书的主要特点如下。

1）以国家相关标准为依据。本书以教育部颁布的《中等职业学校老年人服务与管理专业教学标准（试行）》及人力资源社会保障部、民政部联合颁布的《养老护理员国家职业技能标准（2019 年版）》为依据进行编写。

2）坚持“管用”“够用”“实用”原则，避免空泛的讲授，以实际案例为依托，重在培养学生解决老年人活动策划与实施实际问题的能力。

3）案例来自实践第一线。本书提供第一线的老年人活动策划与实施实际案例，并给出解决问题所需要的知识，通过让学生演练，培养学生自主学习和解决问题的能力。

4）以任务为中心。本书将老年人活动分成十大类，每个大类组成一个教学项目，每个项目细化为活动概述、活动策划、活动实施和活动评估等具体任务，学生通过任务学习能够掌握本项目内容。

本书具体学时安排建议如下表所示。

项目	项目内容	建议学时
项目一	认识老年人活动	6
项目二	老年人养生类活动策划与实施	8
项目三	老年人心理保健活动策划与实施	8
项目四	老年人学习类活动策划与实施	6
项目五	老年人团队活动策划与实施	6
项目六	老年人旅游休闲活动策划与实施	8
项目七	老年人节假日庆典活动策划与实施	8
项目八	老年人康乐活动策划与实施	8
项目九	老年人婚姻家庭活动策划与实施	6
项目十	老年人安全活动策划与实施	8
总学时		72

本书由广东省对外贸易职业技术学校丁美方、北京市劲松职业高中范春玥担任主编。编写分工如下：项目一（广东省民政职业技术学校孙慧琴、广东省对外贸易职业技术学校丁美方）；项目二（重庆城市管理职业学院郭小建）；项目三（重庆城市管理职业

学院刘慧玲）；项目四（重庆市第二社会福利院陈玥、北京市劲松职业高中范春玥）；项目五（重庆市南岸区南坪镇绿荫社会工作服务中心傅茜倩、广东省对外贸易职业技术学校丁美方）；项目六（重庆仁爱社会工作服务中心周玲玲、重庆城市管理职业学院郭小建）；项目七（重庆市第一社会福利院陈十、周灿）；项目八（重庆仁爱社会工作服务中心张小江、徐家春）；项目九（重庆仁爱社会工作服务中心万文、李莉）；项目十（重庆仁爱社会工作服务中心黄全美、重庆城市管理职业学院郭小建）。北京星健香山长者公馆执行院长李想对全稿进行了审定。

中等职业学校老年人服务与管理专业课程建设工作仍处于起步阶段，在专业教学资源开发过程中，仍需要企业及兄弟院校的通力合作与支持。由于编者水平有限，加之时间仓促，本书难免出现疏漏或有待改进的地方，恳请广大读者批评指正。

编　者

2019 年 11 月

目　录

项目一

认识老年人活动

项目导读

每到傍晚，小区附近的广场就被占据了，随着《最炫民族风》之类的劲爆音乐响起，大爷大妈们总是聚集到这里，随之起舞。这样的场景在全中国任何一个城市都随处可见。据悉，目前，中国的广场舞爱好者超过了 1 亿人，主体人群是 40～65 岁的中老年妇女。随着人口老龄化的加剧，这个数字还将增大。

在快速进入老龄化社会的过程中，绝大多数老年人不再为柴米油盐发愁，已经从生存经济阶段进入了发展经济阶段，更多地追求精神需求。因此，既满足健身需要又满足情感诉求的广场舞便成为很多“大妈”的首选。跳广场舞，从某种程序上反映出老年人健康意识的增强和对精神生活的需求。

其实，为了满足老年人的需求，除了老年人自发组织的广场舞活动，我们还可以针对不同年龄层次、不同类型的老年人，开展不同的老年人活动。本项目将深入介绍如何策划老年活动。

【学习目标】

『知识目标』

1. 了解老年人活动的分类与作用。
2. 了解老年人活动策划的要素。
3. 掌握老年人活动策划的程序。
4. 掌握老年人活动策划的危机管理和评估。

『技能目标』

1. 能正确地将老年人活动进行分类。
2. 能对老年人活动现场进行管理。
3. 能对老年人活动进行评估。

『职业素养目标』

1. 能够关注不同老年人群体的活动需求。
2. 能够对老年人活动现场的突发情况灵活应对。
3. 培养理论与实践相结合的能力。

任务一　老年人活动概述

案例导入

案例 1:

2017 年 10 月 24 日，某公证处和某街道居委会结队开展主题为“九九重阳节，公证来相伴”重阳节敬老爱老公证法律服务活动。

通过前期制订重阳节活动方案，了解老年人的实际需求，结合老年人特点，公证处 4 名公证人员在区文化广场上设摊，发放重阳糕点和公证宣传手册，为老年人提供公证法律咨询服务。活动吸引了周边诸多老年人前来询问，公证人员专业、耐心、细致地为他们答疑解惑，获得了老年人的声声好评。

本次开展重阳节敬老爱老公证服务活动，让老年人切实感受到公证处的关怀和温暖；同时弘扬尊老敬老、爱老助老的优良传统；为老年人办好事、做好事、献爱心，为老年人提供优质高效的公证法律服务，使其安享幸福晚年生活。

案例 2:

2018 年 3 月 1 日上午，“2018 年厦门市万名老年人新春健步行”活动在福建省厦门市环岛路音乐广场拉开帷幕。

据了解，2018 年，厦门市万名老年人新春健步行在全市设立有 9 个分会场，共有 3 万多名老年人参加健步行活动。活动由厦门市体育局、市老体协主办，是厦门春节和元宵期间文体活动的品牌项目之一，同时也是新年开局之时贯彻全民健身的重要举措。

活动现场，老年志愿者协会艺术团带来了精彩的艺术表演，并为市老龄工作委员会办公室（以下简称老龄办）、市老体协评选出的 15 位“2017 年度健康老人”颁奖。据悉，自 2006 年厦门市委、市政府倡导举办这项大型的全市性老年人健身活动以来，2018 年已是第十三届，越来越多的老年朋友加入新春健步行的行列，享受健身带来的乐趣。

万名老年人新春健步行活动已成为厦门市老年人健身活动的品牌，广大老年朋友走向大自然，拥抱大自然，科学健身，绿色健身，充分享受厦门生态文明的成果。通过这样的活动，希望让更多的老年朋友走出家门，积极参与到形式多样的老年体育活动中去。

案例 3:

为了满足城区更多老年人的学习需求，共享社会发展成果，真正地实现老有所学、老有所乐，抚州市成立了社区老年大学。一个学期过去了，该社区老年大学深受老年人的欢迎和群众的支持。

抚州老年大学七二一社区分校认真分析该社区老年人的特点、需求、文化层次，已开设棋牌、门球、太极拳（剑）、佳木斯操、民族舞和广场舞等课程，并通过不断深入社区调研、开展座谈会等方式来完善符合该社区老年人特点的课程体系，完善规章制度，聘请优秀师资，让想学习、爱学习的老年人都能在此学到东西、获得快乐。参加该社区老年大学的学员们纷纷表示，到这里来能让自己学有所乐、乐有所获，精神更加饱满，家里人都非常支持。该分校负责人表示，将开展更多的文化活动，吸引更多热爱文艺、热心公益的老年人参与，提升社区社会组织、文艺团队的层次，促进社区和谐健康发展。

据悉，抚州七二一社区常住居民有 1 万多人，60 岁以上老年人有 4400 多人。抚州老年大学七二一社区分校是抚州市第一所社区分校，旨在更好地让居住在社区里的离退休职工和居民丰富晚年精神文化生活，促进文明、和谐小区建设。该社区老年大学既解决了老年人群体对文化活动的需求，又激发了老年人参与的积极性，同时搭建了老年人相互交流、学习的平台，促进了社会和谐与稳定，为抚州社会经济发展增添了正能量。

新的一个学期即将开始，该校也早早开始准备接下来的课程安排，期待该社区老年大学越办越好，老年人在此能越学越乐。

任务描述

阅读以上有关老年人活动的新闻材料，分析案例中的老年人活动类型。

相关知识

一、老年人活动的含义和分类

1. 老年人活动的含义

老年人活动是针对老年人的心理、生理特点，在老年工作者的协助下，在社区、团体组织内开展的语言交流活动、肢体活动、兴趣活动、文娱活动、公益活动等，以增进老年人的身心健康，满足其发展需要，提高其晚年生活质量。

2. 老年人活动的分类

（1）根据活动内容划分

根据活动内容的不同，老年人活动可以分为文娱、体育、艺术、旅游、会议、展销、节庆、宗教、社交、公益等活动，如养老机构经常开展的生日庆祝会、老电影回放、传统风俗展示等活动；结合重大节日开展的中秋节活动、重阳登高活动等；在辖区范围内举办的老年人集体婚礼、广场舞比赛、老年人运动会等。

（2）根据活动适应的人群划分

根据活动适应的人群不同，老年人活动可以分为以下几种类型。

1）低龄老年人活动。低龄老年人活动主要针对 65 周岁以下的，体力、精力仍然很充沛的老年人，除强体力活动之外的一般活动都可以开展。

2）中高龄老年人活动。中高龄老年人活动一般针对 65～75 周岁、活动能力尚可、无肢体功能障碍的老年人。这类活动的活动量稍大，范围较广，大多为户外或室内的安全系数高的综合性活动。

3）高龄老年人活动。高龄老年人活动一般针对 75 周岁以上、身体不便，具有身体功能障碍的老年人，以活动量较少的讲座、游戏、交谈等形式开展，也包括带领行动不便的老年人进行不同的康复运动。

4）患病老年人活动。有一些老年人因某些疾病而导致某些生理机能的丧失，如心脑疾病导致的瘫痪或者肢体行动不便等。针对这部分老年人，开展活动时可以结合老年人的身体状况，协助其锻炼身体的同时，帮助其恢复部分肢体功能。

（3）根据活动的专业性划分

根据活动的专业性不同，老年人活动可以分为以下两种类型。

1）业余性老年人活动。业余性老年人活动的组织者可以是任何一位老年人或者社团、单位。活动人员本着共同的兴趣、爱好、目标，积极策划、组织、参与活动，主要体现娱乐性、自我满足感、再创造等原则。

2）专业性老年人活动。专业性老年人活动主要是通过养老护理员和社会工作者（以下简称社工）的指导，运用专业方法和专业技能开展团体治疗性、发展性的活动，起到治疗、促进社会交往、娱乐、社会支持的作用，如缅怀往事小组、现实辨识小组、动机激发小组等开展的活动。

二、老年人活动的作用

1. 促进身体健康

人到老年，生理特点表现为脏腑、气血、精神的自然衰退，生理功能和形态方面出现退行性变化，机体调控的稳定性降低，如肺活量下降，动脉弹性减低，血压升高，流向脑部和冠状动脉的血流明显减少，消化道的蠕动和分泌功能减弱，膀胱括约肌和尿道括约肌萎缩，免疫能力减弱等。从医学上讲，适当的体力活动可以提高机体新陈代谢的能力，使机体器官功能和肌力增强。现在的老年人，大多经历过较为困难的生活，朴素的思想指导着他们在职时忘我工作，落下了颈椎炎、肩周炎、腰肌劳损及呼吸系统、循环系统、消化系统等多方面的慢性病，这些病如果仅靠药物治疗，不仅花费巨大，而且疗效不明显，但如果在身体许可的情况下，经过专业人员的指导，配合以因人而异的体育健身运动，则能收到事半功倍的效果。

老年人体育运动摆脱了规章制度的强制性、机械运作的单一性、生产劳动的繁重性、被动操作的无趣性，老年人在放松、舒缓、有趣、有效、安全的体育运动中活动了筋骨，舒张了经络，找到了乐趣，增强了脏器活力，改善了神经机能，大大提高了自身免疫功能，许多疼痛不适在不知不觉中减轻，许多慢性病在不知不觉中得到改善。因为坚持体育锻炼，原来体弱多病的老年人变得红光满面、神清气爽的例子举不胜举。适度的体力活动，能增强肠胃道分泌和蠕动，增进消化，促进食欲。据调查统计，坚持适当体力活动的人，比久坐不动的人的心脏肌肉发达，心脑血管功能健全，高血压、冠心病等发病率也较低。实验证明，适当的体力活动有助于预防疾病、延年益寿。同时，在参与脑力活动的过程中，老年人不断阅读，反复进行思考、想象、记忆等思维活动，能使大脑得到锻炼，加强思维能力，延缓脑细胞的衰老。

2. 促进积极情绪

离退休后，老年人的主导活动和社会角色发生了改变，从工作单位转向家庭，其社会关系和生活环境较以前显得陌生，加上子女“离巢”，过去那种欢快、热闹的氛围一去不复返，一种被冷落的心理感受便会油然而生。从客观上讲，老年人由于远离社会生活，体力渐衰，行动不便，与亲朋好友的来往频率下降，信息交流不畅，容易产生孤独感。在主观方面，老年人具有自己既定的人际交往模式，不易结交新朋友，人际关系范围逐渐缩小，从而引发封闭性的心理状态。如果不幸丧偶，则会更加感到寂寞甚至孤单。这种人际交往的改变，是老年人孤独感产生的主要原因。有些老年人心气很高，事业心很强，虽年逾花甲，仍勤奋工作，不顾体力和精力衰退，出现“心有余而力不足”的现象；还有一些老年人，由于离退休前社会地位较高，具有丰富的学识和工作经验，有很强的自尊心，希望得到别人的尊重，爱听恭维及顺耳的话，处事固执己见，不愿意听从别人的意见，一旦出现反对的声音，便感到自己没有面子。由于部分老年人离开了工作岗位，没有了需要自己决策和把关的事情，便把注意力从单位、社会转移到家庭中，尤其是在单位习惯了发号施令的老年人，对子女工作、婚姻、生活横加干涉，并因此常与子女发生矛盾，感到自己的经验无处使用而产生无用感；还有一些老年人骤然从忙碌的工作岗位上退下来，对这种优哉游哉的生活不适应，缺乏足够的思想准备，产生了强烈的自卑感和无用感。以上失落、孤独、自卑、疑虑的情感都会对老年人的心理产生负面的影响，而且老年人在现实生活中容易遭受挫折，不顺心、不如意之事时有发生，如遇到家庭内部出现矛盾和纠纷，子女在就业、婚姻等方面有困难，自己的身体日趋衰落、疾病缠身，许多老年人就会变得长吁短叹、烦躁不安、情绪低落或者郁郁寡欢。这些都是抑郁的表现。

随着身体的老化，老年人变得越发害怕生病。一方面，老年人担心生病后自己的生活难以自理，给家人和晚辈带来麻烦，变成家庭的累赘；另一方面，老年人一旦生病，特别是重病，似乎就感觉离死亡不远了。因此，老年人对疾病和死亡通常会产生恐惧感。若遇不良环境和刺激因素，易于诱发多种疾病，患病后较难恢复。人的情绪对身体健康有着极大的影响。老年人在活动中心情轻松愉快、精神振奋，人也会感到舒服、轻松、乐观，这样便会形成一种良性循环，对老年人身体、心理的健康有着积极的作用。

3. 建立社会支持网络

老年人活动为老年人建立了新的社交圈，当老年人从单位退休后，到社区开始新的生活，建立一个新的社交圈是非常有必要的。以棋会友、以球会友等都有助于新的社交关系的建立。社会支持包括经济支持、日常生活支持和情感支持 3 种类型。构建包括伴侣、家庭成员、邻居、同质人群和其他渠道认识的朋友等在内的社会支持网络，可以对老年人及其家庭提供经济上的支持、生活上的照顾、精神上的交流，从而为老年人解决问题、克服冲突开辟了新的路径。建设老龄社会，不应只停留在喊口号的阶段，而应努力为老年人参与社会创造条件。

4. 促进自我实现

由于科学技术的迅猛发展和社会文化的快速变迁，老年人所处的文化知识环境发生了变化。在过去比较稳定的文化中，年老的人充当资料和知识的储存库，而现在的老年人却尝到了知识过时的痛苦。坚持终身教育可以使老年人在学到更多新的知识的同时，更好地同社会环境相适应。老年人参加团体活动，可以及时更新其知识库，学习其在年轻时未掌握的技能。成功的活动可以激发老年人对新事物的兴趣，协助老年人获得支持，发挥自己的特长，可以消除老年人的自卑心理，在活动过程和活动结果中体现老年人的优势和价值。

任务实施

学生3～4人为一组，根据“案例导入”中的老年人活动新闻材料，结合所学知识，将案例中的老年人活动按照不同标准进行分类。

1）每组选派1名代表，在课堂上将结果进行演示和说明。

2）教师对小组结果及演示进行点评。

任务点评

组别	评价内容及分值				
	按活动内容划分（30分）	按活动适应的人群划分（30分）	按活动的专业性划分（30分）	表述准确精练（10分）	总分（100分）
第1组					
第2组					
第3组					
第4组					
第5组					
第6组					
……					
总评价					
备注					

任务二 老年人活动的策划要素

案例导入

小梁是东苑社区的一名新入职的负责老年工作的社工。还有半个月就是端午节了，社工站计划针对端午节开展一次老年人活动，但是小梁在此之前没有接触过老年工作，因此他不知道该如何去策划此次老年人活动。

任务描述

如果你是小梁，你在策划本次端午节活动时会考虑哪些要素？

相关知识

一、活动策划的概念

策划是指积极主动地想办法、订计划。它是一种策略、筹划、谋划或者计划、打算，是个人、企业、组织结构为了达到一定的目的，在充分调查市场环境及相关联的环境的基础之上，遵循一定的方法或者规则，对未来即将发生的事情进行系统、周密、科学的预测并制订科学的、具有可行性的方案。

策划有以下几个特征：第一，策划是为了达到某一目标，这是策划的前进方向，也是策划的动力；第二，策划是人的智慧和经验总结，这是区别于任何动物的特征，也就是为达到目标运用人类的经验和知识的过程，知识是策划的工具；第三，采用谋略或谋划手段完成既定目标，这是策划的方法。策划是通过概念和理念创新，利用、整合各种资源，达到实现预期利益目标的过程。

活动策划则是活动策划人员在对现状和现有条件进行调研的基础上，设计活动主题，策划活动的时间、地点，组织市场调研，制订活动预算方案、宣传方案、活动实施方案等，最后实施开展活动的现场管理的全过程。活动策划是提高社会影响的有效行为，一份可执行、可操作、创意突出的活动策划方案可有效提升活动团体、组织单位的知名度及品牌美誉度。

二、老年人活动策划的要素

老年人活动策划确保了活动的顺利、成功举行，它是针对活动进行的全局性规划。一份完整的活动策划方案的形成包括从构思、资料搜集、信息分析、归纳、决策到提出想法、制定方案、筛选方案和最后的评估总结的完整过程。具体来说，老年人活动策划包括以下要素。

1）时间：活动时间安排等信息。

2）地点：根据不同类型的活动确定合适的活动地点。

3）定位：分析活动特性，确定活动的类型和规模。

4）主题：提出活动的主题，并对活动的意义进行解释。

5）宗旨：策划发起的缘由、相关背景、要解决的问题，由此确定策划活动的宗旨。

6）目的：说明活动的目的，如通过对实施地老年人全方位的调查、认识、了解，解决老年人的心理、生活问题等。

7）名称：确定合适的活动名称。

8）活动背景：分析老年人的需求、相关政策等。

9）任务分配：根据活动准备的不同阶段，注明各个任务的分配及负责人，明确其职责。

10）宣传推广：针对活动的主题与目标，确定宣传的方式。

11）做预算：依据具体的活动和宣传方案，计算出活动成本。预算必须严谨，不能铺张浪费，建议预算以表格的形式呈现。

12）策划时间任务分配：根据策划活动的全部过程拟定时间表，标明各个任务的时间段，使相关工作人员能根据任务分配检查活动进展情况。

13）危机预估：对在老年人活动中可能产生的危机进行预估及准备紧急预案。

14）效果评估：评估老年人活动的效果是否达到预期，能否满足老年人的需求。

任务实施

学生 3～4 人为一组，自行设计小梁所在社区的实际情况，并撰写一份端午节老年人活动策划方案，在课堂上进行演示。

任务点评

组别	评价内容及分值					
	主题与定位明确（20分）	意义突出（20分）	具有可操作性（20分）	活动安排及预算合理（20分）	有品牌价值（20分）	总分（100分）
第1组						
第2组						
第3组						
第4组						
第5组						
第6组						
……						
总评价						
备注						

任务三　老年人活动的策划程序

案例导入

社工站的叶辉及其同事结合前期调研，计划面向某街道的老年居民开展老年人趣味运动会活动，并联同街道党工委、社区党总支等共同配合组织开展活动。

任务描述

模拟社工站的叶辉及其同事，讨论老年人趣味运动会活动策划的实施程序，并设想在计划活动时间、场地和人员职责分工时应考虑的因素。

相关知识

一、老年人活动各阶段的工作任务

1. 准备阶段

准备阶段主要做好对目标老年人群体的调查研究，充分听取机构内外的意见，必要时可以通过社会征集的方式进行。对老年人活动的基础条件和外部环境进行分析，是老年人活动策划尤其是大型老年人活动策划的起点。准备阶段的工作任务主要包括以下内容。

1）活动资源与开发条件分析，包括对本地区人文历史、风土人情、传统节日等休闲活动资源进行分析，找出适合当地老年人的资源优势。

2）老年人需求分析，对老年人的消费特征进行分析，推算出活动的规模等。

3）老年人活动时间、空间分布分析，包括对机构内曾经举办过的类似的休闲活动进行资料搜集和分类。

2. 确定主题阶段

主题是体现老年人活动理念和文化的关键，在活动项目中起到关键的作用。确定主题阶段的工作任务主要包括以下内容。

1）确定老年人活动举办的目的、意义、宗旨和方向。

2）在明确活动的举办宗旨后，选择活动主题策划所选用的方法。

3）确定主题定位。策划一个活动，主题定位尤为重要，主题定位能反映活动规模、目标市场、类型特色等诸多方面的要素，是活动策划的关键环节。主题定位直接影响活动内容的选择和安排。老年人活动的主题定位要针对老年人的特征来确定。

3. 内容策划阶段

老年人活动的主体内容和辅助内容，都要根据目标观众和市场细分的要求进行合理安排。内容策划阶段的工作任务主要包括以下内容。

1）对活动所要面对的老年人群体进行市场细分，确定活动目标市场。

2）明确老年人活动的策划人员，并明确活动策划人员对活动的职责分工和利益预期。

3）确定老年人活动的规模、地点、时间、过程、内容等。

4）确定老年人活动的形式，活动一般以节、展、会、演、赛等形式出现。

5）确定老年人活动的标志、主题口号、宣传画等。

4. 策划实施阶段

根据老年人活动策划方案实施进度，适时对策划方案进行反馈、调整和修改。策划实施阶段的工作任务主要包括以下内容。

1）根据老年人活动总体方案，编制活动实施计划和时间进度计划。

2）对老年人活动实施过程中的人员、物资、设备、资金进行合理调度，对活动项目、程序进行衔接，对现场次序和安全管理等进行预先安排。

3）编制应急方案，对活动组织实施过程中的突发事件进行控制和防范，加强对活动现场的协调和管理。

5. 活动总结与评估阶段

根据老年人活动策划实施情况和影响，对活动策划与组织实施情况进行总结和评估。活动总结与评估阶段的工作任务主要包括以下内容。

1）对活动组织各环节进行分析，对活动进行总结。

2）从社会效果、活动效果等方面进行调研，评估老年人活动策划与组织的效果。

二、老年人活动时间及场地安排

1. 老年人活动时间安排

确定老年人活动的开展日期非常重要，要让活动获得成功，关键是要挑选一个合适的日期。活动策划者在确定活动日期之前，应主要考虑以下因素。

1）法定节假日。针对我国的传统节日，一般在节日前开展有针对性的活动。

2）场地因素。避免与其他活动发生场地冲突。

3）其他因素。例如，特邀的重要嘉宾是否能抽空出席等，都是影响策划时间安排的重要因素。

2. 老年人活动场地安排

场地是老年人活动的基础硬件之一，一个与老年人活动匹配度高的场地，会为活动本身增色不少。

（1）选择老年人活动场地的方法

1）列出适合本次老年人活动的场所清单。制作一份老年人活动场所清单表，清单表上须注明活动要求的设施与设备、环境等。如果清单列得清晰明确、有可比性，将大大便于各个场所的比较和选择。

2）选择适合本次老年人活动的场地。选择合适的老年人活动场地，必须依据本次老年人活动的程序、预计参与的人数、参与人员的背景情况等因素综合考虑。

3）活动类型与场地的搭配。活动场地要与活动类型搭配，如进行教学类活动，需要考虑是否有现代化的教学设备设施；健步走活动，就适合在户外进行。

4）亲临现场实地考察。最好在预定场地有活动时去参观，以便查看场地的优势和不足。

（2）老年人活动策划场地须考虑的因素

1）场地可容纳的人数。

2）硬件设施。照明设备、投影仪、话筒、音响、舞台拼接地块、主席台、桌椅，以及是否设有电梯、无障碍设施及老年人专用的洗手间等。

3）场地的地理位置。活动举办地点的交通是否便利，食宿是否方便。

4）是否方便老年人如厕和休息。

三、老年人活动现场布置实施

现场布置是指对活动现场环境进行布置和对活动参与方的有关工作进行协调和管理。根据国家对活动管理的相关规定，利用广场、街区等举办的活动，主办方需要到工商、公安、城管等职能部门办理有关审批手续，经政府主管部门、职能部门审批和备案后，主办方才能开始现场布置。此外，在进行主席台、展台、活动舞台等现场布置前，主办方还需要与活动搭建方进行充分的协调和沟通，避免出现现场布置问题，保证布置现场、活动现场秩序井然、有条不紊。

老年人活动现场布置实施主要包括以下内容。

1. 功能区域划分工作

如果老年人活动现场有指定的不同的功能区域，必须按照场地面积和位置划好区域的范围，确定具体位置。

2. 功能区域搭建工作

主办方要监督所有的活动搭建方按活动要求搭建。对于搭建中出现的各种问题，要及时协调处理。

3. 现场施工管理和验收

活动主办方要派出专门人员管理各功能区域的现场施工，如现场用电、噪声控制等，要及时地检查验收。

4. 横幅及宣传标语的制作、安装与拆除

各功能区域的横幅和宣传标语对活动非常重要，一定不能有丝毫的差错，主办方要派出专门人员认真核对，并于活动结束后及时拆除，让活动场地恢复原貌。

5. 现场安全保卫工作

活动现场布置期间，现场人员众多，现场布置施工涉及用水用电，有一定危险性，而且活动结束时往往比较杂乱，主办方千万不能放松现场的消防和安全保卫工作，要善始善终。

6. 消防和安全检查

活动现场布置完毕以后，主办方还要对所有活动区域进行二次全面系统的检查，保证活动现场符合消防和安全要求，彻底清除活动现场可能存在的安全隐患。

7. 现场清洁和现场布置垃圾的处理

活动现场往往会产生垃圾，对这些垃圾要及时收集，运出活动场地并进行处理。

四、老年人活动人员组织与调配

因为老年人活动现场的参与人员数量较多、事务繁杂，所以如何控制好现场的各项工作，保证老年人活动的顺利进行，对于老年人活动的组织者来说是一个极大的挑战。根据参与老年人活动人员的不同身份，参与人员大致可以分为6类，即老年人活动组织方、场地方、参与方、场地搭建方、嘉宾和观众方、媒体方。

根据老年人活动参与者的不同身份把现场的管理任务分为若干方面，每一类群体的相关事务为一方面的管理任务，再分别安排专人来负责该方面的相关事务，最后由项目负责人来统一管理各个方面的负责人，协调和控制整个现场工作。具体内容如下。

1. 人员划分

人员管理的前提是对参与老年人活动的全体人员进行科学的角色划分，这也是开展老年人活动现场工作的基础。人员划分的最终目的就是使工作分工明确，易于操作。具体人员划分如下。

1）组织方：主要包括老年人活动的主办方、承办方、协办方等。

2）场地方：主要是指场地的所有者或管理者，他们在整个老年人活动的进程中扮演着活动实际操作过程中的把关者和配合者的角色。

3）参与方：主要是指参与本次活动的目标老年人群体。

4）场地搭建方：主要包括搭建舞台、安装灯光、调试音响等的工作人员。

5）嘉宾和观众方：主要包括到场的领导、嘉宾、评委、观众等人员。

6）媒体方：主要包括老年人活动邀请的媒体和主动前来采访的媒体。

总之，在人员的划分上应该充分考虑老年人活动的实际情况，根据实际情况来划分才能达到事半功倍的效果。

2. 工作职能

各种角色的管理人员的工作职能主要表现在以下几个方面。

1）监督和控制各种角色参与人员的到场和准备情况。例如，舞台灯光、音响是否已经安装和调试完毕，为领导和嘉宾准备的笔、纸、水、名牌等是否齐备。

2）负责各类人员之间的信息沟通。参与老年人活动的各个方面都应积极配合，各类人员应当及时传达他们之间的信息和各种配合要求。

3）负责解决各角色群体提出的各种要求和出现的各种问题。

4）及时向项目负责人报告工作进展情况。

5）解决现场出现的其他相关事务。

任务实施

学生 3～4 人为一组，选出组长。由组长带领组员，根据所学知识，模拟社工站的叶辉及其同事，讨论老年人趣味运动会活动策划的实施程序，并设想在计划活动时间、场地和人员职责分工时应考虑的因素。

将上述讨论结果形成完整报告，由小组选出代表在课堂上进行演示。

任务点评

组别	评价内容及分值				
	对时间的选择（30 分）	对场地的选择（30 分）	人员职责分工（30 分）	表达清晰有逻辑性（10 分）	总分（100 分）
第 1 组					
第 2 组					
第 3 组					
第 4 组					
第 5 组					
第 6 组					
……					
总评价					
备注					

任务四 老年人活动的危机管理

案例导入

接本项目任务三的案例导入，叶辉及其同事经过前期策划，拟订了所在社工站组织的老年人趣味运动会活动方案，然而，他们还需要对可能出现的危机事件进行预测。这就涉及老年人活动组织的危机管理。于是，叶辉及其同事开始进行危机事件预测及应对准备工作。

任务描述

如果你是叶辉，你认为老年人趣味运动会可能会出现哪些危机事件？应如何进行防范？

相关知识

一、危机和危机管理的定义

危机是指会引起负面影响的具有不确定性的事件。任何一件事情的发展都具有不确定性，会产生偶然或必然的结果，带来机会和损失，这种不确定性就是活动危机的所在。在这里谈论的危机是造成损失的不确定性，造成这种不确定性的因素有很多，包括外部不可预测因素与内部人员操作失误等。

危机管理是管理人员对可能产生影响的不确定性因素进行预测、识别、分析和有效管理，以降低危机消极影响的管理活动。活动危机管理对活动成功与否有很大的影响。在所有的活动管理中，实施方案的前期策划和预演都非常重要。不过，在更具有特殊性的老年人活动中，人性化管理、现场的协调和及时解决突发事件的重要性不亚于前期策划的重要性。

二、老年人活动危机的分类

老年人活动危机有以下几种类型。

1. 不可抗力危机

不可抗力危机是所有危机中危害最大且最难预料的，其包括自然灾害等事件，一旦发生就可能是影响很大的，会导致老年人活动延期甚至取消。

2. 健康安全危机

健康安全危机包括活动组织者、相关工作人员在活动过程中由于意外事故而受到的人身伤害，以及老年人在参加活动过程中由于场地设施的安全性未达要求而受到的人身伤害。

3. 财产危机

财产危机包括财产和物资在运输、安装、搭建、拆除、再运输的整个过程中遭受的损失。

三、老年人活动危机的处理方法

根据老年人活动中的具体危机，有如下几种处理危机的方法。

1）制订危机应急预案。根据已有的经验，了解活动中危机的类型、形成原因、确定依据、责任主体，以及应对各类危机的应急资源和应急能力等基本情况，预测可能发生的危机事件以制订合理的应急预案。

2）配备医疗工作人员及急救设备。配备医疗工作人员及急救设备以应对活动组织者和参与者的意外伤害、突发疾病等情况。

3）制定完善的规章制度。在活动过程中，要有效应对危机就必须加强对工作人员的管理。应制定完善的工作制度、岗位工作要求和考核指标，实行岗位责任制，采取严明的奖惩措施，形成有效的激励和约束机制，进行科学管理，充分调动工作人员的积极性和主观能动性，提高工作效率。

4）为以后的危机管理工作做准备。危机过后，调查事情的起因，修复受损的物资，调整组织计划，解决遗留问题，总结活动经验，为以后的危机管理工作打好基础。

任务实施

学生 3～4 人为一组，分别扮演叶辉及其同事，根据所学知识进行危机预测及应对准备工作。设想老年人趣味运动会中可能会出现的危机事件，需要做好哪些方面的危机管理工作，并形成危机管理方案，在课堂上进行演示。

任务点评

组别	评价内容及分值				
	对活动实施考虑全面（30 分）	设想的突发事件具有合理性（30 分）	设计的应急预案具有可操作性（30 分）	表达清晰有逻辑性（10 分）	总分（100 分）
第 1 组					
第 2 组					
第 3 组					
第 4 组					
第 5 组					
第 6 组					
……					
总评价					
备注					

任务五 老年人活动的评估

案例导入

接本项目任务四案例导入，叶辉及其同事经过前期周全的策划和准备，成功地在社工站组织了老年人趣味运动会，活动进行得很顺利，达到了预期的效果。活动结束后，按照要求，叶辉及其同事应对活动进行评估。

任务描述

角色扮演叶辉及其同事，讨论老年人活动评估的内容。

相关知识

一、评估及老年人活动评估

评估是一种社会科学的衡量方法，是对某项事物进行分析、评级和估量。评估作为一项社会活动，需要运用多学科知识对评估对象进行宏观或微观、系统或具体的分析，以便在可行性、价值度、重要性方面对以后的活动进行指导。

评估活动是社会系统的自我检索、自我调整与自我反馈的过程。评估具有系列性和长期性，其结果不仅仅是针对当下，相比而言，老年人活动评估更着眼于以后的活动。通过对整个活动开展情况的评估，找出活动开展过程中的不足，为今后类似活动更好地开展积累经验。从评估的过程和反馈的结果中，可以得出一些有用的信息，以便对活动过程进行修改和整合，促进其良性循环。

二、老年人活动评估的内容

老年人活动评估的内容包括以下几个方面。

1. 策划评估

1）策划方案评估。针对策划方案的内容，找出举办时间、地点、人员安排等内容的优缺点，进行评估。

2）目标评估。评估老年人活动立项时策划方案中预定目标的实现程度。

2. 工作评估

1）筹备工作评估。对老年人活动工作的统筹、准备、协调及各项筹备工作的安排和调整等进行评估。

2）其他各类人员评估。对场地方、搭建方等的工作进行评估。

3）宣传推广工作评估。对宣传的媒体和宣传效果等进行评估。

4）宣传管理工作评估。对场地选择、设施设备、后勤管理、清洁保安、现场工作人员管理、突发事件应急措施和各环节的服务及服务质量等进行评估。

5）时间管理评估。对整体时间进度安排进行评估。

3. 社会影响评估

老年人活动的社会影响评估是对老年人活动在社会发展方面有形或无形的效益和结果的一种分析，重点评估对老年人生活和心理的影响。

三、老年人活动的评估流程

老年人活动评估的流程如下。

1. 制订评估计划

评估计划需要明确实施评估的主体是主办方还是委托第三方机构，同时，还要确定信息采集的渠道、方法。

1）明确评估的内容。

2）收集资料和数据。根据需要评估的内容来确定收集哪些资料与数据。

3）建立评估组织、挑选人员。挑选评估人员的标准：①对评估目标十分清楚；②具有引导受访者如实回答问题的能力；③善于同事间的合作和共享；④具有丰富的经验和相关知识；⑤乐于且善于学习；⑥能透过现象看本质，逻辑分析能力强。

4）选择评估方法。可综合应用定性和定量的分析法，将宏观和微观的方法相结合。

5）决定评估报告的形式。

2. 收集相关信息

通过召集会议、发放问卷、电话调查、现场采访、实地观察等方法来收集信息。

3. 进行数据分析

对收集到的数据加以整理，计算出总数和各自所占比例。应对照活动目标比较统计结果，判断活动是否成功。在统计、比较的基础上，对活动的效果和管理水平进行分析，通过数据发现规律和问题。

4. 呈现评估结果

评估结果要通过一定的方式才能表达出来。第一种方式是罗列数字和标准，即列出评价程序的标准数据，然后将活动中对应程序的数据与之对比，其结果一目了然。第二种方式是罗列逾期目标和现实情况，让策划者明白差距。

任务实施

学生 3～4 人为一组，角色扮演叶辉及其同事。以老年人趣味运动会活动为例，列出可评估的内容，并形成报告，在课堂上演示。

任务点评

组别	评价内容及分值					
	评估人员安排（20 分）	评估方法（20 分）	评估报告形式（20 分）	评估内容（20 分）	评估结果分析（20 分）	总分（100 分）
第 1 组						
第 2 组						
第 3 组						
第 4 组						
第 5 组						
第 6 组						
……						
总评价						
备注						

拓展阅读

一场别开生面的爱心“运动会”

2016 年 7 月的一天，一场别开生面的爱心“运动会”——失独老人夏季趣味运动会在该市体育馆召开。共有 83 名失独老人“运动员”、15 名大学生志愿者和 5 名医护人员参加了本次趣味运动会。

该趣味运动会的召开是为响应国家全民健身的号召，推动群众性体育锻炼进一步普及，让失独老人在锻炼身体的同时，走出心理阴霾，更好地融入社会，使其身心都健康，为促进社会主义精神文明建设、社会和谐发展做贡献。

活动开始前，10 名志愿者精彩的太极拳表演让在场的人眼前一亮，“暖”出了每个人心底的快乐。接下来 10 名老年人表演的广播操，在《小苹果》舞曲的伴奏下显得特别有活力，把现场的气氛带动了起来。接着，运动会在响亮的国歌声中拉开序幕，4 支分别由失独老人和志愿者组成的运动员方队有序进入会场。在接下来一个半小时的时间里，共有 83 名失独老人、10 名志愿者共同参加了螃蟹搬家、打球入筐、乒乓搬家、取水接力、踩石过河等 7 个项目的比赛，现场分别评选出了冠军、亚军、季军，并为获奖者颁发了奖牌和奖品。老人们在比赛中个个精神饱满，团队精神非常强，一些没有参加比赛的老年人在看台上手持红旗高声呐喊，为本组的选手加油助威。这些老年人无论是参赛选手，还是啦啦队员，都仿佛回到了青年时代，完全忘记了现在的烦恼，全身心地聚焦到了本次比赛的现场，令在场的媒体记者感叹不已。

比赛结束后，主办方为第二季度小组活动表现优异由失独老人组成的“姊妹情深小组”颁发了荣誉证书；并为 7 月过生日的 10 名老年人献上了特制的大蛋糕、鲜花和礼物，老人们高兴得流下了幸福的泪水。一位过生日的老年人说：“我的这个生日过得太特别了，我既参加了运动会，又和这么多的人一起过生日，还得到了鲜花和礼物，这是我第一次这样过生日，让我永生难忘！”

“夏日炎炎雨纷纷，运动汗水洗心尘。腾跳挪移显身手，廉颇不老定乾坤……”首届夏季失独老人趣味运动会在欢快的《运动员进行曲》中闭幕，老人们一脸兴奋地走出会场，三五成群地聚在一起，商量如何积极地备战冬季趣味运动会。

拓展练习

一、单选题

1. （　　）一般针对 75 周岁以上、年老体迈的老年人，以活动量较少的讲座、游戏、交谈等形式开展。

A. 低龄老年人活动　　B. 高龄老年人活动
C. 患病老年人活动　　D. 中高龄老年人活动

2. （　　）主要是通过养老护理员和社工的指导，运用专业方法和专业技能开展团体治疗性、发展性的活动。

A. 专业性老年人活动　　B. 业余性老年人活动
C. 患病老年人活动　　D. 长期性老年人活动

3. （　　）要与活动类型搭配，如进行教学类活动，需要考虑是否有现代化的教学设备设施。

A. 活动场地　B. 活动时间　C. 活动内容　D. 活动人数

4. 老年人活动时间、空间分布分析属于老年人活动的（　　）。

A. 确定主题阶段　　B. 准备阶段
C. 内容策划阶段　　D. 策划实施阶段

5. （　　）是指会引起负面影响的具有不确定性的大事件。

A. 危机　B. 困难　C. 灾难　D. 危险

6. （　　）是所有危机中危害最大且最难预料的。

A. 健康危机　　B. 财产危机
C. 不可抗力危机　　D. 安全危机

二、多选题

1. 老年人活动的作用包括（　　）。

A. 促进身体健康　　B. 促进积极情绪
C. 建立社会支持网络　　D. 促进自我实现

2. 根据活动适应的人群，老年人活动可分为（　　）。

A. 低龄老年人活动　　B. 高龄老年人活动
C. 中高龄老年人活动　　D. 患病老年人活动

3. 老年人活动策划场地选择应考虑的因素有（　　）。

A. 场地可容纳的人数　　B. 硬件设施
C. 场地的地理位置　　D. 是否方便老年人如厕和休息

4. 老年人活动在确定主题阶段的工作任务主要包括（　　）。
   A. 确定活动举办的目的、意义、宗旨和方向
   B. 选择活动主题策划所选用的方法
   C. 服务对象的生活自理能力
   D. 确定主题定位
5. 老年人活动危机包括（　　）。
   A. 不可抗力危机　　B. 健康安全危机
   C. 财产危机　　D. 信任危机
6. 老年人活动危机处理的方法包括（　　）。
   A. 制订应急危机预案
   B. 配备医疗工作人员及急救设备
   C. 制定完善的规章制度
   D. 为以后的危机管理工作做准备

三、简答题

1. 老年人活动的作用有哪些？
2. 老年人活动危机管理的重要性表现在哪些方面？
3. 讨论老年人广场舞比赛活动中可能出现的危机。

项目总结

老年活动分三类，内容人群专业化。
积极参与好处多，身心健康交友广。
活动策划须谨慎，每项要素别落下。
策划程序按步走，时间地点安排妥。
活动开心最重要，危机意识不能少。
遇到危机先别慌，处理方法要记牢。
活动结束要评估，方方面面不能少。

项目二

老年人养生类活动策划与实施

项目导读

近年来“老龄化”已经成为媒体关注的热点，而老龄化的加剧也使政府及商业机构越来越关注老年健康产业发展。根据联合国的预测，2000～2050 年将是我国人口年龄结构急剧老化的阶段。同时，近年来国内兴起了养生保健热潮，诸多商业机构为谋取利益，误导老年人消费，很多老年人虽然对保健养生有强烈的需求，但缺乏有效的途径获得正确指导，盲目、跟风消费。在种种骗“老”陷阱的套路下，部分老年人因买保健品花光毕生积蓄的事件频发。我们该如何保护老年人的生命财产安全，帮助他们免受不法分子的伤害呢？首先，我们需要从风俗文化、饮食起居习惯等着手，带领老年人了解我国传统养生的内涵，以帮助老年人建立科学健康的养生观。

【学习目标】

『知识目标』

1. 理解老年人养生类活动的概念。
2. 了解老年人养生类活动的类型。
3. 了解老年人养生类活动的评估方式。
4. 掌握老年人养生类活动策划及实施步骤。

『技能目标』

掌握老年人养生类活动策划、实施和评估的流程。

『职业素养目标』

1. 认识到养生类活动对老年人健康的重要性。
2. 帮助老年人建立科学健康的养生观。

任务一　老年人养生类活动概述

案例导入

近年来，随着人口老龄化趋势的发展，全国各地社区居家养老服务中心（站）孕育而生，利用平台为社区老年人提供情感慰藉、生活照料、健康管理等服务。经济条件愈加发达的今天，老年人的需求也从吃饱穿暖慢慢地转变，对自己的健康更加关注，投入更多的精力和经济成本。接下来，我们将通过某社区的一场老年人秋季养生活动走进老年人的养生世界。图 2-1 为某社区老年人居家养老服务项目活动记录表。

<table>
<tr><th colspan="3">××社区老年人居家养老服务项目活动记录表</th></tr>
<tr><td colspan="3">项目点：某社区</td></tr>
<tr><td colspan="3">活动名称：秋季养生小组</td></tr>
<tr><td colspan="3">活动目标：
1. 介绍本次活动的安排与目的；
2. 促进组员相互认识，增加社区老年人彼此交流、分享；
3. 通过学习与制作秋季养生汤——雪梨银耳汤，带领老年人学习秋季养生知识</td></tr>
<tr><td>活动时间：××××年××月××日</td><td>活动地点：养老服务站</td><td>参加人数：16 人</td></tr>
<tr><td colspan="3">过程记录：
9:30～9:40：社工对小组进行简介并介绍本节活动安排；
9:40～9:50：组员依次简单自我介绍；
9:50～10:10：社工介绍秋季养生知识；
10:10～10:20：组员分享自己的养生小窍门；
10:20～10:30：分别了解雪梨、银耳的功效；
10:30～11:00：分组制作雪梨银耳汤；
11:00～11:15：组员品尝雪梨银耳汤</td></tr>
<tr><td colspan="3">目标达成：
1. 加深了组员之间的认识，促进了社区老年人间的互助交流；
2. 让组员了解了秋季养生知识及雪梨、银耳的功效，并带领组员学习制作了雪梨银耳汤</td></tr>
<tr><td colspan="3">组员反馈：
组员对活动都非常感兴趣，在活动期间都非常认真。尤其在养生小窍门分享环节，有两个组员分享了许多自己所收集的小窍门，带动了现场的气氛。他们都表示乐于分享，只是缺乏这样的机会。大部分组员认为，这样“知识+操作”的环节非常实用，年纪大的缘故，理论总是记不住，这样的方式让他们更容易掌握所学知识</td></tr>
</table>

图 2-1　某社区老年人居家养老服务项目活动记录表

任务描述

如果你是该社区的工作人员，请根据你所了解的知识和所学的老年人养生类活动知识，为辖区内的老年人设计一场养生类活动，进一步满足老年人的需求。

相关知识

一、老年人养生类活动的概念

养生是指有目的地通过各种手段护养人体生命的行为，即根据人体生命过程的活动规律所进行的物质与精神的身心护养活动。老年人养生类活动既包括生理层面的养生，注重身体机能的维护和康复，也包括心理层面的养生，主要强调内在精神的平衡和祥和。

二、老年人养生类活动的意义

老年人养生类活动的意义体现在以下几个方面。

1）一定程度上解决老年人的身体健康问题。老年人赋闲在家，生活缺乏规律，如一日三餐随意应付，连续多日吃剩饭剩菜等。通过养生类活动的宣传，老年人更加重视平时的生活习惯问题，以及加强对自己身体状况的关注，减少家庭医疗支出，最重要的是可以保持良好的心态。

2）老年人养生类活动的开展，可以丰富老年人的日常生活，促进他们与志同道合的同伴交流，加强老年人之间的联系。

三、开展老年人养生类活动的优势

老年人在退休以后，由于没有了工作的压力，变得清闲起来，空余时间增多，这就为进行健身运动提供了时间上的保证。此外，老年人一旦退休，会有一种远离社会甚至被社会抛弃的感觉，而且退休后老年人的人际交往大大减少，子女独立或成家，更有的老伴已不幸先逝，这些都使老年人的孤寂感倍增。孤独是健康的大敌，孤独、寂寞可能会引发抑郁症，使癌症发病率增加。通过参加养生类活动，老年人一方面有事可做，不至于感到无聊，另一方面可以促进身心健康，减少疾病发生率，有利于延年益寿。

四、老年人养生类活动的类型

《维多利亚宣言》是世界卫生组织1992 年在加拿大维多利亚召开的国际心脏健康会议上发表的。该宣言认为，当时主要的任务是在科学论据和民众之间架起一座健康金桥，使科学更好地为民众服务。这座健康金桥有四大基石，分别是合理膳食、适量运动、戒烟限酒、心理平衡。老年人养生类活动的开展应该严格遵守健康的四大基石原则，并结合老年人实际情况和时代背景。老年人养生类活动可分为运动养生类活动、休闲养生类活动和保健养生类活动三大类。

1. 运动养生类活动

（1）运动养生的概念

运动养生是“运动”和“养生”两词的有机组合，是用活动身体的方式实现维护健康、增强体质、延长寿命、延缓衰老的养生方法。

（2）运动养生的优势

运动养生，运动是形式，养生是目的，形式灵活多样，且可以自创，只要能够达到健身的目的即可。

（3）适合老年人的运动养生类活动

1）最好的抗高血压运动——散步。散步为动态的一般性运动，从人体的血液循环系统来讲，人在行走时，肌肉系统犹如转动的泵，通过肌肉的反复收缩，促使血管收缩与扩张，促进血液循环，从而降低血压。要使散步产生健康效果，必须掌握好运动量，太少达不到锻炼目的，太多易疲劳。一般情况下，以每天万步走为宜，步行的速度要依年龄和自身健康状况而定。慢速为每分钟 60～70 步；中速为每分钟 80～90 步；快速为每分钟 110～120 步。

2）最好的抗衰老运动——跑步。较长时间有节奏的跑步运动，能够吸进大量的氧气，对新陈代谢起到促进作用。同时，它又是一种运动量适度、紧张与放松相互交替的运动，它能调节人的情绪，缓解交感神经的过度兴奋与紧张，提高迷走神经的兴奋性，对加速血液循环、消除血管特别是脑血管的隐患有较强的作用。经常坚持跑步对于维持正常心率、增强心脏功能有突出的作用。难怪国外有人将跑步称为“最完善的抗衰老运动”。

3）最好的健脑运动——弹跳。弹跳是一种全身性活动，能够加强血液循环，使血液更好地流向大脑，从而供给大脑更多的氧气。同时，弹跳促进脑中多种神经递质的活力，使大脑思维反应更为活跃、敏捷。跳绳时的自跳自数能刺激大脑，通过信息的往返，促进大脑反应加快，判断更准确。年龄较大的人经常做弹跳运动，可以明显减缓智力衰退，从而减少患痴呆症的风险。

4）最好的减肥运动——游泳。当你试图减肥并使体重不再反弹的时候，坚持游泳对消除多余脂肪十分有效。一般来说，凡是增氧运动皆有减肥效果，但以手脚并用的运动为优，较单用上肢或下肢的运动消耗脂肪多。游泳时身体消耗的能量大，有利于消除身体出现的赘肉。

5）最好的护眼运动——打乒乓球。打乒乓球时，睫状肌随乒乓球的来往穿梭不停地放松和收缩，可促进眼球组织的血液供应和代谢，从而使眼睛的疲劳消除或减轻，有效改善视力。

6）最好的健美运动——体操。持之以恒地进行健美操和体操运动，加强平衡性和协调性锻炼，可收到明显的健美效果。现介绍一则平衡操，不妨一试，具体方法：向前伸直双手，手掌紧贴墙壁，保持全身成一条直线，然后弯曲手肘，全身作一前一后动作，每天 8～10 次，持之以恒，定会获益。

（4）老年人运动养生类活动的注意事项

1）忌负重练习。老年人肌肉有所萎缩，肌肉力量明显减退，神经系统反应较慢，协调能力差，对刺激的反应时间延长。因此，老年人的运动宜选择动作缓慢柔和、肌肉协调放松、全身得到活动的练习，如太极拳、步行、慢跑等都很合适。

2）忌急于求成。活动量过大或增加过快往往是老年人发生意外损伤的原因之一。老年人生理功能下降，对体力负荷的适应能力较差，因而在运动时应有较长的适应阶段。30 岁以上的人，年龄每增长 10 岁，对负荷的适应时间约延长 40%。因此，锻炼时要循序渐进，对一定的运动负荷适应后再慢慢增加活动量，切忌操之过急而使活动量负荷过大。

3）忌屏气使劲。平时我们的胸膜腔内压力低于大气压，称为胸腔负压，这有利于静脉血液流回心脏，而屏气时胸腔内压力骤然升高，使血液回流心脏不畅，输出量减少，因而脑的血液供应也减少，故易发生头晕、目眩，严重者可发生昏厥。屏气完毕时，血液骤然大量回流心脏，会使血液输出量骤增，血压上升，大脑血供也猛然增加，易发生脑血管意外。因此，老年人运动时一定要注意呼吸顺畅自然，切忌屏气使劲。

4）忌激烈竞赛。一些比较激烈的运动竞赛对老年人不适宜。一方面，由于老年人各器官功能下降，体力运动缓慢，协调、反应能力差，易发生运动损伤；另一方面，激烈的竞赛易使情绪过分激动，容易诱发意外。

5）忌头部位置变换。前俯后仰、侧倒旁弯、各种翻滚、头低脚高、倒立等都属于头部移动的动作。这些动作会使血液向头部流动，老年人血管壁变硬，弹性较差，一旦经受不住血管破裂，就会造成脑出血，重者危及生命。

2. 休闲养生类活动

（1）休闲养生的概念

休闲养生是以个人的文化修养为背景，以探求和享受文化生活为目的，以获得现实生活中个人的心理满足、精神愉悦、身体健康为目标的生命活动。它涉及的范围很广，养花种草、观鸟钓鱼、养狗喂猫、琴棋书画等都是它涵盖的对象，是人们生活中不可或缺的内容。

（2）休闲养生的优势

休闲养生的形式灵活多样，与日常生活联系紧密，让参与者在精神层面得到满足。

（3）适合老年人的休闲养生类活动

1）读书、看报。俗话说得好，“腹有诗书气自华”。读书可以改善一个人的气质，提高个人修养。老年人平时有空可以多读书，不仅可以打发空余时间，排解孤独寂寞，还可以从书中获取一些知识，提高个人涵养。每天看看报纸，了解实事，跟上新闻的脚步。读书、看报可以帮助老年人树立自信心，重新和社会接轨。

2）听音乐。音乐可以愉悦人的身心，好的音乐可以让人的心灵得到洗涤。在遇到一些令人烦躁的事时，老年人可以通过听音乐的方式，让自己的心情平静下来。一首节奏明快、悦耳动听的乐曲，会拂去心中的不快，使人乐而忘忧。老年人应该选择那些健康、高雅、曲调优美、节奏轻快舒缓的音乐，达到消乏、怡情、养性的目的。

3）跳舞。时下，广场舞在老年人中十分流行，跳一曲广场舞，不仅可以欣赏到一曲朗朗上口的音乐，还可以跟着音乐摆动自己的身体。娱乐的同时也锻炼了自己的身体，出出汗，排排毒。除了广场舞，还有交谊舞等许多种类的舞蹈可以供老年人选择。实验研究表明，即使交谊舞中的慢步舞，其能量消耗也为人处于安静状态下的 3～4 倍。跳舞时，舞蹈者要全神贯注，集中于音乐、舞步中，加之轻松愉快的音乐伴奏和迷人灯光的衬托，不仅仅是一种美的享受，更能让人陶醉其中。

4）旅游。读万卷书不如行万里路，老年人辛苦了一辈子，退休的时候终于有机会摆脱身上的“包袱”，出去旅游。旅游对老年人来说也是一项不错的娱乐活动。旅游可以使人饱览大自然的奇异风光和历史、文化、习俗等人文景观，让人获得精神上的享受；同时，置身于大自然中，呼吸一下清新的空气，让身心经历一次短暂的流浪，更能让人获得放松。退休后的不适应，生活上的烦琐小事，都可以在旅游的过程中释放出来。不仅如此，老年人还可以在旅游的过程中结交各地的朋友，感受与家乡不一样的生活。

5）养花。许多老年人不喜欢出门，也不喜欢参加激烈、嘈杂的活动，只喜欢待在家里养花。鲜花可以供人欣赏、美化环境，令人赏心悦目。同时，鲜花释放的芳香，通过人的嗅觉神经传入大脑后，令人气顺意畅、怡然自得，产生沁人心脾的快感。很多老年人把花当成自己的孩子一样疼爱，细心地呵护它们的成长。每当有一点小成果，如开一朵花、结一颗果实等，都可以让老年人开心不已。养花不仅愉悦了老年人的身心，还可以通过搬花、浇水的方式让老年人活动一下身体。

6）钓鱼。钓鱼对于老年人来说也是一项不错的休闲养生活动。老年人通过钓鱼不仅可以享受鱼儿上钩的乐趣，还可以修养身心。首先，适合垂钓的地方多在郊外，经常到郊外走走，本身就是一种锻炼；其次，水边河畔，空气异常清新，空气负氧离子含量高，让人感到悠然自得，心旷神怡，有利于人体的新陈代谢；最后，垂钓时静等鱼儿上钩，欢快轻松之情溢于言表，从而达到内无思虑之患、外无体疲之忧的养生境界。钓鱼的时候老年人集中注意力于垂钓中，可以帮助老年人忘记生活中的烦心事，投身娱乐中。

7）书法、绘画。首先，书法、绘画讲究意念，练习时必须平心静气、全神贯注、排除杂念；其次，书法、绘画讲究姿势，要求头端正、肩平齐、胸张背直、提肘悬腕，将全身的力量集中在上肢。老年人平时练一练书法、画一下画，在这个过程中需要集中注意力，静下心来做这些事，可以帮助老年人修养身心。书法、绘画也可以成为一些老年人和他人交流探讨的工具。

8）益智游戏。七巧板、孔明锁、宋代九连环等益智类玩具也是老年人打发时间的好帮手。这些玩具不仅价格实惠，还有利于锻炼左右脑，活化脑细胞。老年人退休后，用脑机会大大减少，注意力和认知能力等大幅度下降，摆弄益智玩具能够为老年人提供手脑并用的机会，有助于延缓大脑衰老。

3. 保健养生类活动

（1）保健养生的概念

保健养生是指保养、调养、颐养生命，即以调阴阳、和气血、保精神为原则，运用调神、导引吐纳、四时调摄、食养、药养、辟谷等多种方法，以期达到健康、长寿的目的。

（2）保健养生的优势

保健养生的方法简单易学，历史悠久，符合老年人的认知。

（3）适合老年人的保健养生类活动

1）食疗养生。食疗养生简称“食养”，即利用食物来影响机体各方面的功能，使机体获得健康或达到疾病预防效果的一种养生方法。通俗来讲，就是通过吃来对我们的身体进行保养。中国传统膳食讲究平衡，提出了“五谷宜为养，失豆则不良；五畜适为益，过则害非浅；五菜常为充，新鲜绿黄红；五果当为助，力求少而数”的膳食原则。用现代语言描述就是，要保持食物来源的多样性，以谷类食物为主；要多吃蔬菜、水果和薯类；每天要摄入足够的豆类及其制品；鱼、禽、肉、蛋、奶等动物性食物要适量。

2）中医养生。中医养生就是以传统中医理论为指导，通过各种方法颐养生命、增强体质、预防疾病，从而达到延年益寿目的的一种医事活动。中医养生重在整体性和系统性，目的是预防疾病、治未病。

3）理疗养生。理疗养生是指通过针灸、刮痧、足疗、拔罐等各种理疗手段进行保健的养生方式。这些理疗养生手段对人体具有保健、理疗的作用，拔罐和刮痧是中医当中常用的两种治病的方法，这两类方法是物理治疗法，副作用小，且治疗的效果也很好，因此，越来越受到老年人的青睐和追捧。

4. 老年人保健养生类活动的注意事项

老年人保健成为当下比较热门的话题，健康越来越得到老年人的重视。老年人和儿童、青年等在生理、心理上存在一定的差异，所以，老年人保健应该从各方面多角度出发，依据老年人的具体身体情况及生活情况进行保健活动。

任务实施

1）活动设计：为某社区老年人设计一场以“四季食疗”为主题的养生活动。

2）活动形式：结合“相关知识”，参考“案例导入”，以小组为单位，对活动进行设计并进行模拟实施。

3）活动时间：45 分钟。

4）活动目的：促进学生对老年人养生类活动的认识，并使其能够熟练地策划各类型老年人养生活动。

5）活动步骤：

步骤一，设计小组活动内容并填入表 2-1 中。

表 2-1　小组活动内容

项目	内容
主题	
项目一	
项目二	
项目三	
项目四	
……	

步骤二，根据小组活动内容，各组派代表进行发言总结。

任务点评

组别	评价内容及分值					
	内容设计合理（20分）	主题明确（20分）	合理性提问（20分）	品牌价值（20分）	整体情况（20分）	总分（100分）
第1组						
第2组						
第3组						
第4组						
第5组						
第6组						
……						
总评价						
备注						

任务二　老年人养生类活动策划

案例导入

87岁的赵老先生是一位陷入健康养生陷阱的受害者。2015年，他和老伴在某都市报上看到一则养老服务中心的介绍，宣称既可提供养老服务，又可治病和养生，并要求参与者必须拥有大专以上学历。赵老先生一时心动，便和老伴一同前往位于北京市延庆区的某养老服务中心。

经过一番体验，老两口认为不错，便交了5万元办了张养老服务卡，并签了合同。按合同规定，3年后，也就是2018年8月，这5万元扣除消费部分后，应全部归还赵老先生。可当合同到期，赵老先生联系对方要钱时，对方却每次都找理由推脱，不愿履行合同。

“5万元是我们的养老钱，到今天还没退还，”赵老先生说，“他们每次都宣传，只花两三百元，就可参加养生活动，但每次都推销产品。从2015年到现在，我们参加过三四次活动，每次都要花一两万元。签合同时，对方说，买产品的钱可从卡里扣，但真买产品时却说卡里的钱扣不了，须额外再交。”

赵老先生最近一次的经历如下。2018年7月，讲课“老师”自称是“中医”，还是“学佛”的，很想帮助患病老人，并强调“不会欺骗大家”。刚开始，他讲老年人如何养生，很有道理，取得大家信任后便开始推销产品——×××冲剂。“老师”说这款产品有极强的抗氧化作用，能延缓衰老，降血压和血脂等，只要每天服用一包，坚持两年，一定会有很好的效果。

没经受住诱惑，赵老先生花1.4万元买了够吃两年的冲剂，平均下来，每包5g的冲剂价格高达19.18元。记者通过国家食品药品监督管理局查询系统了解到，该产品主要原料为大豆磷脂、维生素E、糊精、脱脂乳粉，尽管保健功能标明可“延缓衰老”，但并没降血压和血脂的功能，且该产品属于国产保健食品，难有治病效果。记者致电该产品生产企业“××××生物科技开发有限公司”在北京的经销商，对方告诉记者，每盒售价398元，一盒含80包，如一次性购买10盒以上可打七折，平均下来，每包价格仅为3.48元。也就是说，该养老服务中心的售价是市场批发价的5.5倍。更可笑的是，产品保质期为24个月，购买时产品离生产日期已有一段时间，如真吃到两年后，产品肯定过期了。

任务描述

选定某个目标社区，根据该社区老年人的实际情况，以小组活动的方式，确定养生主题，策划一种老年人养生类活动。

相关知识

一、老年人养生类活动策划的主要内容

老年人养生类活动策划的主要内容如下。

1. 明确活动对象

老年人养生类活动，因其性质特殊，尤其要考虑到活动对象的特点。活动对象的确定是确定老年人养生活动形式或载体的前提条件。简要介绍几种活动对象的区分方式，具体内容如下。

1）按照地域分。按照地域分，活动对象可分为城市社区的老年人和农村社区的老年人，地域不同，活动形式也不同。例如，在偏远农村地区开展活动，选择读书、看报、书画、旅游的休闲养生活动就不太适宜。

2）按照年龄层次分。低龄、高龄老年人对于休闲养生的需求不一样。

3）按照生活自理能力分。能够生活自理、半自理、不能自理的老年人的养生需求不一样。

4）按照性别分。通常情况下，男性更趋向于棋牌类益智游戏，女性更喜欢唱歌、跳舞类养生方式。

2. 确定活动主题

养生的方式和实现途径有很多，但选择某一主题的老年人养生类活动来契合活动对象需求，是活动有效开展的一个重要前提。选择的养生主题既要符合既定活动对象的特点、实际情况，又要有客观条件的支撑。例如，选择茶艺作为老年人养生类活动的主题，有相应场地、物资等支撑的活动，与没有较好硬件条件作为支撑的活动，两者开展的方式和达到的效果肯定会有所不同。

3. 明确活动目标

结合本项目任务一可知，老年人养生类活动可分为保健养生类活动、休闲养生类活动和运动养生类活动，不同类型的养生活动达到的目标会有所不同。有些养生类活动更关注老年人的身体状况，以促进老年人的身体健康为活动目标；有些养生类活动更关注

老年人的心理状况，以促进老年人心理健康为活动目标。结合目标群体，明确要开展的养生类活动要达到的目标。

4. 明确服务内容

养生具有持久属性，即不可能通过一场活动就能达到养生的目的或形成养生的意识，老年人养生类活动一般为系列或恒常服务，这样才能够对老年人产生积极影响和作用。老年人养生类活动要有相应的载体形式，养生不是在心里想想，也不是在嘴上说说，到底是要通过书法、茶艺、棋艺等达到休闲养生、修身养性的目的，还是要通过跑步、跳舞等达到强身健体的目的，都需要选择一个具体的呈现形式。

二、老年人养生类活动策划的注意事项

老年人养生类活动策划须注意以下事项。

1. 社工角色定位问题

社工并不是养生专家，所以在开展老年人养生类活动的时候，社工一定不是最为主要的工作人员。社工在这类主题活动中扮演的角色多为评估者、组织者、资源链接者、引导者、服务跟进者。

2. 社工前期引导的作用

养生主题是开展养生类活动的指引，内容是活动的具体体现形式，在不同的阶段活动内容会有所差别，社工的工作重点、所起到的作用也有所不同。例如，以棋艺为主题的养生类活动，社工在活动前期要给组员普及正确的养生观念、健康的养生方式，让组员认识棋艺对于养生的作用和意义、怎样坚持等，这些都是在做养生类活动策划时要注意的事项。

3. 社会效益问题

大多数老年人养生类活动会涉及硬件条件、专业人员的介入，投入较大，所以活动开展前的评估就显得尤为重要，要仔细考量投入与活动本身的效益是否相匹配。活动效益较难测评，尤其是在短期内更不容易测量出服务成效，主要着重考虑两个维度，一是参与人员是否达到一定数量，二是开展的活动是否能够让目标群体持续参与。

三、老年人养生类活动的评估方法

老年人养生类活动因其持久方见成效的特点，更注重活动本身的效益。选定的评估方法要针对该项养生活动，让服务对象能够直观看到、感受到自己的改变。

任务实施

1）活动形式：结合“相关知识”，自选目标群体，学生以6～10人为一组，撰写一份老年人养生类活动策划方案。

2）活动要求：确定老年人养生类活动的主题，并根据活动主题设计 6 小节活动，

说明具体安排；以小组为单位进行策划分享并填写表 2-2。

表 2-2 小组活动策划内容

活动名称		活动类型	
活动规模		工作人员	
活动对象		活动次数	
活动背景	目标群体的特点，存在的问题		
活动目标			
活动内容			
评估方法			
预计困难及解决办法			
经费预算			

任务点评

组别	评价内容及分值			
	内容设计合理（40 分）	主题明确（30 分）	整体情况（30 分）	总分（100 分）
第 1 组				
第 2 组				
第 3 组				
第 4 组				
第 5 组				
第 6 组				
……				
总评价				
备注				

任务三　老年人养生类活动实施

案例导入

“康乐养生堂”小组第一节活动现场

社工首先自我介绍，并重申组建该小组的目的、意义，要达到的预期目标和小组规范，让组员有进一步的了解。最后询问组员是否都清楚，是否已经了解和熟知。

社工带领组员做破冰游戏（认识游戏），组织组员围成一圈，社工站在中间，和大家近距离接触，这样能时刻观察到每个组员的反应。在组员介绍过程中，遇见害羞、不敢表达的组员，社工要给予鼓励，并告知大家放松，适当调节现场氛围。

情景再现：在社工带领下，大家互动。

社工：今天我们主要是开展一次讨论，大家都说说知道的健康知识和自身存在的健康问题。随便说，不用拘谨。在说之前，我先问大家一个问题，你们是否知道积极老龄化和健康老龄化？

组员 A、B、C（摇头）：不知道。

社工：组员 D？您知道吗？

组员 D：我也不是很清楚，但从字面意思上认为应该是在老年阶段，要积极参与各种活动，从而达到锻炼身体、促进身体健康的目的。

社工（微笑）：组员 D 说得很好，我也会在以后的活动中告诉大家这两个概念的真正含义。那么，现在我们就探讨一下刚才提出的问题。

组员 A：我知道一些关于高血压方面的健康知识，因为我自身存在这个问题。

社工：那能给我们具体说一下你知道的知识吗？

组员 A：平时我除了按时吃药外，饮食方面我会多吃芹菜，泡决明子和山楂茶喝。以前爱熬夜，现在因为这个病，也不熬夜了。对了，每天晚上，我还会泡脚。

社工（点头并微笑）：这些知识你都是从哪里学到的？

组员 A：医生说的，也问过很多患这种病的人，有时电视节目上也会介绍这些。

社工：嗯，挺不错的。那其他组员呢？

组员 C：我患有糖尿病，我老伴儿有颈椎病，所以平时我们对这方面关注得多一些。

社工：哦，那你们平时都怎样调节呢？您打胰岛素吗？

组员 C：我得糖尿病十多年了，刚开始不打胰岛素，前两年才开始打。我本身就爱吃甜食，得了这个病后，真是很不习惯啊，但没办法，家里人管得紧，我自己也想着不能因为贪吃把病给耽误了，所以也就不想吃甜的了。饮食上也改了很多，多吃蔬菜，少吃主食，少食多餐，而且像土豆、红薯这些含淀粉多的食物也不能多吃。老伴儿有颈椎病，我会督促他少坐，多运动，还会定时陪他一起去做按摩理疗，如拔火罐。

社工（竖起拇指）：听您说的这些，觉得您针对这类病调整饮食和习惯的方式还是很科学的。

组员 B：对了，我们老年人还需要注意的一点是，饮食一定要清淡，特别是刚才介绍说有高血压的，吃得清淡对病情有好处。年轻人也要吃清淡点，这样对身体是有益的。

社工：大家都好棒！知道这么多健康养生知识，相信这个活动开展下来，大家会学到很多生活养生小常识。

任务描述

假设你是某社区服务中心的一名社工，主要的服务对象是社区老年人。随着老年人养生需求的增加，你需要经常开展关于老年人健康养生的活动。活动实施是你工作中很重要的一部分，为了更好地开展老年人健康养生活动，请根据你所了解的“老年人养生类活动实施”知识，组织开展一个老年人养生小组活动。

相关知识

一、实施及老年人养生类活动实施的概念

实施是社工运用专业知识、方法和技巧，与服务对象一起采取行动，按照活动策划

落实社会工作计划，帮助服务对象改变、解决预估中确认的问题，实现助人目标的过程。

老年人养生类活动实施是指以促进身体健康为具体目的，以中老年人为主要服务对象开展健康养生活动的行为及实践过程。在社会工作服务中，活动的实施尤为重要，它是衡量社工能力的重要指标。社工在开展老年人养生类活动时，一定要注重把学习的专业理论知识和实践有效结合起来，同时，要做好对服务对象存在的健康问题的调查研究，查阅相关专业知识来支撑自己出色地完成整个活动实施过程，使活动达到最佳效果。

二、老年人养生类活动实施过程

在实施老年人养生类活动时，一定要按照相应工作步骤进行。这里以“康乐养生堂”小组活动为例，介绍每个阶段的工作重点。

1. 小组工作初期

在小组工作初期，小组成员的心理和行为特点表现为矛盾的心理与行为特征，他们对小组充满好奇和期待，既希望与其他组员或社工建立良好的互动，又对小组存有怀疑，感到不安和焦虑，行为上则表现为既投入又逃避，小心谨慎与相互试探，说话、做事显得客气礼貌。不少组员沉默而被动，对社工有依赖性。因此，这个阶段社工的任务是帮助组员建立信任关系。

1）协助组员相互认识、相互熟悉、相互信任。在开始阶段，社工可以设计一些有创意的、能打破僵局的小游戏。例如，在“康乐养生堂”小组第一节活动中，社工组织组员自我介绍，介绍方式如下：“大家好，我叫×××，今年×××岁，家住×××社区，自身身体情况××，对健康知识了解××。”以这种形式直至组员介绍完，让大家说出自身存在的健康问题，也为组员们找到了共同探讨的话题，有助于增进他们之间的感情，建立彼此的信任。

2）澄清组员的期望，使组员认同和接纳小组目标。每个组员参与小组，其期待不尽相同，因此小组开始阶段，应该先向组员介绍小组的目的。例如，“康乐养生堂”小组的目的就是帮助居民了解健康知识，从而为自己的健康养生打下基础；通过小组活动认识新朋友，扩大交友圈。在此基础上做出澄清，凝聚共识，使组员明白小组能够帮助他们达到什么样的目标，从而让组员认同和接纳小组，做好融入小组的准备。

3）帮助组员建立互动规范。为了保证小组工作的顺利进行，社工应当在小组初期引导组员共同拟订小组规范，并在后期加以执行。例如，“康乐养生堂”小组规范中，组员们讨论出参加活动不能迟到和缺席；有事不能来要向社工提前请假；有组员发言时，其他组员不能随意打断；涉及组员私密的健康问题，其他组员不能私下讨论、传播；等等。

2. 小组工作中期

在小组工作中期，组员开始对所参与的小组产生归属和认同感，大多数组员愿意相互沟通，分享想法，但是随着小组工作的进展，需要组员能够表露真实的自我，这时，有些组员会担心自己的真实想法不被其他组员接受，因此产生防卫和抗拒的心理及行为，如用缺席或迟到来保护自己、沉默寡言、转换话题、表面互动、独占话题等。此阶段角色竞争中的冲突也会加剧，组员之间出现攻击性语言和行为，有些还挑战社工。因此，这个阶段社工的工作重点在于处理小组冲突，具体做法如下。

1）处理抗拒行为。首先，社工应清楚地意识到组员的抗拒是一种正常现象，是小组工作的必经阶段。其次，处理组员的抗拒行为要注意方法，绝不能对组员进行简单粗暴的批评和指责。再次，给组员创造宽松的小组环境。最后，给组员示范真正有效的解决方法。例如，在“康乐养生堂”小组中，社工告知组员，老年人饮食要以清淡为主，这样有利于身体健康。有组员反映他饮食方面吃得比较咸，之后会喝很多水，晚上反复上厕所，影响睡眠，不过听取社工建议后，饮食清淡点，水喝得比较少，晚上起夜的次数减少，睡眠质量大大提高。

2）帮助组员解决冲突。社工应首先认识到冲突是必然的，也不一定都是破坏性的，因此在面对冲突时，应包容、冷静和理性。例如，在“康乐养生堂”某一节小组活动中，有组员分享糖尿病患者应该少吃多餐，这样有助于血糖平稳，但有组员持不同意见，认为只要不吃甜食，血糖就会稳定。这个时候社工要打断组员之间的争论，分析组员因自身身体情况不同，所以在方法上有差异也是合理的。

3. 小组工作后期

小组工作后期，此时小组特点表现为凝聚力大大增强，组员关系的亲密程度更高，组员对小组充满了信心和希望，小组的关系结构趋于稳定。这个阶段的工作主要包括：帮助组员示范被期望的行为；帮助组员自我开放；系统强化组员的理想行为；帮助组员重建正确认知；帮助组员改变自己和环境。例如，在“康乐养生堂”小组中，组员会相互分享自己的养生之道，相互学习，相互监督不良的习惯等。

4. 小组工作结束期

小组工作结束期，小组最明显的特点是组员情绪和小组结构的变化。结束阶段，社工的任务主要是处理好组员的离别情绪，帮助组员保持他们获得的小组经验，具体做法如下。

1）处理组员的离别情绪与感受。在小组工作结束阶段最后一次聚会之前，社工有必要告知每一位组员小组结束的日期，让组员做好心理准备，逐渐接受即将离开小组的事实。例如，“康乐养生堂”小组最后一节中，社工协助组员相互留下联系方式，便于以后彼此联系，交流小组中学到的养生方法。

2）协助组员保持小组经验。社工应帮助组员保持其已经改变的行为，并在日常生活中运用其在小组中获得的养生经验。例如，在“康乐养生堂”小组中，在食疗养生方面，组员一致认同饮食清淡对身体非常有益，在日常生活中，组员会继续保持清淡饮食。

3）做好小组评估。小组评估主要包括社工自评、组员自评及督导的评估。社工自评包括小组目标是否达到、工作表现。组员自评有 3 个方面的内容：一是参与小组的目标是否达到，如为个人带来了哪些改善；二是参加小组活动的感受如何；三是小组的效能如何。督导的评估分为两部分：一是对组员的观察和评估；二是对小组效能的评估。例如“康乐养生堂”小组最后一节活动中，社工会组织组员填写意见反馈表和小组满意度评估表，以此来衡量小组目标是否达成。

三、老年人养生类活动实施过程中的领导技术

在老年人养生类活动实施过程中，社工运用专业的领导技术，有助于活动顺利开展。以“康乐养生堂”小组活动为例，讲述在小组活动中常用的领导技术。

1. 引导互动

在小组活动初期，组员还不了解小组的运作方式，不清楚自己应该扮演的角色，社工可以通过一些方法，促进组员间的互动，让组员感到一定程度的舒服和安全。常用的方法有以下几种。

1）联结。将组员间的共同点提炼出来。这个技巧可以减少组员间的差异，缩短相互之间的距离感，使彼此获得更大认同，建立更紧密的联系，增强小组凝聚力，使原先分散的个体结合成团队，消除部分组员间沟通的障碍，从而增加组员之间的沟通，以利于后续工作的开展。

2）阻止。社工为了小组工作的正常发展或避免组员受到伤害，而对某些组员所做出的不良的、不合乎伦理的或不适当的、不利于小组发展的行为采取阻止性措施。

3）设限。设定界限，使小组互动在一定范围内进行，避免超越或者偏离主题。

2. 融合

融合是指社工通过总结或归纳的方法，简洁有序地对组员间的差异进行处理。融合的方法包括以下几种。

1）综合。综合是指将组员表达的言语或非言语的内容进行横向或纵向的联结，指出某成员某些行为的反复，让其他成员看到某些自己觉得并不相干的事情间存在一定关联，以促使组员从旧事件中领悟到新意义，使自己能清楚地看到内心的想法和感受，加深对自我的了解。

2）摘要。摘要是指社工用简洁的语言回顾小组活动过程中组员讨论过的核心问题和重点。

3）分解。分解是指社工在开展小组工作时，将某个复杂问题或组员关心的事件拆分开来，以降低其复杂程度和处理难度。

3. 解决冲突

冲突分为真实的、非真实的、实质的和感情的 4 种。冲突既可能带来积极影响，也可能带来消极影响。一方面，冲突可以引起思考，激发新的思维灵感，提高决策水平；冲突的解决可使双方加深理解，减少隔阂，促进共同发展，增强个人应对冲突的能力。另一方面，冲突有可能影响组员心理及小组目标的实现，对小组凝聚力造成一定的损害。

（1）解决冲突的步骤

1）充分了解冲突产生的真实原因，是因为沟通失误还是因为小组结构或组员因素，抑或是小组中权利、地位的不平等。

2）全面了解冲突的表现。例如，了解引发冲突的当事人、事件，冲突各方是谁，冲突中双方表现出的言行举止如何，以更好地理解冲突的成因。

3）确定干预的策略。针对小组冲突，选择适当的方法进行干预，以最终解决冲突。

（2）解决冲突的策略

1）理性及秩序性冲突的解决策略。理性及秩序性冲突是指围绕实现小组目标发生的冲突。解决策略在于防止冲突变质，社工要扮演公证人，用小组规范去协调争辩双方的言行，让双方冷静下来；转移有情绪化的主题或请其他冷静的组员发表意见；严重时可暂停讨论以缓解激动情绪。

2）心理和情绪性冲突的解决策略。心理和情绪性冲突是指由于组员个体在性格行为上的差异和带到小组活动中的日常情绪反应造成的冲突。一般采用转移注意力的策略解决这类冲突，如要求其他组员给予建议，利用小组带领者的权利、地位劝阻说服双方，鼓励组员用正面情绪去抗衡或替换负面情绪等，从而控制和降低小组整体冲突的范围和影响。

4. 游戏活动

小组工作中经常会用到游戏。游戏往往有集中组员注意力、活跃气氛、引出话题、教育等目的。游戏活动要注意以下几点。

1）确保安全。

2）结合组员的年龄、性别、工作类型、生活环境等，寻找最合适的娱乐活动。

3）活动不宜复杂，要能用清晰简短的话语描述活动规则。

4）尽量减少道具和物品的使用，以防意外。

5）参与者应是小组全体成员，避免晋级淘汰类活动，让每个人都能从活动中获得体验。

6）善于改编已有游戏活动，使之适应小组需要。

7）在游戏结束后通过提问等形式引导出需要讨论的话题。

四、老年人养生类活动实施中社工角色定位

由于工作方法、服务对象和服务内容的多元化，社工在整个老年人养生类活动中根据不同的情况，扮演着不同的角色。社工角色的扮演及转变是化解突发事件的关键，下面是社工在老年人养生类活动实施中常常扮演的角色。

1）引导者。引导者的作用是引导服务对象表达自己的需求、意见、感受，多出现在小组运作初期和结束期。例如，在养生小组中，社工引导组员树立健康养生意识，协助组员认识哪些是正确的养生方法。

2）使能者。使能者的作用是帮助服务对象表达他们的需求，准确界定服务对象的问题，寻找解决问题的策略，选择并应用某一策略，以及培养服务对象有效解决自己问题的能力。

3）经纪人。经纪人的作用是把那些需要接受服务而不知道到哪里去寻找资源的服务对象与其所需的资源联系起来。例如，在养生小组中，有组员想参加义诊活动，定期

检查自己的身体，却不了解哪里开展类似活动，社工这个时候需要为组员介绍就近的义诊活动。

4）调停者。调停者是指为冲突双方调解争执、化解分歧，以使冲突双方达成一致认识的人。社工可以运用其独特的价值取向与技能，化解多种类型的矛盾与冲突。在开展老年人养生类活动时，如果组员之间发生矛盾，社工要站出来调停，协助组员分析矛盾产生的根源，从而找到解决冲突的办法。

5）教育者。教育者的职能是向服务对象传授有关的信息和技能。要成为一个合格的教育者，首先必须掌握广博的知识，其次要掌握教育的基本技能与方法，使服务对象乐于并易于接受所传授的内容。例如，在养生小组中，社工要向组员教授养生知识。

五、老年人养生类活动实施的原则

老年人养生类活动实施需遵循以下原则。

1. 以人为本、服务对象自决

活动实施时，要充分体现以人为本的原则，从服务对象的需要出发，并且在采取介入行动时要有服务对象的参与。由服务对象决策和参与的介入行动将会使他们有更大的动机去承担责任和完成任务。

2. 个性化

在活动实施过程中考虑到每个组员的个性化，也是介入时需要注意遵循的基本原则。只有针对服务对象的特殊性采取介入行动，才能有助于解决问题。

3. 考虑服务对象的发展阶段及其特点

对于个人，介入行动应集中在协助其完成相关阶段的任务上；对于家庭，则要考虑与家庭发展相应的阶段任务。

4. 与服务对象相互合作

社工不能单枪匹马地采取介入行动，而是要依靠服务对象，与他们紧密配合，双方共同参与，如此才能最大限度地调动服务对象的积极性与能动性。

5. 瞄准服务目标

介入行动应围绕介入目标进行。

6. 考虑经济效益

介入意味着社工和服务对象都要付出时间和精力，介入行动的原则就是要量力而行，优先考虑投入时间和精力最少的行动，从而以最小的成本投入获得最有效的改变结果。

任务实施

1）活动目的：加深对“老年人养生类活动实施”的学习，培养临场发挥的能力。

2）活动内容：模拟老年人养生小组活动实施过程。

3）活动形式：结合“相关知识”，以小组为单位，采用角色扮演与情景剧相结合的方式，对老年人养生小组活动的实施进行模拟。（注意：扮演老年人时应带有老年人的特征）。

4）活动时间：45 分钟。

5）活动步骤：

步骤一，进行活动实施内容及过程设计并填写表 2-3。

表 2-3 活动实施内容及过程

项目	内容	所需材料	负责人员	注意事项
主题				
项目一				
项目二				
项目三				
项目四				
……				

步骤二，学生 6～10 人为一组，结合“案例导入”，选择社工及参与老年人两种角色进行活动实施过程模拟练习。

步骤三，根据各个小组模拟活动实施过程中的表现，进行任务点评。

任务点评

组别	评价内容及分值					
	内容设计合理（20 分）	主题明确（20 分）	角色扮演（20 分）	临场发挥（20 分）	整体情况（20 分）	总分（100 分）
第 1 组						
第 2 组						
第 3 组						
第 4 组						
第 5 组						
第 6 组						
……						
总评价						
备注						

任务四 老年人养生类活动评估

案例导入

社区养老服务站的社工为了让辖区老年人树立健康的养生意识，组织开展了以书法为主题的养生活动。在前期，以小组工作方式开展，组员参与的积极性很高，第1次小组活动有6人，第2次有8人，到第6次小组活动的时候已经有12名组员了。在6次集中活动之后，社工觉得可以不用再请书法老师来教，自己也可以从中退出来，便决定以常规活动开展，每周三14:00固定开展，社工的介入主要为老年人提供活动场地、准备书法所需的笔墨等。在常规活动开展了两个月之后，就没有人来参与书法小组了。

任务描述

如果你是上述养老服务站的社工，请对此次老年人书法养生小组活动进行评估。

相关知识

一、老年人养生类活动评估的内容

老年人养生类活动因其特殊性及展现形式的多样性，评估的内容会有所差异。这里主要从老年人养生类活动的过程来讲，以“案例导入”中的书法养生活动为例展开介绍。

1. 事前评估

事前评估即在开展老年人养生类活动之前，先对参与对象、社区环境等进行评估。“案例导入”中的老年人书法养生活动，一定不能是社工知道书法对养生有益处而组织的，而应是基于调研得来的结果，否则就可能出现活动开展不下去的情况。

（1）事前评估的内容

1）参与人员的情况。要对辖区内老年人的情况进行详细的了解和分析，了解是否具备书写的能力、对书法的兴趣程度，如果开展老年人书法养生活动有多少人参与，等等。

2）需求情况。对辖区内老年人的需求进行了解，结合前期了解、社区情况设定可供选择的老年人养生类活动，让老年人选择最感兴趣、最想参与的活动，同时通过访谈、观察了解他们更多的建议和想法。

3）社区硬件的条件。不管是在社区活动室还是在养老站开展活动，要考虑场地是否足够和该社区能够为开展活动提供哪些物资、资金的支持。

4）活动的持续性。老年人养生类活动成效既然不是“立竿见影”，在活动开始之初就应该对活动的持续性进行科学评估，如社工在活动持续性保持上应该做哪些工作，有没有就近且长期的志愿者老师，等等。

（2）事前评估的方式

事前评估可通过问卷、访谈的方式进行，也可以在活动中、社区走访时、入户探访时观察了解。

2. 执行过程评估

（1）参与动机评估

在活动开始前，社工可通过观察法、访谈法等方式，了解组员参与老年人书法养生活动的真实动机，是想结交朋友、打发空闲时间还是仅仅出于好奇。在掌握了组员参与活动的真实动机之后，可以对后期的活动规划进行更有针对性的设计。

（2）参与率评估

根据老年人书法养生活动设定的人员规模，对参与率进行及时跟进，并对结果进行分析，如参与人员的稳定性高不高、流动性大不大。对流失的人员及时进行回访，了解其不参与的原因，有什么更好的建议等，以促进活动开展方式的改进。

（3）成效评估

成效评估是一个持续的过程，可在不同阶段进行。最能直观体现活动成效的评估是对前后测评体现出来的变化进行评估。表 2-4 为组员参与老年人书法养生活动的成效评估。

表 2-4 组员参与老年人书法养生活动的成效评估

参与原因	问题	活动成效
独居/空巢	孤独	练习书法可以排解孤独寂寞
记忆力、智力等下降	容易患阿尔茨海默病	书法讲究“心眼手三到”，老年人练习书法每天都练习心眼手，是预防阿尔茨海默病的好方法
退出工作环境	自我价值感低下	修身养性，陶冶情操。老年人练习书法临摹的汉字形态都很美，长期临摹汉字练习书法，可以愉悦身心
休闲方式单一甚至缺乏	空虚，缺乏生活乐趣	与书为伴，其乐无穷，通过书法与志同道合的朋友一起交流，为老年人生活增添乐趣
情绪不稳定	焦虑	练习书法时心无杂念，有利于缓解焦虑

如果社工在设定老年人书法养生活动之前就已经设定了这些目标，那么在活动进行过程中就应该关注这些目标的实现程度。每个目标的实现程度都可用量表呈现。选择其中一项问题或者原因进行前后测量，以焦虑为例，可以表 2-5 作为参考。

表 2-5 焦虑量表

在过去两周内，您是否被以下问题困扰过	完全不会（0 分）	几天（1 分）	一半以上时间（2 分）	几乎每天（3 分）
感觉紧张、焦虑或急切				
不能停止或控制担忧				
对各种事情过分担忧				
很难放松下来				
由于不安而无法静坐				
变得容易烦恼或急躁				
感到将有可怕的事情发生				
合计分值				
结果分析：0～4 分为没有广泛性焦虑；5～9 分为轻度广泛性焦虑；10～14 分为中度广泛性焦虑；15～21 分为重度广泛性焦虑				

表 2-5 仅做参考，不具有普适性。在实际工作中，社工可根据服务对象自己的描述进行适当调整。例如，服务对象描述因为焦虑晚上经常睡不着觉，睡眠时间不足 5 小时，这也可作为衡量某一个服务对象焦虑的指标，通过睡眠时长的变化来衡量他的焦虑程度，从而作为评估老年人养生类活动的成效之一；或者通过社工观察服务对象笑的频次去判断他是否通过活动变得更为开朗，心情更愉悦。

除了量表的测试，也可通过访谈的方式了解老年人参加活动后的改变或活动为其带来的积极影响。下列访谈提纲可做参考。

1）您获得您想要的服务了吗？

2）您觉得现在的服务能够回应您参与服务时的期望吗？

3）现在的服务在多大程度上满足了您的需求？

4）如果您身边有人需要相似的帮助，您愿意把我们的服务计划推荐给他/她吗？

5）总的来说，您对获得的服务满意度如何？

上述访谈提纲为方向性问题，不具有普适性。社工在做这类访谈的时候，要结合本身的服务和当下的情况进行有针对性的提问，不可一板一眼。

二、老年人养生类活动评估的注意事项

当然某些活动通过专业量表不一定在短时间内就能看出变化，也不一定通过一个小组活动就能达到明显的效果。即使要用这些量表也要讲究技巧，因为很多量表用词比较专业，对于服务对象来说较难理解，社工可用通俗易懂的语言进行阐述，让服务对象准确理解量表的题干含义。

用量表对活动成效进行评估也不一定是将量表拿给服务对象填写，因为有些服务对象可能很难理解填写量表的意义，甚至可能会因量表测试结果而更为焦虑。社工可将量表内容牢记于心，通过访谈的方式，在对话中获取相关信息。

以上测量针对的是服务对象本身，也可针对服务对象的家人进行访谈，了解服务对象的变化，如了解服务对象的生活习惯是否有所改变、是否更愿意与人交流、对生活的热情是否有所提高等。

总之，老年人养生类活动见效较慢，但活动开展的方式多种多样，评估方式方法也多样，需要社工随机应变、灵活处理。

任务实施

1）活动设计：根据“任务描述”，对老年人书法养生小组活动进行评估。

2）活动形式：结合“相关知识”与“案例导入”，以小组为单位，对老年人书法养生小组活动进行评估。

3）活动目的：掌握老年人养生类活动的评估方法和注意事项。

4）活动步骤：

步骤一，选择评估方法。

步骤二，根据选定的评估方法，结合实际案例，根据评估内容指标给出活动评估总结。

步骤三，进行小组分享，通过总结分享呈现活动成效。

任务点评

组别	评价内容及分值			
	评估方法（30 分）	资料收集（30 分）	分析总结（40 分）	总分（100 分）
第 1 组				
第 2 组				
第 3 组				
第 4 组				
第 5 组				
第 6 组				
……				
总评价				
备注				

拓展阅读

简 单 处 事

人到老年须自乐，烦恼多事划不来。
日常生活简单处，复杂往往是非多。
金钱利禄轻若云，健康重似香饽饽。
遇事尽量用减法，矛盾化为和谐歌。

勤做“话疗”

寡言往往烦心窝，须知“话疗”好处多。
三朋四友常聚谈，四海五湖闲唠嗑。
经史诗联情无限，琴棋书画意丰硕。
释然一笑愁自消，长寿百年乐呵呵。

老 不 赋 闲

细水涓涓流不腐，户枢嗤嗤动不蠹。
心脑身手常不闲，动息劳作体魄舒。
忙碌并不催人老，悠闲却能逼岁除。
夕阳有限须珍惜，过分休闲不是福。

三 分 饥 寒

人之饮食是关键，关心饥饱冷与暖。
适量饮食勿贪饱，寒暑衣着重加减。
貂裘丝被勿多享，空调夏日易生寒。
冷熟饮食调节好，舒舒服服度百年。

顺 应 节 律

万事万物有节律，顺应适从莫违逆。
衣食住行依律进，饥饱冷暖讲适宜。
生物之钟应遵守，良好习俗时调理。
动息愉悦事有度，确保健康少病疾。

多 晒 太 阳

阳光底下勤照晒，增温驱寒活血脉。
通过强烈紫外线，维生素 D 进体来。
防止骨质疏松症，保持牙齿健不衰。
劝君多把太阳晒，体魄康健笑开怀。

以 步 代 车

少车多步最是好，老年健身一法宝。
日常行动多走路，朝夕漫步勿快跑。
倒行逆驶好处多，横行八道疗效高。
健步走出新天地，健康长寿乐陶陶。

雨 中 行 走

细雨霏霏气色新，万物洁净无垢尘。
雨中行走分外敞，心似升仙入空门。
气入丹田去蒸雾，水沁肺腑提精神。
雨行实乃一乐事，愉快清爽万事春。

时 常 哼 唱

人老应具顽童心，欢歌笑语乐纷纷。
诗词歌赋常吟唱，戏曲琴瑟奏好音。
东拉西扯独成趣，南腔北调别娱心。
消愁解闷心自乐，娱身健体长精神。

拓展练习

一、单选题

1. 老年人养生类活动既包括生理层面的养生，注重身体机能的维护和康复；也包括（　　）层面的养生，主要强调内在精神的平衡和祥和。

A. 心灵　　B. 心理　　C. 精神　　D. 情感

2. 老年人在参与养生类活动过程中，积极性下降，社工第一时间应该（　　）。

A. 及时进行回访　　B. 招募新的参与人员
C. 调整服务内容　　D. 结束服务

3. 小组工作结束期，社工的任务主要是（　　）。
A. 协助组员相互认识、相互熟悉、相互信任
B. 处理组员的离别情绪
C. 帮助组员解决冲突
D. 帮助组员示范被期望的行为

4. 制定小组规范是（　　）阶段的工作程序之一。
A. 小组工作初期　B. 小组工作中期　C. 小组工作后期　D. 小组工作结束期

5. 参与动机评估是让社工更好把握老年人养生类活动的（　　）。
A. 针对性　B. 特殊性　C. 稳定性　D. 持续性

6. 下面不属于老年人养生类活动的成效评估内容的是（　　）。
A. 参与人员的多少
B. 服务对象自我描述的改变
C. 服务对象家属描述服务对象的改变
D. 工作人员对服务对象的观察和评价

二、多选题

1. 适合老年人的保健养生活动有（　　）。
A. 食疗养生　B. 药物养生　C. 理疗养生
D. 营养品养生　E. 中医养生

2. 老年人运动养生类活动的注意事项正确的是（　　）。
A. 忌负重练习　　B. 忌急于求成
C. 忌屏气使劲　　D. 忌激烈竞赛
E. 忌头部位置变换

3. 老年人养生类活动开展前期，社工需要对活动对象做的工作有（　　）。
A. 普及正确的养生观念
B. 让活动对象认识该项活动对于养生的意义
C. 参与该项养生的注意事项
D. 联系具有专业技能的志愿者做知识普及和技能教授

4. 在设计老年人养生类活动主题时，应该考虑活动对象的影响因素有（　　）。
A. 活动对象的生活环境　　B. 活动对象的年龄层次
C. 活动对象的生活自理能力　　D. 活动对象的性别

5. 融合是指社工通过总结或归纳的方法，简洁有序地对成员间的差异进行处理。融合的方法包括（　　）。
A. 综合　B. 联结　C. 解决冲突
D. 摘要　E. 阻止　F. 设限

6. 社工在对老年人养生类活动进行评估的时候，注意事项有（　　）。

A. 选择评估工具的技巧　　B. 使用评估工具的技巧
C. 评估时间　　D. 评估地点

三、简答题

小周是某社区社工，负责社区内与老年人有关的事务。昨天，她得知社区里有很多老年人每天待在家里，很少外出。经了解，他们多数来自外地，随子女迁来，不熟悉本地文化。小周计划为这群老年人开展一个健康养生小组活动，来帮助他们慢慢融入本地文化，认识更多同辈群体，扩大社交网络。

思考：在小组活动实施阶段初期，小周的主要任务是什么？

项目总结

老年养生途径多，不可盲目跟风做。
运动休闲或保健，适宜自己最关键。
运动切记要适量，不可过激或过量。
休闲修身有养性，不怒不气精神爽。
保健只是一部分，切莫全靠药品保。
养生是场持久战，坚持才可见成效。

社工不是教练员，作为媒介把桥连。
老年养生定准位，养生效果可加倍。
养生不是嘴上说，还有形式可操作。
精心设计养生课，老年丰富一首歌。
时常鼓励不可少，同伴支持更美妙。
评估也要持续做，成效数据说服多。

项目三

老年人心理保健活动策划与实施

项目导读

近日，某社区举行了一场心理咨询进社区的老年人心理健康讲座活动，帮助老年人疏导和管理情绪，使其拥有幸福的晚年生活。

“变得越来越固执己见，认定自己属于时代的落伍者；常觉得家人和周围的人和您过不去，而想超然于众人之外；常找借口逃避与陌生人接触。”随着心理咨询师手指轻点遥控器，20 项心理衰老的表现一一在屏幕上闪现，“只要具有上面表现中的 7 个，说明您心理已经出现了衰老……”30 位老年人静静地盯着屏幕，不住地点头。67 岁的孙阿姨有 9 项表现，“不听不知道，一听自己是真老了啊。”她说。

心理咨询师讲完了心理健康，街道文明志愿者又给老人们分析了中医五行与五脏之间的关系。72 岁的王阿姨目不转睛，她说：“我有心血管病，这次知道应该注意要控制自己的情绪了，不能发火。”邢阿姨今年 69 岁，她说：“以前光知道身体没病就行，哪知道还有心理健康这个说法，真是长了见识。”

一个多小时的讲座结束了，曹叔叔说，专家讲得通俗易懂，老年人都能听明白，心里亮堂了许多。他笑着说：“活到老，学到老，自己健康，家人省心，社区办了件好事儿。”

随着我国进入老龄化社会，老年人心理问题日趋增多。如何提高老年人的心理健康水平，已经引起了全社会的关注。为此，本项目将就如何策划与开展老年人心理保健活动展开介绍。

【学习目标】

『知识目标』

1. 了解老年人心理保健活动的类型。
2. 熟悉老年人的心理特点与心理需求。
3. 熟悉老年人心理保健基本知识。
4. 掌握老年人心理保健活动策划、实施过程中的注意事项。

『技能目标』

1. 能够撰写老年人心理保健活动策划方案。
2. 能够掌握老年人心理保健活动的实施流程。
3. 能够撰写老年人心理保健活动评估报告。

『职业素养目标』

1. 树立自身的心理保健意识。
2. 能够主动深入老年人群体，关注其心理需求。

任务一 老年人心理保健活动概述

案例导入

张明是某社工服务站的一名专职社工。他与同事们在社工站周边社区开展了不少老年人活动，也获得了老年居民的认可。近日，社工站领导提出开展一次面向某社区老年人的心理保健活动，由张明牵头策划。以前社工站未开展过老年人心理保健活动。

下面是不同社区可能出现的情形。

1）社区老年人对心理保健知识非常缺乏，社区附近的某高校有应用心理学专业。

2）社区新近退休人员较多，且离开工作岗位后有很大的不适应。社工站里有擅长老年小组工作且掌握一定心理咨询技术的专职社工。

3）社区里“空巢”老人较多，社工站的社工曾经开展过老年人手工兴趣小组、品茶小组等老年活动。

任务描述

“案例导入”中，在不同社区可能出现的每种情形下，张明所在的社工站应采用哪种老年人心理保健活动比较合适？

相关知识

一、老年人心理保健活动的含义

1. 心理健康的内涵与标准

说到健康，人们通常想到的是身体健康，大家都知道身体健康的重要性及维护身体健康的方式，但身体健康只是健康的一个方面，健康的另一个重要组成部分——心理健康，大家却知之甚少，并容易忽视它的重要性。关于健康，联合国卫生组织有这样的定义：健康是指人的躯体和心理的持续的完整的状态。由此可见，只有身体和心理都健康，才算得上是一个健康的人。

那么，什么是心理健康呢？一般来说，心理健康的人能够善待自己，善待他人，适应环境，情绪正常，人格和谐。心理健康的人并非没有痛苦和烦恼，而是他们能适时地从痛苦和烦恼中解脱出来，积极地寻求改变不利现状的新途径。

美国心理学家马斯洛和米特尔曼提出的心理健康的 10 条标准，被公认为“最经典的标准”，具体如下。

1）充分的安全感。

2）充分了解自己，并对自己的能力做适当的评估。

3）生活的目标切合实际。

4）与现实的环境保持接触。

5）能保持人格的完整与和谐。

6）具有从经验中学习的能力。

7）能保持良好的人际关系。

8）适度的情绪表达与控制。

9）在不违背社会规范的条件下，能恰当地表达个人的基本需要。

10）在符合集体要求的前提下，较好地发挥自己的个性。

2. 老年人心理保健活动的内涵与意义

随着我国人口老龄化进程的加快，如何提高广大老年人的生活质量和生命质量的水平，已逐步引起了全社会的重视。尤其是随着我国物质生活水平的逐步提高，老年人群体寿命逐步增加，如何提高老年人群体的心理健康水平，使亿万老年人在身心愉快的状况下安度晚年，已成为老年学研究领域研讨的重要课题之一。

我国魏晋时期的著名养生学家嵇康在《答向子期难养生论》中指出："养生有五难，名利不灭，此一难也；喜怒不除，此二难也；声色不去，此三难也；滋味不绝，此四难也；神虑转发，此五难也。"这里提到的五难，有四难属于心理方面，就是说大部分与心理有关。可见，古代养生学家谈保健养生主要以心理保健为主。

人到老年，生理、心理、生活环境和人际关系等会发生许多变化，随之会带来许多新的问题，如衰老感、失落感、怀旧感等，这些往往使老年人的心理状态失去平衡，影响其身心健康。在某种情况下，老年人的生理特征和心理特征很可能形成一种恶性循环，生理上的衰退在一定程度上容易引起心理上的情绪消沉、抑郁、不稳定，而这种消极的心理又会反过来加速生理上的衰退。通过普及心理保健知识，让老年人掌握、了解心理与生理变化的相互关系及其规律，一旦心理活动出现偏差、异常、障碍，可以及时进行自我调节和纠正，使"恶性循环"变为"良性循环"。现代医学证明，心理健康和生理健康有着密切关系，若心理不健康，就会严重影响生活质量，最终必然影响甚至损害生理健康。所以，学习心理保健知识、掌握心理保健手段、学会身心愉快地生活、树立心理健康的新观念，对老年人安度晚年、健康长寿有很好的促进作用。正如人们所说，你无法左右天气，但你能调整自己的心情；你无法操纵他人的想法，但你能掌控自己的情绪。因此，老年人心理保健的重要性不言而喻。

心理保健是保持、维护和促进人的心理健康的过程。相应地，老年人心理保健活动就是指针对老年人的心理、生理特点，在老年工作者的协助、辅导下，参加通过一定范围的团体、社区、组织等开展的，面向老年人群体的，旨在保持、维护和促进老年人的心理健康的活动。

二、老年人心理保健活动的类型

关于老年人心理保健活动的类型，并没有固定的分类标准，可以参照老年人活动的分类，按照不同的标准进行划分，具体如下。

1. 根据活动的适合人群划分

根据活动的适合人群划分可以方便组织者更有针对性地开展老年人心理保健活动。

按活动的适合人群划分，可以有不同的分类依据。

1）按年龄。老年人心理保健活动按年龄可分为3种：①高龄（75周岁以上）老年人心理保健活动；②中、高龄（65～75岁）老年人心理保健活动；③低龄（65岁以下）老年人心理保健活动。

2）按身体健康程度。通常长期罹患疾病的老年人容易出现抑郁、焦虑等情况，与身体较为健康的老年人相比，其心理特点有较大差异，因此，老年人心理保健活动可以划分为以下两种：①普通老年人心理保健活动；②患病老年人心理保健活动。

3）按其他方式。老年人心理保健活动还可划分为以下两种：①大众性（即适用于全体老年人）老年人心理保健活动，此类活动对参与对象没有限制；②面向某特定人群的老年人心理保健活动，如针对新退休人员的心理保健活动，或者针对“空巢”老人的心理保健活动等。

2. 根据活动开展的功能划分

根据活动开展的功能，老年人心理保健活动可以分为两种：①治疗型老年人心理保健活动，这类活动主要以小组活动形式出现，主要通过工作者组织一系列的活动，来对参与者在认知和行为上存在的问题进行校正、治疗；②发展型老年人心理保健活动，这类活动主要是参与者通过参加活动来习得一定的处理问题的能力，参与者自身获得成长，从而更好地适应周围的环境。

3. 根据活动对参与对象的开放程度划分

根据活动对参与对象的开放程度，老年人心理保健活动可以分为两种：①开放式老年人心理保健活动，如心理保健知识普及宣传活动、现场心理咨询服务活动等，对参与人员没有严格要求，这类活动只要场地和设施符合要求，参加对象可以多多益善；②封闭式老年人心理保健活动，如心理咨询师或社工招募十余名具有相似困扰的老年人开展的诸如现实辨识小组、心理健康辅导小组等小组活动，为了保证活动效果，要严格筛选参与者，通常活动次数大于4次，且要求活动人数固定，并制定小组契约等。

4. 根据活动的专业性划分

根据活动的专业性，老年人心理保健活动可以分为两种：①群众型老年人心理保健活动，如老年人心理保健知识讲座、心理保健知识宣传展、心理电影展播活动等，这类活动不强调组织者的专业背景；②专业型老年人心理保健活动，这类活动主要以心理咨询师、社工等为带领者，运用专业方法和专业技能开展团体治疗型活动和发展型活动，达到治疗、社会支持、促进社会交往等作用，如心理健康辅导工作小组、现实辨识小组、动机激发小组等。

老年人心理保健活动的类型是多样的，选择哪种类型，要依据服务对象的特点、活动的主要目的，以及现有人力、物力、资源等因素。

任务实施

1）根据所学知识，学生3～4人为一组，针对“案例导入”中的不同社区情形，讨论以下问题。

① 社区老年人在心理保健方面最主要的需求是什么？

② 老年人心理保健活动的主要参与对象是谁？

③ 评估自己所在机构在开展老年人心理保健活动方面的实际能力和可以链接的资源。

2）根据老年人需求、主要参与对象，以及所在机构的实际情况，明确合适的老年人心理保健活动类型。

3）形成小组报告，由小组代表在课堂上进行演示。

任务点评

组别	评价内容及分值					
	对服务对象需求判断准确（20分）	对活动组织者优劣势认识清晰（20分）	对不同类型老年人心理保健活动理解准确（20分）	活动具有可操作性（20分）	表述准确精练（20分）	总分（100分）
第1组						
第2组						
第3组						
第4组						
第5组						
第6组						
……						
总评价						
备注						

任务二　老年人心理保健活动策划

案例导入

某社区是某街道的一个老社区，社区里老年人较多，而老年人的子女工作繁忙，陪伴他们的时间较少。不少老年人反映自己比较孤单、寂寞，不知该怎样度过退休生活。再过半个月就是重阳节了。一些原本比较开朗的老年人渐渐变得郁郁寡欢，经常会跟工作人员或其他老友谈论过去的一些事情，尤其是过去跟家人一起的欢乐时光。位于该社区的社工站拟于重阳节期间为社区的老年居民开展一次心理保健活动，社工站领导将该活动的策划任务交给了张明。

任务描述

请以张明的身份，撰写一份在该社区开展重阳节老年人心理保健活动的策划方案。

相关知识

一、老年人心理保健活动调研

在开展老年人心理保健活动之前，应针对此次活动进行调研，调研程序如下。

1. 调研前准备

（1）明确关键性问题

开展老年人心理保健活动旨在保持、维护和促进老年人的心理健康，解决老年人群体在心理健康方面存在的问题，因此，在组织活动调研之前，应找出关键性问题，即“5W”，具体如下。

1）“why”，即为什么要举办这次老年人心理保健活动，也就是要明确开展本次活动的目的。例如，是为了普及心理健康知识，还是为了帮助服务对象更好地应对退休综合征，诸如此类。只有明确了活动的目的，才能争取资源、动员相关力量，组织好本次活动。

2）“who”，即活动目标人群是谁，是整个街道的老年人，还是某个社区的老年人。活动目标人群的主要特征是什么，是贫困老人居多，还是“空巢”老人居多，诸如此类。同时也需思考利益相关者是谁，对老年人活动而言，这里面的利益相关者，除了直接受益对象，即参与活动的老年人外，还包括主办单位、承办单位、协办单位等，通常既有机构内部工作人员，又有外部媒体、相关政府官员及参加活动的相关人员，只有深入了解有关组织中究竟有哪些人真正与本次活动相关，活动设计才会更有针对性。同时，由于心理保健活动对专业性要求非常高，与其他老年人活动相比，老年人心理保健活动的组织更需要心理咨询或心理保健相关专业人士的主持或指导，否则可能不仅达不到促进老年人心理健康的效果，反而会给老年人造成“二次创伤”。那么组织者应当提前对提供服务的人士进行专业资质的审核和从业经验的了解。例如，开展心理保健知识讲座，那么主讲人应当是富有心理健康教育或心理咨询资质及工作经验的人士。如果开展一些专业的小组活动，那么对主讲人的专业能力要求就更高。

3）“when”，即活动什么时候举行，也包括活动举办的频率。首先考虑的是活动对象的时间，如果老年人心理保健活动选择在老年人吃饭、休息的时间开展就不太妥当。如果活动有相关部门领导出席，也要考虑到部门领导的时间，做好统筹协调工作。

4）“where”，即活动地点在哪里，需尽早明确活动地点。要充分了解活动举办地的优缺点，因为它将影响到其他相关决定。因为活动对象是老年人，应尽量选择方便老年人出入、环境舒适的地方，同时也要对卫生间、应急设施、无障碍设施情况等做事先了解。

5）“what”，即举办一次什么样的心理保健活动及活动定位。要考虑活动的规模、活动的主题、参与单位、参加人员等，这些在调研中都要涉及。

（2）对老年人群体的心理特点和心理需求有一定了解

对于老年人心理保健活动，虽然通常会邀请心理咨询或心理保健专业人士来主讲、指导或主持，但作为活动的策划者和实施者，应当对老年人群体的心理特点和心理需求有一定的了解。特别是相对身体健康和身体保健而言，大多数老年人对心理健康与心理保健并不太了解，甚至会有些误解，所以只有调研人员掌握了一些必要的心理保健知识，知道老年人的心理特点和心理需求，才能将其转化为老年人在认知和情感层面可以理解的内容，从而进行有实效性的调研。因为活动是为老年人心理保健服务的，那么他们有哪些心理需求，最突出的是什么，也是调研时要了解的。此外，在调研结束后要撰写调研报告，拟订活动策划方案，也需要根据老年人的心理特点和心理需求来设计。这里我们主要就老年人心理保健活动应当考虑的方面进行介绍。

1）脑功能下降，记忆力衰退。在开展活动时避免时间较长、内容较多，尽量通俗易懂、方便记忆。例如，有的专家在讲座时将老年人心理保健知识梳理成“动”“仁”“智”“乐”4个字。

2）趋向保守。许多老年人在多年的社会实践中，形成了一定的生活作风和习惯，随着年龄的增长，这些作风、习惯不断受到强化。他们在评价处理事物时，往往容易坚持自己的意见，在接受新事物、新思想方面通常比年轻人要慢些和困难些。因此，活动内容和设计应贴近老年人，以他们容易接受的方式导入，循序渐进。切勿一开始就颠覆老年人的习惯，引起他们反感。

3）喜安静而惧孤独。这样的描述并不是矛盾的。一方面，多数老年人神经抑制高于神经兴奋，故不喜欢嘈杂、喧闹的环境，愿意在安静、清闲的环境中生活、工作和学习。另一方面，老年人不希望长期一个人生活，希望享受儿孙绕膝之乐和与其他同龄人相处的快乐。因此，在活动中要做好活动场地的选择和布置，不适宜在嘈杂、喧嚣、凌乱的地方开展活动，也要注意其乐融融的温暖氛围的营造。

4）希望健康长寿。老年人都希望自己有一个健康的身体，一旦生病则希望尽快痊愈，不留后遗症，不给后辈增加负担。但老年人普遍对心理保健的关注不够。因此，如果将心理保健和身体健康结合起来开展活动，老年人兴趣会更浓，而事实上身心保健是相辅相成的。例如，有的老年人担心罹患阿尔茨海默病，在心理保健活动中可以开展一些手指操等游戏，既能活跃气氛，又能让老年人动起来，对阿尔茨海默病的预防有一定效果。此外，不少老年人经常失眠，如“我一晚上得醒好几次，不能有一点动静”“我晚上总是失眠，白天睡也睡不着”“睡眠不好，干什么都没精神”……这既有老年人脑功能自然衰退等生理方面的原因，也有心理方面的原因，活动组织者可以通过放松训练、心理暗示等帮助老年人改善失眠。健康心理学研究表明，现在许多疾病其实是身心疾病，通过心理保健知识的普及，可以让老年人认识到不只是服用药物、营养品或锻炼身体等可以促进身体健康，通过心理保健也可以促进身体健康。

2. 科学制订调研计划

调研计划即调研工作的程序安排，通常包括以下内容：①调研课题和目的；②调研对象和范围；③调研地点和时间；④调查方式方法；⑤调研步骤及日程安排；⑥调研组织领导及人员分工；⑦调查报告完成日期。

此外，调研时还可拓宽调研渠道。除了调研活动对象之外，还可以利用以下调研渠道。

1）相关政府管理部门，如民政部门、街道、老龄办，可以通过调研了解以往老年人心理保健活动或同类活动的情况。

2）各类老年社团、老年大学、退休职工活动中心等与老年活动相关的社会组织。

3）查阅网站、报刊、电视栏目等探索可行的宣传途径。

4）调研当地老年产业链的企业或知名企业、心理咨询服务单位的需求，也可寻求活动潜在赞助单位。

5）调研国家政策、法律法规，了解活动的举办是否在法律和政策的允许范围之内，有没有什么细节被忽略。

要对活动对象的需求进行分析和归纳。在此基础上再对资料进行过滤，哪些可以转变为亮点，哪些是以前做过、这次不再考虑的，综合这些元素之后才能更好地对整个活动的主题方向、节目形式加以把控。需要平衡的是，一味地迎合活动参与者的需求远远不够，往往会让参与者觉得没有新意，找到活动参与者潜在的需求，加以策划、升华才会使活动受到欢迎。

3. 实施调研

制订调研计划后，就可以正式实施调研了。该阶段就是收集信息、加工信息和分析信息的过程。在进行信息收集之前，要按照信息收集的目的和要求，设计出合理的收集提纲和表格，编制调查问卷和调查表。提纲是搜集资料的依据，实际上是调查报告的梗概。在调查过程中，有时提纲要不断修改，提纲编写好后，要依据提纲要求，设计必要的调查表或调查问卷。

在编制调查表或调查问卷时，需要注意的是，标题应简单醒目；表中须能容纳所有的调查项目；复杂的表应有填表说明；有的表末应注明制表单位和制表日期，以备查用，以示负责。调研语言应简单明了，内容通俗易懂，避免使用生僻的心理学术语和滥用心理学术语，以免引起调研对象的防御心理，从而影响调研效果。

在实施调研时，要选择老年人方便的时候。对视力不佳或识字困难的老年人，调研人员可以用口头询问的方式帮助其作答，但要注意语言表达应准确清楚。

调研最后，要以调查报告、资料摘编、数据图表等形式把获得的信息整理出来，并将这些信息资料与收集计划进行对比分析，如不符合要求，则要进行补充收集。

4. 撰写调查（调研）报告

调研完成后，将调研信息分析结果落实在调研报告上。注意调研报告要如实反映情况，分析合理、客观，解决问题内容具有针对性。

二、撰写老年人心理保健活动策划方案

调研结束后，结合调研前提出的“5W”问题，按照老年人活动策划方案的要求，撰写活动方案，包括活动标题，活动背景分析，活动定位，举办地点，举办机构，活动规模，活动价格和活动初步预算，人员分工、活动的宣传推广计划，活动进度和相关活动计划。总的来说，一份完整的老年人心理保健活动策划方案应当具备 5W2H1E，即：

why（为什么）——策划缘由；
who（谁）——策划者、活动策划方案针对的公众；
when（何时）——方案实施时机；
where（何处）——方案实施地点；
what（什么）——策划的目的、内容；
how（如何）——方案实施形式；
how much（多少）——活动经费预算；
effect（效果）——活动实施效果预测。

上述几个要素就是一份完整的活动策划方案应当具备的框架。当然，方案的写作风格、各级标题并不是千篇一律。关键是要具有计划性、可操作性，能够按照方案去实现目标。同时，因为是心理保健活动，所以还需注意以下内容。

1）活动主题需突出且具有美感。活动主题是活动的灵魂，也是吸引受众和相关单位的重要方面。好的活动主题，既让人对活动的主要内容一目了然，也能激发美的享受，特别是心理保健类活动，本身就是要促进老年人的心理健康发展，因此在活动策划时，构思一个好的活动主题非常重要。例如，“隔代亲——童趣养我心”老年人心理茶吧活动、“俏夕阳”心理辅导小组活动等，能让人有较深刻的印象。

2）策划方案中活动理念和活动意义需准确清晰。与身体健康和养生保健活动相比，很多人对心理健康和心理保健的很多内容缺乏关注与了解，而关于心理保健活动的实效性，给人的影响也是潜移默化的。因此，需要在策划方案中明确活动理念和突出活动意义，让方案审批者能清晰地看到该活动在促进老年人健康生活、和谐社会建设等方面的重要意义，如此才能使方案能被领导或上级部门批准，或争取到赞助单位支持，从而得以付诸实施。

3）活动策划一定要以人为本。在活动地点策划上，活动地点要安全、方便，环境舒适。例如，心理保健知识讲座类活动，宜选择空间较大，座位较多，有大屏幕、投影、话筒、音响等设施的会议室或活动室，方便容纳较多人员，以及对外宣传报道。较为私密的封闭性小组活动，则讲究活动地点固定、清静，在活动过程中不宜为外界打扰。在活动载体和活动内容上，也要符合老年人的心理特点，选择老年人喜闻乐见的一些载体和活动来进行。有些具有风险性的“信任背摔”游戏或过于复杂的游戏并不适合老年人。在内容策划上，要少说教，多结合实际，多举些案例，并提供一些简易的心理自助方法，如肌肉放松、冥想训练、手指操等。

任务实施

学生3～4人为一组，结合“案例导入”，完成重阳节老年人心理保健活动策划方案的撰写。由小组选出代表在课堂上进行演示。

任务点评

组别	评价内容及分值					
	主题与定位明确（20 分）	意义突出（20 分）	具有可操作性（20 分）	活动安排及预算合理（20 分）	有品牌价值（20 分）	总分（100 分）
第 1 组						
第 2 组						
第 3 组						
第 4 组						
第 5 组						
第 6 组						
……						
总评价						
备注						

任务三　老年人心理保健活动实施

案例导入

张明及其同事结合前期调研，发现社区老年居民非常缺乏心理健康知识，于是策划了一次面向某社区老年居民的心理保健讲座活动，计划在社区多功能厅举行，邀请某高校心理学专业张教授前来讲授。

任务描述

学生 4 人为一组，扮演“案例导入”中老年人心理保健讲座活动的组织者，在制订活动策划方案的基础上，落实每人分工，以及针对可能的突发事件制订应急预案。

相关知识

一、老年人心理保健活动的宣传

老年人心理保健活动策划方案制订完成，领导审定后，就可以按照方案进行活动的筹备了。当然，在筹备过程中，也可能因为某些情况的变化需要对方案内容进行部分调整。

在筹备老年人心理保健活动的同时，不要忘了开展活动宣传。为了提高活动的影响力，保证活动效果，活动宣传是非常重要的。因此，一般也要进行宣传策划。

宣传方式包括张贴海报、悬挂横幅、发放宣传单、组织者口头告知、传统媒体宣传等方式，现在互联网技术已十分发达，也可通过微信、微博、快手等新媒体进行宣传。当然，由于活动对象是老年人群体，要在宣传时考虑受众特点，尽量采用覆盖面广、准确度高的方式进行宣传。例如，不少老年人不会使用智能手机，那么仅仅采用微信等新媒体方式宣传活动，就会导致他们无法接收到信息，从而无法参加活动。

活动宣传包括活动前宣传、活动中宣传和活动后宣传。

活动前宣传旨在提升活动的知晓度，引起大家注意，吸引活动目标群体参加，是活动能否顺利开展的重要前提。因此，活动前宣传非常重要。宣传的信息应尽量清晰明了，方便老年人记忆。

对于某些开放式活动，活动中的宣传也是有必要的。特别是现在新媒体技术的发展，运用网络直播等方式也可以扩大活动的对外影响力。此外，如果需要新闻媒体进行宣传报道，那么在活动前就要邀请相关媒体，在活动前和活动中与媒体记者的沟通、接待也是非常重要的。不管有没有新闻媒体的来访，作为活动组织者，活动过程中都要做好照片拍摄和文字记录等工作。一方面，可以作为重要的活动资料存档；另一方面，可以为活动结束后发布新闻提供素材。

活动后宣传就是对活动整体情况进行报道。有条件的活动组织单位可在当地报纸、电视台等媒体报道，有自己网站、官方微博、微信公众号的，也可自行审核后发布，还可采用传统的方式，将新闻文字和照片打印出来，贴到当地居民聚集地的公告栏等地方，方便大家查看。特别是不少老年人，出来散步、下棋时看到这些图文信息，一般也会驻足观看。

总而言之，老年人心理保健活动的宣传方式多种多样，因人制宜、因地制宜即可，关键是要有效果。同时，作为活动的组织者，一定要积极与新闻媒体沟通；在撰写新闻、拍摄照片、处理照片时也要细致严谨，把好审核关。另外，由于心理保健活动的特殊性，在媒体报道时一定要避免某些敏感性词语或涉及老年人隐私的负面情况，以免造成大众误解。同时，在活动前布置某些宣传品，如横幅、彩旗、展板、充气拱门时，也应准备好相应配套设施，保证宣传品的质量，关注宣传品放置过程中的安全问题，避免展板砸伤人等情况发生。

二、老年人心理保健活动参与对象的招募

通过前期宣传，可以让老年人心理保健活动的参与群体获得信息。为了保证活动有序有效开展，有时需要参与对象在活动前报名，以便组织者掌握参与者情况，做好相应的物资准备，以及对活动内容做出调整等。报名方式可以采取到社工站或居委会现场报名、发送短信报名、扫描二维码报名等。总而言之，要根据所在社区老年人的实际情况，选择适合他们的报名方式。

一般而言，如果开展群众型老年人心理保健活动，通常对于参与对象没有特别严格的要求，不需要提前报名。但如果涉及发放宣传册或小礼物等安排，就需要组织者在前期活动宣传中留下报名方式，以便掌握活动参与人数，提前做好相应准备。

如果开展专业型老年人心理保健活动，因为该类活动对参与对象的身心特点、参与人数等都有严格的限制，所以需要在宣传海报或宣传单上留下报名方式，要求参与者在规定时间内报名，填写相应信息，以便对参与对象进行筛选，以及做好相应的人员、物资准备。

对专业型老年人心理保健活动，要求参与到活动中的老年人具有类似的个人目标和某些个人特征。一般小组活动参与者的组合最好是问题具有同质性、需求层次相当，这样有利于组织者开展活动，以及活动成员间进行分享和互动。当然，在进行活动成员组

合时，还要考虑到老年人的经历、专长、文化层次、风俗习惯等。

组织者要尽可能了解老年人的个人状况，了解其是否存在限制参加活动的情况，具体如下。

1）身体健康状况不良。如果老年人过于虚弱，出行不便，或者对公众运用的语言不能熟练把握，听力和言语表达有障碍，又不能配备助听器和助手，可能就不适宜参加该类活动。

2）有搅乱行为。如果有些老年人的认知水平欠佳，或者有严重的行为问题，其参加活动的效果也不好。活动组织者无法掌控这些老年人的行为举止，而且老年人离开活动现场后也很容易发生危险。如果老年人患有严重的抑郁症，或者正处于精神疾病发作期，也不适宜参加活动，他们的行为举止可能会让其他人受干扰或感到害怕。

3）处于危机干预期。如果老年人正处于紧急的危机状态，如刚失去了挚爱之人等，就不适宜参加集体活动，需要等情绪平复后再参加。

三、老年人心理保健活动的具体实施

1. 老年心理保健活动的开展时间及场地选择

老年人心理保健活动获得成功的一个重要条件是挑选一个合适的时间开展，保证绝大多数人能出席并且出席的质量较高。这要充分考虑季节因素、节假日因素等。如果需要邀请相关单位领导，就要尽可能避开一周中最忙碌的时间，如周一上午等。

在老年人心理保健活动的场地安排上，要考虑安全、方便，当然也要考虑场地经济因素。活动场地不一定局限于会议室等，也可以根据活动需要安排在其他地方开展。同时也要考虑活动场地的容量，当然也可分批进行。此外，还需要提前去了解场地的使用要求和历史接待情况，以及活动前后场地安排活动的情况，以便做好场地布置的准备。如果在户外举行活动，就需要提前了解天气，做好应急预案。

2. 活动现场布置实施

按照策划方案，根据与场地提供单位约定好的时间，进行活动现场的布置，如准备横幅、投影仪、电脑、嘉宾座位牌等，并提前进行音响、话筒、投影仪的调试，做到防患于未然。对老年人心理保健活动而言，场地布置不宜花哨、烦琐，应以温馨、简约风格为主。准备好活动过程中需要的互动用品。

3. 活动人员组织与调配

与相对固定的企业组织结构不同，活动项目的组织结构具有临时性的特点。为了在短暂的活动期间突出活动项目的重要性和权威性，除了具体负责项目运作的实际组织机构——组织委员会，活动项目一般还设主办、协办、承办、赞助等单位。

主办单位是活动项目的主要策划、制定和实施者，不过在我国活动实践中通常由政府机关单位担任，因受制于活动组织的复杂性和专业性，实际承担活动组织的多为社工机构等基层单位。协办单位则是活动项目的协助策划、制定和实施者。在实际工作中，承办单位受主办单位委托具体执行和实施活动项目，是活动项目真正的策划、制定和实施者。有的活动也会有赞助单位，赞助单位是为活动项目提供资金、实物、场地、技术、劳务等各种形式赞助的机构或企业，其目的在于通过该活动项目的宣传渠道和媒体展示机会，树立本机构或企业的形象。

在老年人心理保健活动中，承办单位要做好活动策划、实施工作，并做好向其他相关单位的汇报、统筹协调工作。承办单位要及时在活动各环节向主办单位及协办单位、赞助单位汇报或通报进展情况；在活动宣传中，要将主办单位、协办单位、承办单位、赞助单位都写进去，不能遗漏。

在活动策划方案制订后，活动组织者应当将活动的筹备与实施分成几个大的板块，每个板块指定明确的负责人，明确活动进度，确定每个项目期限，确定关键工作的最后期限，对准备工作的各个环节要明确时间节点，对不清楚的地方要及时开会提出讨论，对遇到的新问题要及时解决，并在活动正式开始前几天召开预备会议，及时查漏补缺。活动结束后，活动组织者要处理好后续工作，包括清洁场地、清理账目、归还设备、答谢志愿者、总结及撰写评估报告等。

值得一提的是，老年人心理保健活动在实施过程中可能会涉及参与者的身份信息及隐私，特别是在专业性小组活动、咨询服务类活动中，参与者可能会分享一些自己平时不太愿意提及的事情和感受。这些都需要活动组织者遵守心理学和社会工作的伦理原则，做好保密工作，未经参与者允许，不能向外透露参与者的个人信息和隐私，在对外宣传报道时也应当注意。

四、老年人心理保健活动的危机管理

关于老年人心理保健活动的危机管理，同样要做好常见危机的事先预防和应急预案，如场地安全、人身安全、卫生问题等。此外，还要考虑到老年人心理保健活动的特殊性。一般而言，讲座类活动对活动参与对象的筛选没这么严格，只要主讲人是专业人士，对其他组织者的专业要求不太高。但在参加专业小组活动时，在某些场景下可能会触碰到老年人内心深处的一些东西，有些老年人可能因此出现情绪失控，如十分悲伤等，这些在心理咨询过程中也会遇到，但由于老年人身体的特殊性，有可能会因情绪失控而对身体造成较大的负面影响。因此，活动组织者一方面应当在该类专业小组活动招募参与对象时，就要对报名者的基本生理和心理情况有所掌握，对不适宜参加该类小组活动的报名者，要耐心解释，合理拒绝，以免在活动中造成无法弥补的伤害，同时在活动设计上鉴于老年人的身体情况也不宜设置冲击性较大的活动。另一方面，需要配备必要的医疗急救专业人士，以及备置一些必要物品，如纸巾。在活动中，当老年人情绪激动哭泣时可以使用，还可提供水杯和饮用水，方便老年人在情绪释放后通过饮水舒缓情绪，以及辅以必要的肌肉放松活动等。因此，要求活动组织者在心理咨询方面有过硬的技术与丰富的经验，以便在出现危机时能及时应对，以免对老年人造成伤害。

任务实施

1）以“案例导入”内容为依据，落实老年人心理保健讲座活动的各环节，做好小组内 4 人的分工，撰写任务分工表。

2）讨论本次讲座活动可能会遇到的突发事件。

3）讨论针对每件突发事件的解决方案。

任务点评

组别	评价内容及分值					
	对活动实施考虑全面（30分）	小组成员分工合理（15分）	设想的突发事件具有合理性（15分）	设计的应急预案具有可操作性（30分）	表达清晰具有逻辑性（10分）	总分（100分）
第1组						
第2组						
第3组						
第4组						
第5组						
第6组						
……						
总评价						
备注						

任务四　老年人心理保健活动评估

案例导入

张明所在社工站负责的某社区老年人心理保健讲座活动顺利结束了。在活动中，社工站邀请了当地某高校心理学专业的张教授为老人们进行了题为《幸福的秘密》的讲座，时长约1小时。讲座前后，社工还进行了手指操等简易热身运动。为了解本次讲座活动在老年人群体中的反响，以及为今后开展类似的老年人心理保健活动提供借鉴，张明及其同事要对活动效果进行评估。

任务描述

如果你是张明，请根据上述情境对本次老年人心理保健讲座活动进行评估。

相关知识

老年人心理保健活动的组织管理过程是一个循环的、螺旋式改进的过程，活动评估阶段既是整个活动组织管理程序的最后一个环节，也是下一个活动策划与组织的开始。活动评估具有监督介入工作进度、巩固活动成果、进行社会交代的重要作用。因此，可以说活动的评估是为了使进行中的活动尽可能完善和为下一次活动的策划与组织做准备的过程，对活动组织者来说具有非常重要的意义。

老年人心理保健活动评估包括准备工作评估、执行过程评估、费用评估、效果评估。其中执行过程评估和效果评估是重点。

一、老年人心理保健活动的准备工作评估

准备工作评估是评估整个活动的前期准备工作是否均依据方案于活动开展前准时安排到位，对整个前期安排进行评估。评估内容包括以下几个方面。①活动参与人员：活动负责人、活动执行人、活动监控（由谁监管）是否已确定。②活动准备事项：活动地点、活动的现场布置、活动宣传、活动必备器材设备、活动奖品等是否事先与活动负责人做好联系，以准备妥当。③广告宣传，信息发布：活动宣传方式、信息发布人群是否已确定。

二、老年人心理保健活动的执行过程评估

首先要说明活动的执行过程，然后再进行评估。例如，在一场老年人心理保健讲座活动结束后，活动组织者这样总结执行过程："音响、话筒等设备在活动前没有进行一一调试，部分工作人员没有穿上工作服起到引导作用，这些都在一定程度上影响了活动的效果。"过程评估是对整个活动过程的监测，包括对工作过程的每一步骤、每一阶段分别做出评估，评估的重点是怎样使活动过程中的各个步骤和程序促成最终的结果。

三、老年人心理保健活动的费用评估

进行费用评估，首先，列出活动预算方案中各项费用清单。其次，分析活动过程中的费用使用、超支或者节支的情况与原因，列出实际活动开支一览表。最后，将费用的实际发生额与预算额进行对比分析，对费用进行评估。

四、老年人心理保健活动的效果评估

活动效果评估不仅是对活动执行效果的评估，还是对活动策划与组织方执行能力的考量。效果评估通常包括以下内容：①取得的成绩；②活动的不足；③分析问题的原因。

活动效果评估最常用的方式是正式的书面调查，也就是在活动结束后马上就参与活动各方的满意程度进行跟踪调查，发放满意度调查表。调查对象主要包括活动参与者、活动组织者，以及活动第三方等。邀请活动参与者参与满意度调查，一方面能够帮助活动组织者及时了解活动效果，总结活动经验，改善工作技巧，提升服务水平；另一方面能让活动参与者感受到尊重和参与感。要注意的是，因为活动参与者是老年人，所以在针对活动参与者设计满意度调查表时，印刷字体应足够大和清晰，方便老年人阅读，调查题目不宜太多，内容应通俗易懂，避免出现生僻的心理学术语或易误解的心理学术语。如果有老年人识字困难，社工或志愿者可采用一对一询问的方式协助其作答。

另一种是活动前与活动后相结合的调查方法。这种调查方法特别有助于活动策划与组织者了解活动是否满足了参与活动各方的预期，可以很好地发现活动参与者参加活动前对该活动的期望与最终所得到的实际结果之间是否存在差距。根据调查结果，活动策划与组织者要么改善对活动所能得到的结果的过高承诺，要么改善有关组织管理工作，以便在下次活动时加以改进。

需要活动参与者坚持参与的（4 次及以上）连续性老年人心理保健活动，特别是连

续的专业型老年人心理保健活动，除了进行满意度调查外，还可以分别在第一次活动开始前和最后一次活动结束后发放专业的心理健康问卷，以便准确了解该系列活动对老年人心理健康水平提升的促进作用，为今后举办类似活动提供实证依据。专业的心理健康问卷可通过查阅专业网站或咨询专业心理咨询人员获得。

五、改进建议

在活动评估报告的最后，结合活动满意度调查结果及活动组织者在以上 4 个维度中的评估小结，提出可行性的改进建议，为今后开展类似活动积累宝贵的经验。

任务实施

学生 3～4 人为一组，讨论分析“案例导入”内容，完成如下任务。

1）确定“案例导入”中老年人心理保健讲座活动的类型。

2）明确本次活动评估的对象。

3）确定合适的评估方式。

4）实施评估。

5）撰写评估报告。

任务点评

组别	评价内容及分值				
	评估主题突出（30 分）	评估安排可行（20 分）	参与评估的对象符合实际情况（20 分）	评估题目简单易懂（30 分）	总分（100 分）
第 1 组					
第 2 组					
第 3 组					
第 4 组					
第 5 组					
第 6 组					
……					
总评价					
备注					

拓展阅读

退休综合征

退休综合征是一种老年期典型的社会适应不良的心理疾病，是指离休、退休的老年人在离退休后对环境适应不良而引起的多种心理障碍和身心功能失调的一系列症状。具体来说，退休综合征就是指离退休者告别工作岗位回到家庭环境后的一段时间，因工作习惯、生活规律、周围环境、社会地位、工资福利、权利范围等一系列相关因素发生变化，从而出现的身心不适症状。

这种身心不适症状的主要表现是孤独、空虚和有严重失落感，体力和精力明显减退，自卑心理严重，甚至产生“日落西山，面临末日”的心理变化，情绪忧郁，焦虑紧张，心神不定，喜怒多变，情绪不稳，难以自知自控。

相对而言，事业心很强，或者离退休前职位很高、权力较大的男性更容易出现退休综合征。通过面向该类群体开展老年人心理保健活动，可以帮助其改善离、退休后带来的身心不适症状，更好地适应退休后的生活。

拓展练习

一、单选题

1.（　　）是指保持、维护和促进人的心理健康的过程。

A. 心理保健　B. 心理疏导　C. 身体保健　D. 心理咨询

2. 调研计划即调研工作的程序安排，通常不包括（　　）。

A. 调研课题和目的　B. 调研对象和范围

C. 调研人员招募　D. 调查方式方法

3.（　　）是活动的灵魂，也是吸引受众和相关单位的重要方面。

A. 活动主题　B. 活动目的　C. 活动方案　D. 活动类型

4.（　　）旨在提升活动的知晓度，引起大家注意，吸引活动目标群体参加，是活动能否顺利开展的重要前提。

A. 活动前宣传　B. 活动中宣传　C. 活动后宣传　D. 活动内容宣传

5. 在老年人心理保健活动中，（　　）要做好活动策划、实施工作，并做好向其他相关单位的汇报、统筹协调工作。

A. 承办单位　B. 主办单位　C. 赞助单位　D. 协办单位

6.（　　）不仅是对活动执行效果的评估，还是对活动策划与组织方执行能力的考量。

A. 活动效果评估　B. 活动执行过程评估

C. 活动费用评估　D. 活动准备工作评估

二、多选题

1. 根据活动对参与对象的开放程度，老年人心理保健活动可以分为（　　）。

A. 开放式老年人心理保健活动　B. 封闭式老年人心理保健活动

C. 治疗型老年人心理保健活动　D. 发展型老年人心理保健活动

2. 针对老年人的心理特点和心理需求，老年人心理保健活动应当考虑（　　）。

A. 老年人脑功能下降，记忆力衰退　B. 老年人趋向保守

C. 老年人喜安静而惧孤独　D. 老年人希望健康长寿

3. 除了调研活动对象之外，还可以利用的调研渠道有（　　）。

A. 相关政府管理部门　B. 与老年活动相关的社会组织

C. 查阅网站、报刊、电视栏目等　D. 国家政策、法律法规

E. 当地老年产业链的企业或知名企业

4. 老年人参加活动的限制条件包括（　　）。

A. 身体健康状况不良　　B. 有搅乱行为

C. 处于危机干预期　　D. 文化水平低

5. 老年人心理保健活动评估包括（　　）。

A. 准备工作评估　　B. 执行过程评估

C. 费用评估　　D. 效果评估

6. 老年人心理保健活动准备工作评估的内容包括（　　）。

A. 活动参与人员　　B. 活动满意度

C. 活动准备事项　　D. 广告宣传，信息发布

三、简答题

为关爱老年人心理健康，某社工站的心理咨询师陈飞率领团队来到了镇敬老院，开展了“幸福夕阳，健康百岁”关爱老年人心理健康辅导活动。根据以下每种情境提出相应的解决措施。

1）此时正逢春季，有的老年人有点犯困，打不起精神听老师讲解。

2）敬老院有几位新来的老年人比较拘谨、害羞。

3）之前敬老院领导建议社工站教授老年人一些心理自助方法，方便今后老年人能自己在生活中运用。

项目总结

老年心理多变化，失落怀旧易伤感。
心理保健不容缓，活动参与按特点。
活动策划很重要，方方面面计划全。
调研宣传招会员，实施勿忘防风险。
过程费用及效果，评估意见很重要。

项目四

老年人学习类活动策划与实施

项目导读

众所周知，一个人要被社会所接受，成为合格的社会成员，必须从小学习、接受教育，学会和掌握通行于社会的基本规范和知识，这就是社会化。

老年人和其他人一样，要继续学习，接受教育，掌握现代社会需要的新知识、新技能，也就是要“再社会化”。人的社会化不是一劳永逸的，在科学技术发达的今天，再学习、再社会化，是一个人的终身任务。

老年教育作为继续教育的重要内容、学习型社会建设的重要方面，其兴起与发展显然是顺势而为、顺理成章的事情。老年教育、老年大学无形中起到了助推老年人再社会化的积极作用，帮助老年人学习新知识、掌握新技能，使他们融入现代生活，融入主流社会，在生活的海洋、社会的舞台中，行走自如、游刃有余。电脑、旅游、烹饪、外语成为老年教育、老年大学的热门选课的原因也就在这里。人生学习的“最后一公里”，它不光是兴趣学习，也是老年人再社会化的大通道，是老年人过好现代生活的必修课。

【学习目标】

『知识目标』

1. 了解老年人学习类活动的概念。
2. 认识老年人学习类活动的基本特征。
3. 掌握老年人学习类活动策划的一般程序。

『技能目标』

1. 能够准确定位老年人的学习需求。
2. 能够应对老年人学习类活动中出现的特殊情况。
3. 能够对老年人学习类活动的过程进行反思和改善。

『职业素养目标』

1. 能够深入老年人群体，发掘老年人潜在的学习需求。
2. 能够激发老年人自主学习的能力。

任务一　老年人学习类活动概述

案例导入

A 社区是一个严重的老龄化社区，社区内的老年人大部分为“空巢”老人，他们大多能独立自理生活，邻里关系较融洽，但很少来往。针对社区老龄人口的种种问题，为加强社区凝聚力和宣扬敬老爱老精神，社工站根据实际情况，将老年人社工服务重点列入本年的服务计划之中。

任务描述

请根据 A 社区的特点和该社区中老年人的特点，选择老年人学习类活动的类型并说出理由。

相关知识

一、老年人学习类活动的概念、基本特征及意义

1. 老年人学习类活动的概念

人们心目中的学习主要是知识学习，只要谈到学习，一般人的第一反应就是通过读书学知识，但这是一种狭隘的理解，学习不仅包括知识学习，还包括品德学习、技能学习、审美学习、人际关系学习等。参与主体为老年人的与学习相关的一系列活动统称为老年人学习类活动。

老年人学习的内容主要包括营养与保健、音乐与舞蹈、手工与园艺、文化知识、职业训练，以及对退休生活的适应等。

2. 老年人学习类活动的基本特征

（1）以延年益寿及兴趣爱好为主要指向

老年人参加学习类活动通常是由自身的兴趣爱好或是身体需求为驱使的，延年益寿是老年人较为关心的主题之一。老年人希望利用各种知识，采取适合的、有效的自我保健方式来促进身体健康。对于年纪偏高、身体素质较差的老年人更是如此。因此，他们对医疗保健、穴位按摩、太极拳等课程都有强烈的兴趣。

（2）学习进程较缓慢

老年人有较丰富的社会经验和学习经验，理解能力较强，只要负责教授课程的工作人员讲解清晰明了，老年人就很容易理解，但在实操中，老年人的协调性较差，注意力很难长时间集中，有健忘的特点。所以，工作人员在教授课程时应避免语速快、知识点过多，要留有充分的时间让老年人消化吸收，以及巩固记忆。同时，每次学习活动时间不宜过长，一般以 30 分钟为宜。

（3）学习过程中注重自信心的培养

在老年人学习类活动中，部分老年人容易低估自己的学习能力，缺乏信心。例如，在学习乐器的活动中，不少老年人害怕被嘲笑，从而产生害怕公开演奏等消极的心理，更愿意闭门练习，导致难以以正常的速度完成学习。这时，教授课程的工作人员应将重点放在让其放下思想负担，增强学习的自信心。自信心的培养是老年人学习类活动中不可或缺的重要一环。

3. 老年人学习类活动的意义

（1）满足老年人学习需求

在心理学中，需求是指人体内部一种不平衡的状态，是对维持发展生命所必需的客观条件的反应。老年人和年轻人有共同的五大需求：生理需求、安全需求、社交需求、尊重需求、自我实现需求。老年人不仅仅需要来自家人和社会的尊重，他们的自我实现需求更不容忽视。我们可以通过为老年人开展学习类活动，让未受过正式教育的老年人有机会学习文化知识，让已受过正式教育的老年人的文化知识得到更新，从而提高老年人修养，有助于老年人精神文明建设。

（2）丰富老年人日常生活

人一旦进入老年，生活圈子日益狭小。每天除了忙家务就是吃饭、睡觉，生活显得单调且枯燥。现在，越来越多的老年人已不再满足于看电视等普通的休闲娱乐活动，开始追求与时代相适应的精神文化生活。集娱乐、知识和自身健康为一体的老年人学习类活动，如学习园艺、舞蹈、手工等，能丰富老年人的余暇生活，有效避免由精神文化生活的匮乏导致的情绪低落。

（3）促进老年人社会交往

兴趣爱好的一致性、需要的互补性、态度的相似性等是人际交往的内在动因。老年人由于生理功能的逐渐衰退，活动能力和反应能力会有所下降，社会交往的范围有所收缩。相比普通的街坊邻居，老年人更加愿意与拥有共同兴趣的人交往，而交往的内容也更具有内涵。同时，老年人也更容易以某种共同活动联系起来，如跳舞、下棋、钓鱼等集体活动。因此，通过老年人学习类活动，聚集有共同爱好的老年人，拓展他们的人际关系圈，促进形成相互交叉式的社会交往网络。

（4）实现老人年再社会化

再社会化是指老年人经过基本社会化之后，为了适应社会文化环境，继续学习社会文化知识、价值观念、行为规范的过程。老年人也要适应社会的发展与环境的变迁，学会用新的眼光观察事物。

老年人容易产生自卑、多疑、易怒与自怨自艾等情感，甚至郁郁寡欢、悲观消沉。此外，老年人也会遇到社会角色与社会地位急剧变化的问题，如老年人因退休之后失去了以往的社会地位与权力而产生的落差感、因不会使用新型电子产品而受到年轻人的排斥等。因此，通过学习新的知识、适应新的环境、承担新的角色等帮助老年人实现再社会化。

二、老年人学习类活动的分类标准及类型

老年人学习类活动的分类标准及类型如表 4-1 所示。

表 4-1 老年学习类活动的分类标准及类型

分类标准	活动类型
按学习目标分类	强身健体类，如学习健身操、手指操、太极拳、门球运动等
	康智娱乐类，如学习绘画、唱歌、手工、园艺等
	社会交往类，如学习网络聊天、沟通技巧，开展读书会等
按学习形式分类	独立式学习类，如学习书法、看书看报等
	群体式学习类，一对多教授式学习（如开展讲座、老年大学等）、相互教授式学习（如分享会、讨论会等）

任务实施

下面是A社区老年人的几种情形，学生3～4人为一组，针对每种情形选择一种合适的老年人学习类活动，并说明理由，由小组代表在课堂上进行表述。

1）社区周大爷看电视了解到医保政策有改动，但不知道如何确切地了解相关政策，同时他告诉社工小唐，邻居老李和老陈也有这个想法。

2）社工小马通过走访了解到A社区内有不少老年人喜欢国画，他们也多次向小马表达了学习国画的意愿。

3）A社区里"空巢"老人较多，他们大多身体健康，但平时大部分时间待在家里，和外界缺乏交流。社工站的社工小杨希望通过促进社区内老年人交往改善这一现状。

任务点评

组别	评价内容及分值				
	对服务对象需求判断准确（30分）	对不同类型老年人学习类活动理解准确（30分）	活动具有可操作性（20分）	表述准确精练（20分）	总分（100分）
第1组					
第2组					
第3组					
第4组					
第5组					
第6组					
……					
总评价					
备注					

任务二 老年人学习类活动策划

案例导入

某社区共有老年人 135 人，社工小飞经过前期的个案建档资料和前期开展的手工学习活动得知社区内大部分老年人很喜欢手工制作。老年人认为参加手工学习活动可以打发无聊的时间，也能够学习新的知识，还能以活动为桥梁认识新的朋友，通过手脑并用能在一定程度上防止阿尔茨海默病。社工小飞在开展此类学习活动的过程中，可以了解老年人的学习需求，为以后更好地开展服务工作做准备。

任务描述

请根据“案例导入”中社区老年人的实际情况，策划老年人手工学习活动的具体流程。

相关知识

一、老年人学习类活动策划的基本原则

1. 简单易学

由于老年人的身体机能逐渐退化，学习能力在一定程度上逐渐衰减，如阅读过于复杂的说明书、冗长的文章等，对老年人来说有一定的难度；老年人不适宜久坐或久站，因此需要特别注意控制学习时间。学习活动的内容和过程的策划应基于参与活动的老年人的实际状况，学习内容越简单易懂，老年人越容易学会，从而满足感越强，学习效果越好。

2. 有娱乐性

枯燥晦涩的学习活动会让老年人难以集中注意力，甚至产生“厌学”的不良情绪。反之，轻松愉快的学习氛围、生动活泼的教授过程会让老年人心情愉悦，乐在其中，充分享受学习带来的快乐。在策划老年人学习类活动的时候，应注意劳逸结合，将学习与娱乐相结合。

3. 实用性强

老年学习处于人生学习的最后阶段，因此，针对老年人开展的学习类活动应与老年人的生活、身心健康和社会交往等密切相关，使老年人可以通过对学习内容的学以致用，改善生活状态、提高生活品质。

二、老年人学习类活动策划的一般程序

1. 需求调研，确定学习的主题内容

收集老年人学习需求的方法如下。

1）自愿告知。当老年人意识到有学习需求，并主动将需求告知社工时，社工应在第一时间做好相关记录。

2）社工发掘。很多时候，老年人并不会直接告诉他人自己有哪方面的学习需求，但会通过一些生活细节间接表现出来或是通过语言间接表达出来。此时，就需要社工细心发掘老年人潜在的学习需求。

3）他人建议。社工在向老年人的家属、朋友、护理员等了解老年人的情况时，可能会从这些与老年人关系较亲密的人群中获取有关信息或是得到相关建议，从而了解老年人的学习需求。

2. 确定学习活动的开展形式

（1）少人数适用型

适用于少人数的老年人学习类活动主要有以下特征。第一，需求的相对特殊性，如部分老年人由于年幼时没有机会接受教育，文化水平一直较低，生活中也存在一定的障碍，针对该老年人群体开展的习字学习活动具有相对特殊性。第二，教授过程的相对复杂性，如学习电脑、手机等电子产品的使用对老年人来说是接纳新事物的过程，少人数的教授形式更容易让老年人快速上手。第三，学习内容的相对私密性，如部分老年人因经受各种身体病痛的折磨，心理压力巨大，安全感缺乏，对于外界的看法悲观消极且人际关系网薄弱。针对该老年人群体开展的生命教育类学习活动便具备了相对私密性，且考虑到学习的效果，不宜在多人数场合开展。

（2）多人数适用型

适用于多人数的老年人学习类活动的主要特征是学习需求的普遍性，如学习健身广播操、学习手工制作等常见学习类活动。这一类型的活动对老年人来说具有普遍性，可集中多人共同学习。

3. 确定学习活动的具体安排

（1）了解老年人参加活动的限制条件

如果老年人身体羸弱，出行不便，或者在听力和言语表达方面存在一定障碍，或者认知水平欠佳，则应选择与之相适应的学习类活动。

（2）场地选择

开展老年人学习类活动，可选择会议室、老年活动中心等场所，也可选择相对开阔的、无障碍的室外场地。需要特别注意的是，老年人活动的地方一定要能方便如厕，并要有休息区域。在室内活动时，一定要事先检查每个地方，如座椅是否牢固，光线是否明亮，设备是否阻碍通行等，尽量消除安全隐患。

（3）活动时间的安排

因为老年人的时间相对宽裕，所以活动时间安排相对自由。为保证活动效果，要充分利用适宜的外部环境，同时要考虑到老年人的活动安排和日常作息时间，尽量不对老年人的正常生活产生影响。活动时间一般不宜过长，应控制在 1 小时以内。如果超过 1 小时，可以考虑安排中间休息，避免使老年人感到劳累。

任务实施

学生 3～4 人为一组，根据“案例导入”中社区老年人的实际情况，撰写一份老年人手工学习活动的策划方案。每个小组选出代表进行课堂演讲。

任务点评

组别	评价内容及分值					
	准确分析活动背景（20 分）	明确活动目标（20 分）	具有可操作性（20 分）	活动安排及预算合理（20 分）	设想可能出现的困难合理（20 分）	总分（100 分）
第 1 组						
第 2 组						
第 3 组						
第 4 组						
第 5 组						
第 6 组						
……						
总评价						
备注						

任务三 老年人学习类活动实施

案例导入

某养老机构的老年人属于高龄老年人，有老年人生病或离世时，其他老年人容易出现情绪波动，甚至会导致消极情绪积累。加上老年人往往经受身体病痛的折磨，心理压力巨大，安全感缺乏，对于外界的看法往往悲观。这样的老年人在与外界接触时，常表现出脾气暴躁或脾气古怪，严重影响人际关系。

社工小北及其同事结合前期调研，计划为该养老机构的老年人开展“生命教育”学习小组活动，希望通过此小组活动让老年人体会不同的生活方式，改善老年人的认知，使其建立积极的生活态度。

任务描述

请根据“案例导入”中的某养老机构老年人的实际情况，设计“生命教育”学习小组活动的内容，并对开展“生命教育”学习小组活动中可能出现的困难进行预测，制订相应的对策。

相关知识

一、老年人学习类活动的实施原则

老年人学习类活动的实施需遵循以下原则。

1. 确保老年人的安全

任何老年人活动的开展，都要以确保老年人的安全为首要原则，通过预防、培训、干预等手段，切实提高老年人的安全素质，不断增强老年人的防范意识和能力，减少老年人群体的安全事故和人身伤害。

2. 培养知识技能与发展兴趣、开发潜能相结合

老年人参与学习类活动往往与他们的兴趣相关。因此，社工在组织开展学习类活动时，必须与老年人的兴趣相联系。一方面，要根据老年人的兴趣与需求来选择活动内容、开展形式；另一方面，要激发老年人的学习兴趣，不断提高老年人的认识水平、掌握程度，使其享受更高层次的乐趣，开发自己的潜能，收获成功的喜悦。

3. 充分调动老年人和社工的主观能动性

老年人是学习类活动的主体，让老年人有目的、有计划、积极主动、有意识地参与活动是保证活动效果的必要条件。同时，在活动开展过程中，社工要主动实施学习计划，主动关心参与活动的老年人，主动汇报学习进展。参与活动的老年人的文化程度参差不齐，学习爱好各有不同，生活习惯也各有差异。因此，在实际教学服务中要考虑到个性化，即针对老年人的不同特点，实施针对性教学，避免千篇一律、千人一教。坚持发挥老年人的主观能动性，既能反映社工的工作态度，又能体现服务水平。

二、老年人学习类活动实施的基本技巧

1. 沟通与互动的技巧

（1）告知老年人活动流程及安排

每个人都有被尊重的需求，告知老年人活动流程及安排能让老年人有被尊重的感觉，从而有助于社工与参与者建立良好的信任关系。及时告知老年人活动流程及安排，让参与活动的老年人协调好自己的生活安排与时间规划，从而让整个活动得以顺畅进行。

（2）营造轻松、自由的活动氛围

社工与老年人沟通时要有充分的耐心，与老年人对话时尽量声音洪亮、吐字清晰，要以热情、友善的语言和亲切的表情等向参与活动的老年人传递温暖、真诚、关怀等信息，营造轻松、自由的活动氛围，从而更好地使老年人通过活动达到学习目的。

（3）鼓励老年人表现自我

步入老年，人们的顾虑越来越多，也越来越敏感。当老年人在参加活动时，面对陌生的事物或晦涩的内容难免心生抵触。因此，需要社工在活动中关注老年人的情绪变化、

学习进度并对老年人的处境进行换位思考，及时赞赏老年人在活动中取得的进步，让老年人保持自信，在学习类活动中保持较高的学习热情。

2. 教授的技巧

社工设计的教授方法必须符合老年人的特征，服务于学习活动的完成和学习内容的传递，做到以旧联新，要善于启发、开导思路、引起兴趣、促进交流。活动对象的复杂性、学习内容的多样性决定了教学方法的多样性、灵活性和创造性，从老年人学习类活动的实践来看，传统的教学方法要得到创新，多样化、个性化是必然的选择。以下是几种常见的教学方法。

（1）保持互动，吸引注意力

注意是产生各种心理过程时必不可少的心理属性。没有对事物的注意，就不能有对事物的认识。一切学习和工作如果没有集中的注意力，就不能很好地进行，也不可能获得成效。对于老年人来说，集中注意力并不是一件容易做到的事。

正是由于老年人注意力集中的时间短，社工需要在活动中不断给予老年人反馈，形成高密度的互动。这样可以延长老年人在活动中集中注意力的时间。针对人际交往能力较弱的老年人，社工在活动中可以组织老年人之间的互动，这样不仅可让老年人接受他人，形成良好的同伴关系，而且可以活跃气氛，延长老年人集中注意力的时间，提高老年人的参与兴致，从而使活动更顺利地开展。

（2）运用启发式教学方法，提高老年人的思维能力

虽然老年人处于生理和心理老化的时期，但并不代表老年人的思维能力下降。反之，老年人仍有较强的思维能力。社工在老年人学习类活动中，有必要采用集疏导、活跃思维为一体的教学方法，改变注入式的抑制老年人自觉思考的教学方式。启发式教学可以渗透在老年人学习类活动的所有环节中，任何一种具体的教学方法都可以贯穿这个指导思想，在教授过程中，积极调动老年人思考的积极性和自觉性，着重引导老年人思考、分析，实现知识技能传授的内化。

（3）积极运用多媒体等信息化手段

智能信息化教学手段在教学领域中的广泛应用，为原有的教学方法注入了新的活力，扩展了功能，使教学方法更趋于现代化，大大增强了教学的信息容量，也使教学过程立体化、直观化，提高了教学效果。在老年人的学习类活动中运用多媒体教学，如计算机网络、视频投影等，有趣的人机互动不仅能让复杂的问题简单化，图文声像并茂的形式也能激发老年人的学习兴趣，让活动达到事半功倍的效果。

三、老年人学习类活动实施中的常见问题及解决对策

1. 实际参与人数少于目标人数

当活动宣传力度不够大，宣传范围不够广，以及活动内容、形式等缺乏吸引力时，往往会直接导致参与人数较少甚至活动中途退场的情况。因此，活动的前期宣传及活动的趣味性非常重要。活动宣传期，活动主题要鲜明新颖，能引起老年人的兴趣；宣传海

报要绚丽多彩，字大饱满，内容简明，让老年人很容易就能看清读懂；邀请老年人时，态度要诚恳谦虚，让老年人获得受重视感和受尊敬感；活动开展中要认真，对老年人提出的问题要耐心解答，第一时间赞赏老年人的进步等，使其保持参与活动的积极性。

2. 参与人员水平参差不齐

老年人学习类活动带领者（社工或专业教授）若将老年人参与活动初期的学习水平视为整个学习阶段的水平，而忽视他们的潜在能力，无形之中将会压抑参与活动的老年人的学习热情，如果形成恶性循环，便无法达到学习效果。因此，社工在学习活动中，对学习水平较低的老年人要格外关注，及时了解他们的思想状况和学习困难，不失时机地激励他们产生“想学”的愿望。

3. 学习效果不明显

制订短期目标和中期目标，分散难点，化难为易。在进行教学时尽可能使老年人感到易学，想方设法把难的东西变得容易一些，把复杂的内容变得简单一些，使老年人也容易接受。把老年人觉得困难的内容转变为他们容易理解、消化的点，这样学习兴趣也就会进一步得到巩固和提高。

任务实施

1）活动设计：根据“案例导入”，社工小北及其同事结合前期调研，计划为该养老机构的老年人开展“生命教育”学习小组活动，活动内容包括让老年人回顾自己的一生，正确且积极地认识自我人生，重新书写人生；社工设计“成果墙”，分享生命中的正能量，发掘老年人自我潜能，增强信心；小组还通过游戏分享的形式，让老年人体会不同的生活方式，改善老年人的认知，使其建立积极的生活态度。

2）活动形式：学生2～3人为一组，自行假设社工小北所在养老机构的实际情况，对开展“生命教育”学习小组活动中可能出现的困难进行预测，并制订相应的对策，形成报告。小组代表在课堂上进行成果展示。

任务点评

组别	评价内容及分值				
	对活动实施考虑全面（30分）	设想的困难具有合理性（30分）	设计的对策具有可操作性（30分）	表达清晰有逻辑性（10分）	总分（100分）
第1组					
第2组					
第3组					
第4组					
第5组					
第6组					
……					
总评价					
备注					

任务四 老年人学习类活动评估

案例导入

小飞所在社工站负责的活动结束了。小飞自我感觉良好，但是是否真如小飞所想呢？活动还存在什么问题吗？于是，小飞按照活动组织策划的要求，开始进行活动评估。

任务描述

全班模拟组织开展一次完整的老年人学习类活动，从中体会活动评估的重要性。

相关知识

一、老年人学习类活动评估的作用

老年人学习类活动评估有以下几个方面的作用。

1. 检验和判定学习效果

检验和判定学习效果是学习类活动评估最重要的一项职能。活动带领者（社工）的教授能力如何？参与活动的老年人是否掌握了计划的知识、技能？是否通过活动达到了目的？这都必须通过活动评估加以验证。检验和判定学习效果是了解教学状况、提高教授质量的必由之路。

2. 促进工作方法的完善

通过老年人学习类活动评估，社工可以了解到活动目标确定的是否合理，教学内容、教授方式运用的是否得当，学习内容的重点、难点是否能让老年人容易掌握。同时，也可以了解老年人在学习活动中的参与情况和活动存在的问题，发现造成老年人参与困难的原因，从而调整活动方案，改进教学方式，有针对性地解决老年人学习类活动中存在的各种问题。

3. 调整教学进程

对教学活动基本进程的调控，是老年人学习类活动评估多种功能和作用的综合表现，它建立在对教学效果的验证、教学问题的诊断和多种反馈信息的获得等基础上，具体表现为对教学方向、目标的调整，教学速度、节奏的改变，教学方法、策略的更换，以及教学内容、教学环境的调整，等等。实际上，客观地判定教学的效果，合理地调节、控制教学过程，使之向着预定的教学目标前进，也正是老年人学习类活动评估追求的基本目标。

二、老年人学习类活动评估的类型

老年人学习类活动评估有以下两种类型。

1. 过程评估

过程评估是对老年人学习类活动整个介入过程的监测，包括社会工作介入进行中的评估，它对工作过程的每一步骤、每一阶段分别做出评估，关心的重点是怎样通过老年人学习类活动的各个环节和步骤实现最终的学习目标。

过程评估提供有关服务过程的各种信息，包括工作目标、介入过程、介入行动和介入影响。在介入初期和中期，过程评估的重点是对参与活动的老年人的学习情况及社会工作者的服务技巧进行评估，以此了解老年人的学习进度和学习内容难易度，适时修正活动方案，改善教授技巧。

2. 结果评估

结果是指老年人学习类活动最终完成的形态，包括目标结果和理想结果两个部分。目标结果是指介入要努力达到的方向，如参与活动的老年人完成了何种程度的学习指标，取得了怎样的效果；理想结果是介入的直接和最终效果。

结果评估是检视计划介入的理想结果，以及这些结果实现的程度及其影响。相对而言，目标是比较概括的，而结果是具体的并可以度量的。

三、老年人学习类活动评估的方法

老年人学习类活动评估的方法有以下几种。

1. 基线测量法

基线测量法通常应用于对个人、家庭、小组或者社区的工作介入评估，通过对服务对象介入前、介入中和介入后的观察和研究，比较服务提供前后发生的变化。

2. 目标达成测量法

在学习活动介入过程中和介入结束时都用一些等级尺度来衡量介入后老年人的行为并记录，对老年人介入后的行为和介入前所没有的、介入后才出现的行为进行分析，并讨论这些行为对参与活动的老年人的意义，从而发现介入前后老年人的学习效果变化。

3. 介入影响测量法

介入影响测量法是指由参与学习活动的老年人用口头或书面形式，包括填写问卷来表达对活动的看法的评估方法。这是一种评估介入影响的方法。这种方法的特点是操作简单且不需要花费太多时间和资源。这种方法的局限在于测量内容比较粗糙，有些服务对象会倾向对介入给予积极的评价，因此有评估结果不精准的可能性。

四、老年人学习类活动评估的注意事项

老年人学习类活动评估应注意以下事项。

1. 注重社会工作者的自我评估与反思

老年人学习类活动评估的目的在于总结活动经验、改善教授技巧、提升服务水平。所以，社工要在老年人学习类活动评估中注重对整个活动过程中的价值观、方法与技巧

的反思，以便从评估中获得经验，提升工作能力，从而更好地为服务对象提供服务。老年人学习类活动结束后，作为活动带领者的社工应及时对活动进行全面的反思，包括活动的设计、活动的学习内容，同时还要反思在整个活动中是否关注老年人的参与、交流、合作，通过活动是否达成了预计的目标等。

2. 调动参与者的主动性，促使自我评估

服务对象是服务的使用者，他们最知道服务是否符合他们的需要、哪里需要改进，所以他们在评估中应该是最有发言权的人。更重要的是，评估的终极目的是更好地为服务对象提供服务，而不是为了社会工作专业和社工自己，因此，评估一定要有服务对象的参与。社工要注意，进行评估时务必使服务对象参与其中，使评估真正起到改进工作、提升服务品质的目的。老年人学习类活动是以老年人为中心的老年服务模式中重要的一环，社工应不断鼓励老年人就参与的学习类活动发表自己的意见和感受，帮助老年人发现在学习中取得的成就及需要改进的地方。最后社工应及时整合总结老年人发表的意见和感受，肯定其中新颖独到的见解，同时综合具有建设性的意见，以便在未来的活动中得到完善。

3. 评估应符合社会工作价值观

进行评估时所选择的方法、资料的收集等环节都要符合社会工作的价值观，不能因为评估损害服务对象的利益。

任务实施

全班模拟组织开展一次完整的老年人学习类活动，包括活动的策划、实施和评估工作。可将全班按人数分为5～6组，每个小组承担活动的一部分任务，如第1组承担活动宣传工作，第2组承担活动外联工作等，通过组织开展活动，体会活动评估的重要性。教师对每个小组的表现进行评价。

任务点评

组别	评价内容及分值					
	活动设计合理（20分）	目标达成率高（20分）	应对突发情况（20分）	预算安排合理（20分）	活动反馈较好（20分）	总分（100分）
第1组						
第2组						
第3组						
第4组						
第5组						
第6组						
……						
总评价						
备注						

拓展阅读

“你好，我的新朋友”老年人人际沟通小组活动方案

1. 小组活动背景

通过调查发现入住在某福利院的老年人每天的生活较单调，且大多独来独往，交际圈范围狭小，人际关系薄弱。因此社工计划为该老年人群体开展学习类小组活动，以促进在院老年人人际沟通，建立支持体系，实现“老有所学，老有所乐”。

2. 理念及理论

埃里克森的人格发展理论将人格的发展分为8个时期，认为每个时期都有一个独特的发展任务。如果外在的环境有利于个体顺利实现这一任务，则人格就会健康发展。反之，如果外在环境妨碍了个体实现这一发展任务，则个体就会出现发展“危机”，形成不良人格，并妨碍后来时期人格的健康发展。老年期虽然处于人生最后一个时期，但仍然是社工重点关注的时期。这一时期老年人的心态很不稳定，部分人有消极的思想，对生活失去信心，而增加社会交往则可以使他们获得支持。通过参加小组，利用小组的影响，可以使组员获得同辈群体的支持，从而改变消极的心态。

马斯洛认为，人类的需求是分层次的，由低到高。它们分别是生理需求、安全需求、社交需求、尊重需求、自我实现需求。根据马斯洛的需求层次理论，如果个人生理和安全的需求得到满足，那么就会出现感情、友谊和归宿的需求，如渴望子女、朋友等对其表现出爱护、关怀、温暖、信任、友好等。他们还渴望自己有所归属，被人认同和承认，成为集体中的一员。老年人也不例外，他们同样也需要这些。社工开展学习类小组活动就是希望老年人能够通过小组的形式获得社交需求和尊重需求的满足，并通过组员间的信任支援和相互学习，使他们获得发掘潜能的契机，提升社交能力。

活跃理论认为，老年人的生理、心理及社会的需求，不会因为生理、心理及身体健康状况的改变而改变，一个人到年老仍然期望积极参与社会活动，保持中年生活形态，维持原有角色功能，以证明自己仍未衰老。参加小组活动其实也是社交的一方面，在小组中，组员可以在十分活跃、轻松的环境下进行交流。通过相互认识、交流、信任的过程，帮助老年人建立一个良好的社交支持网络。

3. 小组概述

小组周期：2019年2月15日至3月15日。
小组地点：×××小组活动室。
小组性质：学习型、分享型、封闭型。
小组对象：××福利院休养老人。
小组规模：20人左右。

4. 小组目标

1）认识人际交往的重要性，提升老年人的社交能力。
2）鼓励老年人积极进行人际交往，在此过程中学习、反思和成长。
3）使老年人在日常生活中可以相互帮助。
4）为福利院的老年人建立健康的社会交往网络。

5. 招募及宣传

1）张贴海报。
2）社工通过走访告知休养老年人。

6. 小组活动流程

小组活动流程如表 4-2 所示。

表 4-2 小组活动流程

节数	日期	主题	活动安排
一	2019 年 2 月 15 日	认识我，走近你	① 社工做简单的自我介绍； ② 游戏——名字接龙； ③ 社工介绍此次小组活动的内容、目的、流程、注意事项，并回答组员问题； ④ 签订契约书； ⑤ 游戏——大风吹； ⑥ 组织组员用简单的话真切地描述对此次活动的感受，并告知下次活动的时间、地点
二	2019 年 2 月 22 日	大家一起来	① 回顾上次活动； ② 游戏——猜猜猜； ③ 知识竞赛； ④ 活动总结
三	2019 年 3 月 1 日	我们都是好玩伴	① 回顾上次活动并介绍这次活动内容； ② 游戏——穿针引线； ③ 游戏——正话反说； ④ 活动总结
四	2019 年 3 月 8 日	助人自助	① 回顾上几次活动的内容； ② 游戏——手心碰碰碰； ③ 社工引导组员回顾整个小组活动开展过的游戏及感受； ④ 活动总结
五	2019 年 3 月 15 日	欢乐回顾	① 社工说明此次活动的主要内容； ② 组员说出自己对整个活动的感受和收获； ③ 社工送出为老年人准备的祝福卡片

7. 小组日程表

小组日程表如表 4-3 所示。

表 4-3　小组日程表

准备阶段	2019 年 2 月 5～12 日（整体策划、需求评估、方案设计、培训小组领导者、宣传招募、筛选组员等）
实施阶段	2019 年 2 月 15 日～3 月 15 日（小组实施每×一次，每次×小时，及时督导）
结束阶段	2019 年 3 月 15～22 日（评估小组活动的效果、小组带领者做总结报告）

8. 预期困难与应对方法

开展此次小组活动的预期困难与应对方法如表 4-4 所示。

表 4-4　小组活动的预期困难与应对方法

预期困难	应对方法
实际招募的人数不够	可以发动护理员的力量，邀请护理员帮忙招募组员
参与度低	多利用游戏提高组员的参与度
中途有组员退出或加入	有些组员可能会中途退出，而有些组员可能会中途参与进来，这样的话可能会影响整个小组的进程。可以送给组员一些小礼物，吸引组员继续参加，而中途要求参加的组员则说服他们下次再来参加，并解释原因，望其理解

9. 小组评估

对此次小组活动进行评估，评估项目和评估方法如表 4-5 所示。

表 4-5　评估项目和评估方法

评估项目	评估方法
过程评估	在小组活动进行过程中进行观察及分析
参与度	对组员的参与、投入程度等做评估
访谈	通过与组员的倾谈来了解组员对小组的感受和意见
结果评估	邀请专业人士对小组结果进行评估

10. 财务预算

（略）

拓展练习

一、单选题

1. 以下不属于老年人学习类活动的基本特征的是（　　）。

A. 以延年益寿为主要指向　　B. 以兴趣爱好为主要指向

C. 学习进程较快　　D. 注重自信心的培养

2. 以下各种类型的老年人学习类活动，不是按学习目标分类的有（ ）。
A. 强身健体类 B. 康智娱乐类 C. 独立式学习类 D. 社会交往类
3. 以下不属于老年人学习类活动策划的基本原则的是（ ）。
A. 简单易学 B. 有挑战性 C. 有娱乐性 D. 实用性强
4. 收集老年人学习需求的方法不包括（ ）。
A. 老年人自愿告知 B. 社工发掘
C. 听取他人建议 D. 社工自己猜测
5. 介入影响测量法的优点不包括（ ）。
A. 操作方法简单 B. 节约时间
C. 服务对象倾向给予积极评价 D. 节约资源
6. 以下不属于老年人学习类活动的作用的是（ ）。
A. 检验和判定学习效果 B. 促进工作方法的完善
C. 调整活动进程安排 D. 提高活动参与者对本次活动的满意度

二、多选题

1. 组织老年人参加活动的注意事项有（ ）。
A. 需征得老年人的家属同意 B. 了解参加活动的老年人的身体状况
C. 选择活动场所时考虑通行便利 D. 需老年人家属陪同参加
2. 以下学习类活动，适合老年人参加的有（ ）。
A. 丝网花制作学习 B. 电脑上网学习
C. 摄影学习 D. 唱歌学习
3. 策划老年人学习类活动需包括（ ）等方面。
A. 学习活动的内容确定 B. 学习方式的确定
C. 活动物资费用及预算的统筹 D. 活动的宣传和人员的召集
4. 某福利院的社工计划为院内老年人开展棋牌学习活动，（ ）为活动策划方案必需要素。
A. 确定参与棋牌学习活动的人数规模
B. 确定开展活动的时间及流程安排
C. 确定活动场所、休息场所
D. 确定棋牌学习活动所需物资
5. 在实施老年人学习类活动时，以下说法错误的是（ ）。
A. 建立相互信赖关系 B. 营造和谐氛围
C. 顺从老年人的自我意愿 D. 鼓励老年人自我表现
6. 过程评估的重点是（ ）。
A. 参与活动的老年人的学习情况
B. 参与活动的老年人的意见
C. 社工的服务技巧
D. 社工的自我反思

三、简答题

假设你是一名养老机构的社工，计划为休养老年人开展红歌合唱活动，由专业教师进行指导学习，以迎接即将到来的老年人才艺表演展。该学习活动目前面临的突出问题是部分老年人认为一些耳熟能详的歌曲不需要再次学习，积极性不高，导致合唱活动难以进行。

你作为负责本次学习活动的社工，请简单叙述可顺利解决该问题的方法。

项目总结

人活到老学到老，营养音乐和舞蹈。
简单开心又实用，强身健体无烦恼。
科学教学效果好，安全第一最重要。

项目五

老年人团队活动策划与实施

项目导读

据统计，我国现有2亿多老年人口，预计在2050年将超过4亿。如此数量众多的老年人口离开生产、工作岗位进入社区中继续着再社会化的进程。著名心理学家埃里克森的八阶段理论认为，如果人要成功地从生活的一个阶段转换到另一阶段，一定要达成相应阶段的心理成长任务，否则会产生心理危机。据统计，我国的离退休老年人中大约有1/4会出现退休综合征的症状，主要表现在情绪和行为方面。患者一般会出现以下症状：性情变化明显，要么闷闷不乐、郁郁寡欢、不言不语，要么急躁易怒、坐立不安、唠唠叨叨；行为反复或无所适从；注意力不能集中，做事经常出错；对现实不满，容易怀旧，并产生偏见。而团队活动则是社会工作介入老年人群体，帮助老年人实现健康、积极老龄化的有效方式。

【学习目标】

『知识目标』

1. 了解老年人团队活动的概念。
2. 熟悉老年人团队活动的类型。
3. 了解老年人团队活动的相关理论。
4. 了解老年人团队活动评估方法。
5. 掌握老年人团队活动的策划、实施和评估技巧。

『技能目标』

1. 能够策划和组织老年人团队活动。
2. 能够运用评估技巧反映老年人团队活动成效。

『职业素养目标』

1. 具备扎实的理论知识基础。
2. 能协调个人与环境的关系。
3. 整合利用资源开展服务。
4. 具有良好的团队协作能力。

任务一 老年人团队活动概述

案例导入

幸福社区有一群非常活跃的老年居民，他们经常在小区中为其他居民提供帮助。此外，他们还非常热心小区建设，时常帮助社区居委会调解小区中出现的纠纷与矛盾，帮助小区保持环境卫生。这群老年人的所有活动都属于自发的性质，既没有合理的组织、策划，也没有科学的方法、技巧。

任务描述

结合“案例导入”，了解老年人的问题与需求，并根据他们的实际情况选择适合他们的团队活动类型。

相关知识

一、老年人团队活动的含义

团队活动，或称拓展培训，起源于第二次世界大战期间的英国，战争结束后，拓展培训以独特的创意和训练方式逐渐被推广开来。培训目标也由单纯的体能训练、生存训练扩展到心理训练、潜能训练和管理技巧培训等。老年人团队活动有别于普通团队活动，更倾向帮助老年人拓展社交范围，建立支持网络，发挥个人潜能，学习新的技能，适应社会环境。

二、老年人团队活动的类型

基于不同的活动目标，老年人团队活动主要分为社交型老年人团队活动、发展型老年人团队活动、支持型老年人团队活动三大类型。

1. 社交型老年人团队活动

从心理上来说，由于身体各项技能的退化，老年人在面临压力或生活环境改变时容易出现心理失调等问题。除此之外，在老龄化的过程中老年人还要面对丧偶、生病、死亡等压力。健康、良好的社交与朋辈支持无疑可以帮助老年人更好地面对各种压力。由北京大学国家发展研究院发布的 2015 年中国健康与养老追踪调查项目研究报告显示，在农村，45.61%的 60 岁以上老年人不参加社会活动；在城市，这个比例是 23.98%。在 60 岁以上受访老年人中，33.1%有较严重的抑郁症症状。

随着社会的发展，人们的交际圈越来越局限于核心家庭，年轻人会使用各种现代化通信工具满足自身的社交需求。而对于老年人来说，需要大量操作知识与技巧的互联网社交工具并不友好。

老年工作者需要帮助老年人用健康的方式来接受和应对这些情绪。社交型老年人团队活动主要通过团队康乐活动的方式帮助老年人拓展社交范围、建立支持网络，形成良性互动、互相影响的朋辈群体。

2. 发展型老年人团队活动

联合国大会于 1991 年 12 月 16 日通过《联合国老年人原则》（第 46/91 号决议），鼓励各国政府尽可能将这些原则纳入本国国家方案。这些原则包括独立、参与、照顾、自我充实和尊严五大原则。随着老年人离开社会生产岗位，家庭生活在他们的人生中占据越来越重要的位置，自我发展与社会参与等社会功能则逐渐被弱化甚至被剥夺。

相较于年轻人而言，老年人的晶体智力①上升，流体智力②下降，老年人显示出反应迟钝、语言不畅、保守固执、注重经验、缺乏创造等特点，使得社会普遍认为老年人不适宜或无法接受新的知识，参与社会创造的动机也不强。这是对老年人的不良刻板印象。《中华人民共和国老年人权益保障法》明确指出，国家和社会应当重视、珍惜老年人的知识、技能、经验和优良品德，发挥老年人的专长和作用。社工则必须秉持专业理念和科学发展观，正确认识及看待服务对象由于衰老所展现的生理、心理各项特征，帮助老年人恢复其应有的社会功能。

发展型老年人团队活动主要根据老年人认知与智力发展的特点，使用历奇辅导等体验式团队活动方式，提升老年人学习的内部动机，促进老年人自我发展及参与社会。

3. 支持型老年人团队活动

人们在社会生活中总会面对许多压力和生命中的压力事件，从概念上来讲，压力和生命中的压力事件是指一些来自内心或者外在环境引发生活改变的刺激，这些事件可能是正面的也可能是负面的，可能带来收获也可能带来损失，可能是连续发生的也可能只在一个生命阶段出现。当老年人面对这些压力和生命中的压力事件时，他们往往会凭借过去积累的知识和经验去解决，一旦缺乏充足、有效的支持，就会让老年人感受到孤独、无助等，让压力倍增。

老年人对生活满意和感觉幸福的重要指标之一是社会支持，完善的社会支持系统不仅能够从心理上支持老年人面对压力和生命中的压力事件，还能够为老年人提供解决的建议和必要的资源。

在介入社会资源匮乏、支持网络不健全的服务对象时，社工可以通过支持型老年人团队活动的方式帮助服务对象链接有效社会资源，重新构建和完善支持网络。支持型老年团队活动通过资源链接、服务体验等方式为老年人提供直接或间接支持。

任务实施

专业社会工作服务在选择服务方式和内容时要求以服务对象需求为导向。

1）服务对象的详细情况：根据走访社区干部与服务对象，社工了解到这群老年人为 15 人左右。他们的年龄主要集中在 60～70 岁，属于初老老人，并且他们参与社区活

① 晶体智力是指在实践中以习得的经验为基础的认知能力，如人类学会的技能、语言文字能力、判断力、联想力等。晶体智力会保持相对稳定。

② 流体智力是与晶体智力相对应的概念，是一种以生理为基础的认知能力，如知觉、记忆、运算速度、推理能力等。流体智力会随着年龄的增长呈缓慢下降的趋势。

动和服务的积极性较高。以往他们参与社区活动的主要方式为被动接受社区居委会的组织，缺乏主动参与的意识与能力。

2）选择合适的团队活动类型：服务对象主要的问题为缺乏主动参与社区活动和服务的意识和能力，因此，选择发展型团队活动来提升服务对象的学习动机，促进其主动参与社区活动和服务，如志愿意识提升小组、志愿服务培训等。

任务点评

这个任务的关键在于准确把握服务对象的问题和需求。通过走访等方式调查掌握服务对象的人数、年龄、特征后了解到服务对象急需解决的问题是意识和能力的提升，因此，选择发展型团队活动来帮助服务对象。在服务形式上，除小组活动和讲座外，还可以使用户外素质拓展、沙龙、参观交流等丰富多样的形式。在服务内容上，除志愿者具备的相关知识外，还可以有沟通交流、活动策划组织等。

任务二　老年人团队活动策划

案例导入

幸福社区社工站的社工小张在通过一段时间的服务后，发掘了一批社区内热心老年志愿者，共 20 名，他打算对这 20 名老年志愿者进行志愿者意识的培养。

任务描述

假设你是幸福社区的社工，请针对这些老年居民志愿者策划一场培训活动。从分析他们的问题和需求入手，针对分析结果选择合适的理论依据作为指导，策划一场老年人培训活动，组织实施并进行评估。

相关知识

一、老年人团队活动的理论基础

1. 活动理论

活动理论由凯文提出，它是 20 世纪 50 年代在西方最为流行的与老年及老龄化现象有关的理论。这个理论的相关观点如下。

1）老年是中年的延长，老年人仍与中年时代一样可以从事社会上的工作，参与社会活动。

2）活动水平高的老年人比活动水平低的老年人更容易感到生活满意和能够适应社会。

3）老年人应该尽可能长久地保持中年人的生活方式以否定老年的存在，用新的角色来取代因丧偶或退休而失去的角色，从而把自身与社会的距离缩小到最低限度。

在社会中，老年人群体通常被低估了思维与工作能力，人们不愿意了解老年人的实际生理、心理特点和需求，导致他们经常游离于社会边缘，被剥夺正常的社会参与功能。活动理论的意义在于指导社工鼓励老年人积极走出家门参与社会活动，通过增加社会交往、互动沟通实现自身的再社会化，以及提升对生活的满意度。社工不应给老年人贴上刻板“标签”，应以社区为平台，帮助老年人逐步恢复社会参与功能，成功实现老龄化。

2. 社会化

社会化是个体在特定的社会文化环境中，学习和掌握知识、技能、语言、规范、价值观等社会行为方式和人格特征，适应社会并积极作用于社会、创造新文化的过程。它是人和社会相互作用的结果。个体的社会化是一种持续终身的经验。

在老年人团体活动中，社工需要明确老龄化的过程，树立自己正确对待老龄化的态度，引导老年人建立健康、积极、成功老龄化的认知，并通过主题明确、针对性强的活动来帮助老年人从观察、模仿、阅读等直接、间接经验中保持自身社会化进程的主观能动性和可持续性。

3. 历奇辅导

历奇辅导属于体验式学习的范畴。历奇辅导是指通过一系列精心设计的历奇活动，导师循序渐进地介入，让学员处于一个既陌生新奇又充满合作气氛的环境中，经历各种不同的难题和挑战，体验解决难题、战胜挑战的成功感，将经验整理、升华、转移、应用到日常的生活实践中，达到教学与辅导目标的一套特定手法。研究表明，人们通过阅读可以达到10%的学习效果，通过听可以达到15%的学习效果，而通过亲身经历和体验则能达到80%的学习效果。

历奇辅导通常运用于儿童、青少年成长教育或企业员工素质拓展训练。老年人的晶体智力上升、流体智力下降的特点使他们在生活中更倾向依赖已习得的知识和社会经验，接受新知识、新经验的动机不强。因此，在社工介入老年人自我发展服务时，可以使用互动性、体验性较强的历奇辅导帮助老年人在观察、模仿中习得经验，避免填鸭式、讲座式教学刻板、效果不佳的缺陷。

4. 团体动力学

团体动力学又称群体动力学、集团力学，是研究诸如群体气氛、群体成员间的关系、领导作风对群体性质的影响等群体生活的动力方面的社会心理学分支。“团体动力学”一词最初由勒温于1939年提出。自1945年勒温在麻省理工学院创办团体动力学研究中心以来，团体动力学无论在理论研究上还是在实际应用上都得到了迅速的发展，推动了美国社会心理学的研究。

团体动力学主要包括5个方面的内容：团体内聚力、团体成员之间的相互影响力、领导方式与团体生产力、团体目标与团体成员动机，以及团体的结构性。团体动力学的基本概念是生活空间，包括人与环境。人既是个体的存在，也是团体的存在；而环境既是物理的、心理的，也是社会的。个体不是孤立的个别属性的机械相加，它是在一定的生活空间里组织为一个完整的系统。从这一点出发，很容易得到这样的结论：团体绝不是各个互不相干的个体的集合，而是有联系的个体间的一组关系。作为团体，它不是由各个个体的特征所决定的，而取决于团体成员相互依存的内在的关系。由此认为，虽然团体的行动要看构成团体的成员本身，但已经建立起来的团体有着很强的纽带，使个体成员的动机与团体目标几乎混为一体，难以区分。所以一般来说，引起社会团体变化而改变其个体要比直接改变个体容易得多。这就是整体比部分重要得多的场论的基本思想。

老年人团队活动的基础与核心是团队，在团队中社工想要实现的任何专业目标与构想必须建立在稳定、和谐、具有凝聚力的团队基础上。让社区中的散居老年人在团队活动中形成团队凝聚力，增加互动交流沟通，推选团队领袖，建立团队间的良性互动机制。

二、老年人团队活动策划的步骤

丰富多彩的活动环节设计是保证老年人团队活动取得预定成效、达成前设目标的基础。因此，如何有针对性地设计活动环节，并且让这些活动环节符合老年人的心理、生理特征就显得尤为重要。老年人团队活动策划的步骤如图 5-1 所示。

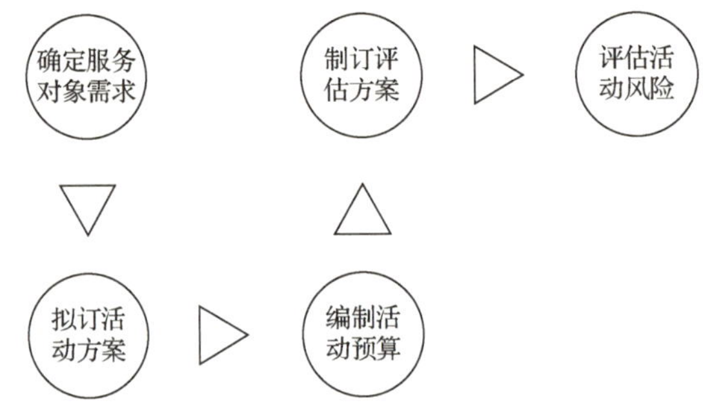

图 5-1 老年人团队活动策划的步骤

1. 确定服务对象需求

策划活动首先需要精准定位服务对象群体，确定服务对象的需求，了解服务对象的主要分布年龄段、性别、健康状况等基本信息，评估所得的资料，对资料进行综合统计并得出分析结果。

案例 5-1：

某小区是一个老旧安置房小区，尽管已初步成立了几个自治组织，但各组织的负责人存在个人能力良莠不齐的问题，无法充分激发组织活性，也无法稳定地为居民提供高质量的服务。

针对这种情况，社区社工室集合该小区自治组织骨干，对他们进行培训，帮助他们提升服务意识，掌握一些实用的团队管理方法，促使他们更好地为小区居民提供服务。

2. 拟订活动方案

根据需求评估的结果，设置具体活动目标，并进一步设计回应目标的活动环节。在设计活动环节时，应当尽可能综合考虑服务对象的心理、生理特征，设计适宜服务对象参与的安全活动。

案例 5-2：

案例 5-1 中的小区居民自治组织骨干多为 55～75 岁的老年人，由于他们个人能力良莠不齐，不适宜太过枯燥的讲座形式培训。社工针对服务对象年龄、特殊性等特征以小组活动形式，精心设计了与团队组织、管理、沟通等主题有关的游戏，通过历奇辅导的方式让培训对象在轻松愉快的游戏氛围中分享、总结志愿者团队管理技巧和经验。

3. 编制活动预算

根据活动方案设计的具体环节编制活动预算。预算设置时应注意合理性，且适当设置临时不可控的其他经费。

4. 制订评估方案

社会工作专业活动需要对活动进行专业过程评估与成效评估。过程评估主要针对活动过程中的活动气氛、活动环节设置、社工带领技巧、资源链接情况等进行评估。成效评估主要针对服务对象满意度、活动成效与活动目的的响应情况、活动后续跟进服务、活动产生的社会影响力等进行评估。

案例 5-3：

为了评估案例 5-1 中的小组活动情况，社工对整个小组活动进行了过程及成效评估，评估方式如下。

1）过程评估：通过参与式观察的方式记录小组成员在小组中的表现，以及每一节小组的成效。

2）成效评估：通过满意度调查问卷的数据展现小组成效。

5. 评估活动风险

在制订活动方案时，社工应充分考虑活动可能存在的风险，如服务对象安全保障、天气条件对活动的影响、服务对象的参与率、社工自身能力等风险，提前制订应对措施及解决方案。

案例 5-4：

在活动策划中，社工通常会对活动中可能存在的风险和问题进行预估，并准备具有针对性的解决方案。在案例 5-1 中小组活动的开展过程中社工就有可能遇到如下风险或问题。

1）志愿者骨干出现畏难情绪。尽管小组成员基本上由该小区自治组织的志愿者骨干组成，他们中不乏具有多年社区服务经验的热心居民，但小区居民自治服务及领袖能力的不足容易让他们产生畏难情绪。在小组活动开展的过程中，社工作为小组的引导者必须承担帮助组员认识自身优势、树立强烈自信心的责任，通过优势视角让组员充分认识自己、发挥潜能。

2）组员不积极分享。在小组活动的过程中社工需要不断观察组员的表现，观察是否有组员对小组活动的内容不感兴趣，以便及时调整活动内容。同时，社工需要使用鼓励、总结、开放式提问、邀请等技巧促进组员互相分享。

任务实施

根据“任务描述”中的任务要求，以 3～4 人为一组，策划一场老年人培训活动，组织实施并进行评估，具体内容如下。

1）服务对象问题与需求：服务对象多为社区老年人，年龄、生活经历、教育背景等不同，但他们有参与社区活动与服务的积极性和主动性。他们以前从未参与过或很少参与社区服务，因此，在活动设计上应尽量轻松活泼，并考虑到老年人群体在注意力和记忆力等方面的特点，活动内容不宜过多，活动时间不宜太长。

2）活动主要方案：活动主要方案如表 5-1 所示。

表 5-1　活动主要方案

项目	内容
活动目的	普及志愿者相关知识及志愿精神倡导
活动流程	① 主持人开场； ② 热身游戏（志愿者相关）； ③ 志愿者相关知识普及； ④ 优秀志愿者宣传视频欣赏； ⑤ 结束

3）活动预算：以实际花费为准。

4）活动评估方案：成效评估（参加者满意度调查问卷）。

5）可能遇到的问题与解决方案：活动中可能遇到的问题，如知识普及内容较为枯燥，服务对象很难吸收，社工可以尽量使用多媒体手段，通过图片、视频等方式辅助普及知识，方便服务对象吸收、理解。

任务点评

组别	评价内容及分值					
	对服务对象需求判断准确（20 分）	对活动组织者优劣势认识清晰（20 分）	对不同类型老年人团队活动理解准确（20 分）	活动具有可操作性（20 分）	表述准确精练（20 分）	总分（100 分）
第 1 组						
第 2 组						
第 3 组						
第 4 组						
第 5 组						
第 6 组						
……						
总评价						
备注						

任务三 老年人团队活动实施

案例导入

老年人健康知识茶话会活动策划书

1）开场白（14:00～14:05）。

2）歌曲串烧（14:05～14:15）。

形式：由除主持人之外的所有社工志愿者进行老歌串烧表演，鼓励老年人跟唱。

歌曲内容：《茉莉花》＋《难忘今宵》＋《山歌好比春江水》＋《外婆的澎湖湾》。

3）暖场游戏（14:15～14:25）。

游戏规则：

① 让参与者围成一个圈，由社工和参与者示范关于“笑口常开”4个字所代表的手势。

② 先选出一名参与者做发指令者，任意发“笑”“口”“常”“开”的指令。

③ “笑”：双手的食指指自己的脸，嘴巴微笑，做出开环大笑的样子。

④ “口”：双手放在嘴边做呼叫状，做嘴巴的样子。

⑤ “常”：双手拍两下手掌。

⑥ “开”：双手张开举过肩膀。

（备注：其他参与者根据指令做出相应的动作，有做错的参与者继续做发指令者。）

4）老年人健康知识茶话会（14:25～15:00）。

目的：促进老年人了解健康卫生基础知识，学习养生小技巧。

5）中老年手指保健操（15:00～15:10）。

内容：社工志愿者带领现场参与活动的老年人做手指保健操。

6）健康生活有奖知识问答，约提问6次（15:10～15:20）。

7）结束语（15:20～15:30）。

任务描述

根据“案例导入”中的活动策划书列出活动实施步骤，并指出该活动在实施过程中可能遇到的问题、困难及注意事项。

相关知识

一、老年人团队活动实施的步骤

老年人团队活动实施的步骤如图5-2所示。

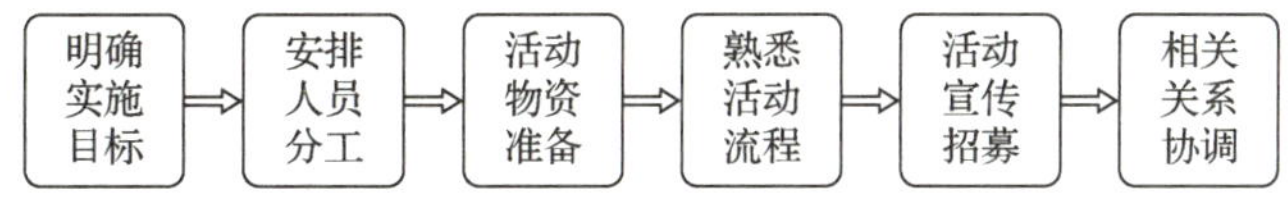

图5-2 老年人团队活动实施的步骤

1. 明确实施目标

活动顺利实施的首要条件是必须有明确的受众群体和目标。在活动开展之前首先确定该活动需要回应哪些服务对象的哪些问题和需求，并根据服务对象的特征来有的放矢地实施。

与策划活动时指导活动方案设计的目标不同，活动实施中的目标主要针对顺利实施活动而制订。实施目标主要包括活动实施过程中涉及的指导思想、任务目标、阶段性目标等，如招募多少服务对象、如何使用不同宣传媒体达到活动的社会影响力等。

2. 安排人员分工

一个成功的活动不是个人英雄主义的产物，而是团队合作的结果。安排人员分工部分不仅要求社工合理安排团队成员的工作，还要求活动主要负责人明确整个活动的具体内容，如活动中的某个部分工作分为哪几个步骤、每个步骤安排在什么时间、时间安排多长、需要多少工作人员等都要做好具体明确的安排和分工。在安排分工的过程中还要充分考虑团队成员的特长与不足，合理安排工作内容、范围，明确工作具体技术要求，量化工作指标等，这些有助于在活动实施时避免不必要的麻烦，让整个活动秩序井然、顺利流畅。

在一些大型团体活动中，社工需要联动多部门进行配合，这些部门可能来自本机构，也可能来自其他机构和单位。所以，必要时召开活动筹备会议也是人员分工安排的重要一环。

3. 活动物资准备

充足的活动物资是活动成功的保障，因此，在活动实施过程中一份详细的物资清单能使物资准备工作事半功倍。在活动实施前期，社工需要充分研究活动策划，仔细确定每一个环节需要的物资，科学列明物资名称、数量等信息。

表 5-2 中列出的是某活动的物资清单，这份清单兼具活动预算功能。实际团队活动开展时的物资清单可以根据需要设置不同的清单项，如负责人、作用、使用环节等。

表 5-2 活动物资清单

项目	数量	单价/元	小计/元
签到表	1 张	0	0
PPT	1	0	0
签字笔、笔记本	1 个	70	70
气球	50 个	0.4	20
茶点	1 份	100	100
生日蛋糕	1 个	243	243
纪念品	30 份	20	600
志愿者补贴	3 份	50	150
合计/元	1183		

4. 熟悉活动流程

活动流程主要指活动当天的流程安排，当开展系列活动或多次小组活动时，社工需要在熟悉当前活动流程的同时准确把握分次活动与整体活动的内在联系与逻辑关系。

案例 5-5：

某活动流程如下。

1）主持人开场白。

2）社工播放 PPT 及两周年纪念册内容，并回顾两年来的服务缩影。

3）领导讲话。

4）讲述志愿者奖励机制。

5）填写志愿者登记表。

6）互动游戏（运气球）。

7）许下美好祝愿（分享生日蛋糕）。

8）活动效果问卷回访。

案例 5-5 是某活动的流程安排。在这个活动中，社工明确每个环节的先后顺序，预先估计每个环节的耗时，确认人员及物资安排。其中，最重要的是每个环节在整体活动中的作用，以及其中的关键环节。案例 5-5 中的关键环节为第二个服务回顾环节，这个环节既是对以往服务的回顾，又是对志愿者的正面鼓励。因此，在活动安排上，这个环节花费时间最多，花费心思也最多。

5. 活动宣传招募

宣传招募关键在于形式方法，社工需要根据活动的目标人群及规模采用不同的宣传招募方法。尤其在大型活动中，吸引一些公众和媒体参与能够产生良好的传播效果，从而形成广泛的社会影响力。

值得注意的是，宣传招募中，首先应该完成的是活动目标服务对象的招募。不同的服务对象，招募的方式也不尽相同，如老年人较为适宜的招募方式是社区广播或楼栋长通知。在开展宣传工作时，应根据服务对象的特征制订具有针对性的招募计划。

表 5-3 中是社工列举的招募计划，主要信息是招募对象、人数、方式，其他可根据实际活动情况略做删减。

表 5-3 招募计划表

招募对象	人数	方式	完成时间
社区老年人	50	每天中午、晚上各一次社区广播，持续一周	活动开始前一周

宣传在活动没有组织之前是不产生传播作用的，它仅用于展示活动的精彩片段。宣传主要分为传统媒体宣传与新媒体宣传两种方式。传统媒体就是报纸、杂志、电视新闻等普遍认可的媒体形式；新媒体则包含广泛，既包括网站、微博等公共媒体，也包括微信公众号、QQ 群等自媒体。随着科学技术的不断发展，可供选择的媒体种类和形式也

日益增多，不同的媒体在传播范围、操作难易、花费成本方面有不同的优缺点，社工需要根据活动的设计要求和规模选择最合适的宣传方式。

6. 相关关系协调

关系协调是活动实施过程中最容易被忽视的环节，它贯穿整个活动的实施过程，可以说是决定活动成败的关键因素之一。这里的关系协调不仅指服务对象与社工的关系，还包括社工与活动出资方、合作方、社工团队、部门领导等不同利益相关方之间的关系。

关系协调的方式也多种多样，针对不同的对象可以选用不同的方式，如汇报、简报、动员会议等。关系协调的主要作用在于通过协调建立与各利益相关方的良性沟通关系，为活动的顺利开展打下坚实的基础。

二、老年人团队活动实施的工作技巧

1. 老年人团队活动准备阶段的工作技巧

在活动的前期准备阶段，宣传与组员招募时，社工必须清楚、明了地将活动目的、目标，活动日期、地点、次数和期限，参与活动的须知，活动招募人数、筛选条件、有效联系方式等信息明确地提供给服务对象，以便帮助服务对象确定参与活动的意愿。

2. 老年人团队活动实施阶段的工作技巧

在活动的实施阶段，社工通常会使用同理、真诚、示范、邀请、支持、鼓励、倾听、引导等工作技巧来与服务对象一起达成活动目标。在促进服务对象良性互动沟通与化解冲突方面，社工则通常会使用 LORE 原则或打断、压制、联盟等技巧。

1）同理。同理是指能够设身处地地站在他人的立场上来理解他人的行为与感受。

2）真诚。真诚包括开放的态度与诚实。

3）示范。在需要服务对象学习一些行为规范、态度、表达等内容时，社工可以使用示范的技巧，让服务对象对特定事物进行模仿以达到活动目的。

4）邀请。在活动分享的过程中，社工可以通过邀请特定服务对象分享、参与的方式，促进所有组员在活动中被平等关注，增强组员的互动沟通。

5）支持。当服务对象分享、参与活动时，社工应当给予足够的鼓励，帮助其消除紧张感，使其获得安全感。

6）鼓励。社工通过鼓励服务对象参与活动，促进服务对象间的互相融合及深入了解。

7）倾听。在进行语言交流时，倾听是帮助服务对象展示自己、自我表露的重要技巧。

8）引导。社工在工作中通常承担领导者的角色，需要在活动实施过程中引导服务对象紧扣活动主题，达到活动目标。

9）LORE 原则。L 是 lean 的缩写，意为前倾，指沟通时身体向前微倾，表示愿意倾听对方说话。O 是 open 的缩写，意为开放，指沟通时保持开放的心态，让对方感受到积极的沟通意愿。R 是 relaxed 的缩写，意为放松，指沟通时身体姿态轻松，不给对方带来任何压力。E 是 eye 的缩写，意为眼睛，指沟通时要与对方有适当的眼神接触，

表示对对方的尊重。

10）打断。当活动中出现冲突、小团体、过于活跃的服务对象分享等情况时，社工要适时进行打断，让活动恢复到良性进程中。

11）压制。社工在活动中以高度和谐的态度处理活动中出现的冲突，尽可能调和服务对象间的关系。

12）联盟。社工作为支持者来澄清冲突的本质，帮助服务对象找到共同点，解除冲突带来的紧张。

3. 老年人团队活动结束阶段的工作技巧

在活动的结束阶段，社工不仅要总结活动的过程，回应服务对象的需求，还要处理服务对象的离别情绪，评估他们的表现、参与度，对有需要的服务对象进行个别回访。

三、老年人团队活动实施的注意事项

老年人团队活动实施需注意以下事项。

1. 活动的可操作性与可行性

在活动实施的过程中，可操作性与可行性是社工应该予以高度重视的部分，甚至一些拥有丰富实务经验的社工依然存在活动方案设计与实施脱节等问题。在完成活动策划后，社工还应从实践层面对方案的可行性进行进一步评估，避免在实际操作的过程中背离方案设计的精神或服务对象的原始需求。

2. 活动实施过程管理

程序化、科学化管理是社工在服务中应具备的能力，只有程序化实施才能有标准化、科学化的管理，从而保障活动实施过程的可控性与可预测性。通常来说，社工会对活动的时间、范围、质量、成本、人员、风险等方面进行管理。常见的管理方式有制订实施计划、开展沟通会议、活动成本的预决算等。

3. 活动的报备与审批

当开展一些规模较大、参与人数较多的大型活动，尤其需要使用公共场所时，得到相关部门的许可（如街道办事处、城管等）是非常必要的。作为活动的组织者与负责人，社工不应因手续烦琐而省略这项步骤，不然会为活动带来不必要的麻烦，甚至导致活动无法正常开展。

任务实施

1）活动实施目标：①活动需要招募50名左右的服务对象；②活动招募与物资准备工作需在活动开始前两天内完成；③该活动规模较小、预算较少，仅通过微信公众号进行宣传。

2）人员分工安排：活动方案策划完成后，社工将组织所有团队成员开展一次活动筹备会议，在会议上讨论并安排人员分工。

3）活动物资准备：活动物资清单如表 5-4 所示。

表 5-4 活动物资清单

内容	数量	单价/元	总价/元
宣传资料	100 份	1	100
横幅	1 条	100	100
小礼品	100 份	10	1000
问卷	10 份	0	0
志愿者补贴	20 份	50	1000
合计/元	2200		

4）活动招募方式：①制作活动宣传海报，在小区内张贴，招募活动服务对象，②通过楼栋长与志愿者在小区内进行通知招募。

5）相关关系协调：活动筹备会议将邀请活动实施地居委会负责人、志愿者负责人共同出席，沟通活动细节与场地、分工安排等相关事宜。对于在活动中提供表演的志愿者，社工需邀请他们在活动开始前进行多次彩排，并与相关团队负责人做好沟通工作，妥善安排表演节目的顺序与时长。

6）预计困难和注意事项：所有工作人员必须充分熟悉活动流程，节目需要提前彩排。由于活动涉及知识普及，社工需提前了解老年人常见疾病的病因及预防措施，熟悉歌曲和学会手指保健操，以确保活动顺利开展。

考虑到户外活动参与人数不稳定的问题，社工需要与社区居委会进行沟通、协调，邀请他们协助宣传。此外，室外活动受天气影响较大，为应对下雨等极端天气情况，需准备备用活动室。

任务点评

1）活动准备阶段：在任务实施步骤中可以明显看到社工在活动准备阶段对物资、人员、流程等相关的工作进行了安排。准备工作条理清晰、内容充分。针对表演部分也有相应的准备工作与问题预估。

2）活动宣传工作：由于活动的规模比较小、预算也较少，在招募、宣传工作中可以看到社工使用的是低成本或无成本方式。在招募方式上，社区广播、社区公告栏等是较为实用的招募方式或渠道。在宣传工作中，该活动主要使用微信公众号进行宣传，此外还可以通过朋友圈、微博等媒体进一步扩大活动的影响力。

3）活动注意事项：社工考虑到了活动流程、参与人数、天气情况等可能出现的问题和困难并做了相应的应对方案，其中室内活动场地的准备非常重要。室外的活动受天气情况影响非常大，因此，在条件允许的情况下应准备室内场地，如无法准备室内场地，则需要留意天气预报，提前通知、公告活动时间变更情况。

任务四　老年人团队活动评估

案例导入

幸福社区社工站社工小张在为社区服务的过程中，开展了一系列的老年人团队活动，帮助社区培养了一批老年志愿者，同时也为社区老年人搭建了更宽阔的沟通交流平台，促进了幸福社区内老年人的互相融合。

任务描述

选择一种评估方式对本项目任务三“案例导入”中的老年人健康知识茶话会活动进行评估，并简述操作步骤。

相关知识

一、老年人团队活动评估概述

在老年人团队活动的评估工作中，活动过程评估与成效评估是最关键的部分。在充分、全面地收集活动资料的基础上，对活动的策划、组织、人员安排、氛围、成效进行综合性评估，这种评估不仅要明确服务对象的需求和活动的问题，并分析其原因和性质，而且要尝试寻找解决问题的切入点，提出解决问题的方案。评估结果作为提供老年人社会工作服务的依据，可以使为老服务形式更多样、设计更合理、更切合服务对象的实际需求。

二、老年人团队活动评估的目的

学会评估自己的服务已然成为社会工作的一个重要部分。社工如何帮助服务对象、如何制定目标、如何设计服务计划与方案、对服务对象问题的解决与需求的回应取得了哪些效果，这不仅是社会工作专业对自身的要求，更是所有利益相关方对社会工作作为一个新兴助人专业所能达到的实际效果提出的疑问。

老年人团队活动评估的目的具体如下。

1. 明确服务对象需求

评估的第一个目的就是对服务对象的需求进行明确的判断。社工需要确定评估方式，设计针对服务对象生理、心理特征的评估指标，可操作化评估问题。然后社工与服务对象一起讨论需求的具体表现形式与回应方式。

2. 评估目标、方案设计的合理性

评估社工设定的服务目标与相应的服务方案是否合理并符合服务对象需求，方案设计是否能够回应目标设定；在方案具体内容中，社工是否考虑了服务对象的生理、心理特征，以及其所能获得的社会资源和社会支持。

3. 反映活动过程

活动氛围评估是对活动实施过程中社工对活动现场的把控、技巧的运用，服务对象的参与度、对社工的回应，活动组织情况、人员安排情况等进行的综合考量，以评估活动组织、执行情况，客观反映活动开展得顺利与否。

4. 体现活动成效

活动结束后，社工对活动所达到的效果进行评估，反映活动对服务对象问题及需求回应的情况，反思活动出现的问题并提出进一步改进的方案。

三、老年人团队活动评估的类型与方法

1. 老年人团队活动评估的类型

在大多数学术论文中，学者们基本把评估分成两大基本类别：形成性评估和累积性评估。形成性评估主要考查活动实施过程中参与者的学习情况和活动中出现的问题，它通常用于评估活动开展情况。累积性评估主要考查活动达成目标的情况，它通常用于活动的成效评估。

也有学者指出，评估应该分为过程评估和结果评估。该学者认为形成性评估和累积性评估涉及评估者的意图，即评估者的工作内容。然而，过程评估和结果评估涉及被评估项目的阶段性。过程评估涉及处于运作阶段的项目，而结果评估涉及项目对服务对象和社区产生的结果。该学者还指出，评估者的意图可能随其工作的变化而发生变化。起初的累积性评估后来可能转变为形成性目标，用来帮助改善项目，而不是用来总结其取得的成果。形成性评估和过程评估发生于项目运作的同一阶段，累积性评估和结果评估亦如此。但是，这两类评估的精神和性质是不同的。

无论过程评估和结果评估，还是累积性评估和形成性评估，都强调社会工作服务的评估需要包含服务实施和成效两个方面，且需要分阶段进行。在活动的进行阶段主要使用过程评估，而在活动的结束阶段主要使用结果评估。

2. 老年人团队活动评估的方法

无论是过程评估还是结果评估，社工都主要使用质性研究与定量研究两种方法进行评估。

质性研究是一种在社会科学及教育学领域常使用的研究方法。研究者参与到自然情境之中，而非人工控制的实验环境，充分地收集资料，对社会现象进行整体性的探究，采用归纳而非演绎的思路来分析资料和形成理论，通过与研究对象的实际互动来理解他们的行为。质性研究主要采用结构式访谈、文献回顾、个案研究、参与式观察等方式进行评估。

定量研究是与质性研究相对的概念。要考察和研究事物的量，就得用数学的工具对事物进行数量的分析，这就叫定量研究，也称量化研究，是社会科学领域的一种基本研究方法，也是科学研究的重要步骤和方法之一。定量研究主要采用问卷调查法、相关法、

实验法进行评估。

四、老年人团队活动评估的步骤

老年人团队活动评估的步骤如图 5-3 所示。

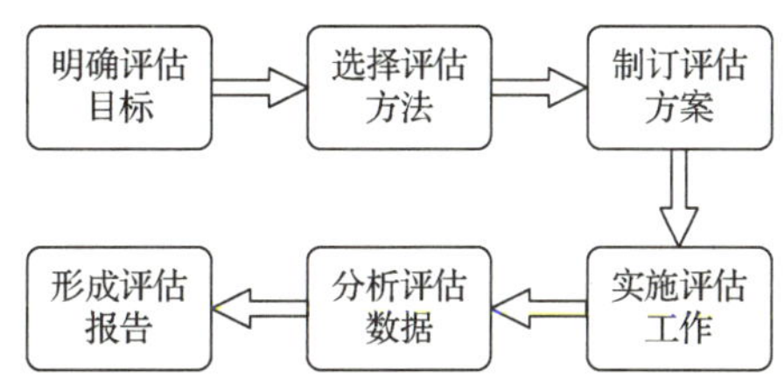

图 5-3 老年人团队活动评估的步骤

1. 明确评估目标

在设计评估方案、开展评估活动之前，社工首先要明确评估的目标，如是需要着重评估服务对象需求回应情况、活动组织开展情况、活动成效还是其他。如果在评估活动中需要详细体现活动目标、方案设计的合理性或呈现活动过程，则使用过程评估较为适宜；如果需要评估活动对服务对象需求的回应情况或活动成效，则可以使用结果评估。

2. 选择评估方法

无论是质性研究还是定量研究都有其明确的优势和局限性。质性研究的优势在于能够深入地反映服务对象对服务的主观感受，以及服务细节成效，但评估耗时长且调查结果不具备很好的推广性。定量研究则能够客观呈现研究结果，操作简单易上手，但需要大量样本且无法全面深入反映活动的细节成效。

社工可以根据活动评估的目标选择合适的评估方法。当进行过程评估时通常采用质性研究方法，而进行结果评估时则定量研究方法的使用频率较高。当开展一些规模较大、参与人数众多、持续时间较长的大型活动时，可以两种方法结合使用。

3. 制订评估方案

评估方案的内容主要包括评估者、评估对象、样本数量、评估工具和评估时间。评估者是评估工作的实施主体，一般是活动的组织者、负责人。评估对象是指所有活动的直接或间接参与者，这里不仅包含活动的目标服务对象还包括活动组织团队、合作团队、物资提供方等，而在老年人团队活动中最重要的评估对象无疑是活动的直接服务对象。样本数量可以根据活动的规模和相关要求来选取。评估工具是用来测量评估对象态度的可操作化工具，在评估工作中根据选择质性研究或定量研究方法确定相应评估工具，如使用访谈法需准备访谈提纲，而问卷法则需设计相关问卷。评估时间是指评估方案的有效期，通常是一个时间段。

4. 实施评估工作

评估实施的工作过程主要分为使用评估工具评估活动和收集评估资料两个方面。活动评估者需要根据评估方案内指定的评估工具和样本量对评估对象在规定的时间内完成评估工作。在评估工作实施的过程中，社工需要注意收集和保护评估资料的真实性及完整性，并在评估工作结束后对评估资料进行分类、整理、录入、保存。

5. 分析评估数据

根据评估方法的不同，评估分析方式也不尽相同。当使用质性研究方法评估时，社工需要对评估资料进行归纳总结，从而得出评估结果。当使用定量研究方法评估时，社工需要对评估数据进行统计分析后得出评估结果。

6. 形成评估报告

得出评估结果后，社工就需要使用文字、图标等方式将评估结果整理成特定的评估报告，以全面反映活动的过程和成效。

任务实施

1）评估目的：客观反映活动成效及服务对象满意度。

2）评估方法：案例是单次的社区团队活动，因此，使用定量研究中的问卷调查法对活动进行评估。

3）评估步骤：

步骤一，设计问卷。问卷中主要包含活动内容及服务对象满意度两大部分。在活动内容中针对活动普及设计若干问题，测试服务对象对知识的接受程度。服务对象满意度则使用态度测量问题，直接反映服务对象对授课质量、知识内容、是否回应需求、讲课方式、活动形式与组织的满意度。

步骤二，发放问卷。活动结束后从活动参与者中随机抽取 10 人进行问卷填写。

步骤三，回收问卷。确认服务对象填写问卷有效后进行回收，如问卷无效则重新抽样填写，直至满足预定问卷数量为止。

步骤四，问卷分析。将问卷中的问题选项录入电脑，采用图表形式进行反映，并形成相关评估报告。

任务点评

1）评估目的：从明确服务对象需求、目标和方案设计的合理性、反映活动过程、体现活动成效 4 个方面来说，问卷都有涉及，但定量研究的局限性就是只能反映普遍性问题，无法深入对活动细节进行评估。因此，在活动评估时可以加入组织者对于活动的观察，以及服务对象的反馈。

2）评估方法：对于单次的社区团队活动，一般使用结果性评估，而定量研究中的问卷调查法是使用频率最高、最能直观反映活动成效的方法。此外，质性研究中的访谈法也能作为结果性评估的方法，但访谈法需要耗费极大的时间成本且评估结果无法反映普遍性成效，因此使用频率较低。

3）评估步骤：评估步骤较为完整，从问卷的设计到最后结果的形成都有设计。

拓展阅读

老年人参加活动突发疾病，组织者承担赔偿责任

刘某（58岁）系某市某食品商行的一名会员，去年8月，刘某经该食品商行邀请参加其组织的鱼疗活动。刘某到达地点后，突发疾病仰坐在椅子上不省人事，经抢救无效死亡。刘某的继承人田某甲（系刘某丈夫）、田某乙（系刘某儿子）起诉至法院，要求被告东营某食品商行承担赔偿责任。

近日，该市人民法院做出判决，该市某食品商行对刘某的死亡承担相应的赔偿责任。

法院审理认为，刘某作为具备完全民事行为能力的成年人，对其自身的健康及安全未能尽到合理的注意义务，应对事故的发生承担主要责任。被告东营某食品商行以营利为目的组织中老年人参加集体活动，但未根据参加人员年老体弱、易发急性疾病的特点，配备相应的医护人员，致使刘某发病时未能采取规范的急救措施。因此，被告作为该活动的组织者并没有完全尽到其安全保障义务，应当对刘某的死亡承担相应的赔偿责任。法院依法判决被告按照10%的比例赔偿两原告死亡赔偿金、丧葬费共计40 100元，支付两原告精神损害抚慰金1000元。

法官提醒：宾馆、商场、银行、车站、娱乐场所等公共场所的管理人或者群众性活动的组织者，未尽到安全保障义务，造成他人损害的，应承担赔偿责任。

拓展练习

一、单选题

1. 社工小张在某社区举办了一场“夕阳无限好 七夕一线牵”老年人联谊会，邀请了社区里一些丧偶、独居的老年人来参加，希望通过这场活动帮助这些丧偶、独居的老年人交到更多朋友。这场活动是（　　）老年人团队活动。

A. 社交型　　B. 发展型　　C. 支持型　　D. 娱乐型

2. 某社工站开展了一次“步步高”志愿者团队元旦登山活动，邀请社区老年志愿者团队通过登山活动增强团队凝聚力。这场活动是（　　）老年人团队活动。

A. 社交型　　B. 发展型　　C. 支持型　　D. 娱乐型

3. （　　）不是老年人团队活动策划中需要考虑的因素。

A. 服务对象需求　　B. 工作技巧

C. 服务对象特征　　D. 活动形式

4. （　　）不是活动风险评估的内容。

A. 服务对象安全保障　　B. 活动指导理论

C. 天气对活动的影响　　D. 不可控因素

5. LORE原则不包括（　　）技术。

A. 开放的态度　　B. 适当的眼神接触

C. 身体前倾　　D. 手势动作

6.（　　）不是老年人团队活动评估的类型。

A. 过程评估　　B. 结果评估　　C. 满意度评估　　D. 累积性评估

二、多选题

1. 某社区社工站在某社区做需求调研时发现，这个社区的老年人的生活圈狭窄，交际圈仅限于家人，对社区内其他人比较冷漠。社工可以针对这些老年人开展（　　）老年人团队活动。

A. 社交型　　B. 发展型　　C. 支持型　　D. 娱乐型

2.（　　）是老年人团队活动常用理论。

A. 社会化　　B. 活动理论　　C. 团体动力学　　D. 历奇辅导

3.（　　）不是老年人团队活动实施阶段的工作技巧。

A. LORE 原则　　B. 活动总结

C. 明确小组目标　　D. 打断

4. 老年人团队活动实施的注意事项包括（　　）。

A. 活动的可行性　　B. 活动的可操作性

C. 活动的报备与审批　　D. 活动实施过程管理

5. 活动氛围评估是对活动实施过程中，（　　）等进行综合考量。

A. 社工对活动现场的把控、技巧的运用

B. 服务对象的参与度、对社工的回应

C. 活动组织情况

D. 人员安排情况

6. 评估实施的工作过程主要分为（　　）两个方面。

A. 制订评估方案和使用评估工具评估活动

B. 制订评估方案和收集评估资料

C. 使用评估工具评估活动和收集评估资料

D. 选择评估工具和使用评估工具评估活动

三、简答题

1. 简述发展型老年人团队活动的特点。
2. 列举老年人团队活动实施过程中的注意事项。
3. 简述老年人团队活动评估的步骤。

项目总结

老年团体活动多，交友发展多支持。
活动作用各不同，只为生活更从容。
实施活动有技巧，评估步骤不能少。

项目六

老年人旅游休闲活动策划与实施

项目导读

随着经济的飞速发展，社会节奏的加快，我国已进入大众化旅游时代，旅游消费经常化日益成为老百姓的一种常态化生活方式，旅游市场规模越来越大。旅游绝不是年轻人特有的权利，在最近的一次老年人社会调查中发现，几乎七成的老年人外出旅游过，剩下的三成基本是因为没有时间或者身体因素不允许而未能外出旅游，但却表示自己愿意外出旅游。由此可见，随着我国社会的发展及人口老龄化的加剧，越来越多的老年人愿意外出旅游。

出门旅游是一种心灵放松，是一种精神享受，要尽可能地主动适应旅游目的地的生活环境和生活条件，放松自己的心情，去欣赏自然界的各种美、人类社会的各种美，并把自己的心灵与美融合在一起，达到物我两忘的境界和心情愉悦的目的。这样，自己也会收获良好的旅游效果。

面对老年人在旅游休闲方面日益增长的需求，社工在策划老年人旅游休闲活动时，一定要站在老年人的角度和根据老年人的需求去策划，这样不仅能为老年人带来愉悦，社工自己也会收获工作带来的快乐。

【学习目标】

『知识目标』

1. 了解老年人旅游休闲活动的类型。
2. 了解老年人旅游休闲活动的策划。
3. 了解老年人旅游休闲活动的实施。
4. 了解老年人旅游休闲活动的评估。

『技能目标』

1. 学会识别影响老年人旅游休闲活动开展的障碍或因素。
2. 掌握老年人旅游休闲活动开展的流程。
3. 掌握处理老年人旅游休闲活动中的突发事件的方法。
4. 能够对老年人旅游休闲活动的过程进行反思和改善。

『职业素养目标』

1. 能够在老年人旅游休闲活动中与老年人建立良好的关系。
2. 掌握老年人旅游休闲活动中听、说、看等技巧，培养临危应变能力。
3. 认识到老年人旅游休闲活动的重要性，关注老年人身心健康，做到热情真挚待人。

任务一 老年人旅游休闲活动概述

案例导入

某老人前往社区养老服务站求助出游方式

来访者：小何，你好。

社工：×婆婆，您好！（热情接待来访者，引导来访者入座并递上热茶）

社工：×婆婆，有什么事情我们能够帮助您呢？（主动询问需求）

来访者：小何，最近天气越来越热了，我和我老伴一到夏天身体就很不适应，今年想要出去旅游一趟，顺便避避暑。

（注意：倾听来访者的需求时需时刻保持平和态度，面带微笑，适当的时候给予对方稍许回应，如“嗯”“好的”“我了解”之类的词语，说话时语气亲和，待对方叙述结束后再与之交谈。）

社工：哦，原来是这样啊，可以呀，那×婆婆您此次前来是想要我们帮您看看您和您老伴能去哪里旅游是吗？（澄清需求）

来访者：对的。

社工：那×婆婆，您和您老伴的身体情况如何呢？

来访者：我们之前去医院做过身体检查，除了高血压、糖尿病之外，身体还是十分健康的。

社工：您准备什么时候出游呢？整个旅游过程中准备了多少预算？偏好哪些地方，是喜欢近一点的地方还是远一点的地方呢？

来访者：我准备下个月出发，准备花 15 000 元出去旅游 2 个月，最好是近一点的地方，但是要凉快。

（了解来访者需求的相关事项，包括出于什么原因选择出游、和什么人出游、身体是否适合出游、预计什么时间出发、准备多少资金、偏好什么样的地方等，越详细越好，并做好登记。）

社工：嗯，×婆婆，您的需求我大概了解了，我需要根据您的自身情况查询一下您和您老伴适合的旅游地点、出游计划及注意事项，可能需要一点时间，待了解了之后我们再联系您，好吗？

来访者：好的，谢谢你小何。

任务描述

假设你是某社区养老服务站的一名社工，独立管理着养老服务站的相关事务，在服务中一名老年服务对象前来咨询并求助，希望你能帮助她确定一个适合的旅游类型及地点，并拟订一份出游计划，请你根据你所了解到的老年人旅游休闲活动知识，帮助其进行规划。

相关知识

一、老年旅游及老年人旅游休闲活动的概念

1. 老年旅游的概念

世界各国对老年旅游者的统计口径不一致，我国将老年人口年龄与退休年龄相结合，规定男60周岁、女55周岁为老年人口的起始年龄。美国则通常以55周岁为界进行旅游客源统计。因此，我们结合有关学者对旅游所下的定义对老年旅游进行定义，老年旅游是指年满60周岁的老年人出于休闲、养生、娱乐等目的而暂时离开自己常住地的旅行活动。老年人旅游往往以旅行社、单位组织及自发结伴（夫妻结伴、亲戚结伴、朋友结伴）为主要出行方式，这样的出行方式间接反映出老年人出游会考虑到自身的安全性、旅游的舒适度等，更重要的是希望借助旅游促进自己与朋友、亲人之间的感情，最终达到愉悦身心的目的。

2. 老年人旅游休闲活动的概念

老年人旅游休闲活动可以理解为年满60周岁的老年人以旅游为媒介而达到休闲娱乐目的的活动。在老年人旅游休闲活动中，相较于“旅游”和“休闲”我们更加注重“活动”，这个活动一定需要有人去主导，并带有一定的秩序性及目的性，老年人旅游休闲活动不仅需要服务对象及主导者的参与，同时，也少不了活动前期的策划及风险评估，直至活动的实施及最终的总结评估，每个环节都不可掉以轻心，这样才能达到活动的目的。

老年人旅游休闲活动与青年人旅游休闲活动的区别如表6-1所示。

表6-1　老年人旅游休闲活动与青年人旅游休闲活动的区别

项目	老年人旅游休闲活动	青年人旅游休闲活动
活动类别	旅游休闲	旅游休闲
时间	错峰出行	公休、周末等
地点	时间短、路途近的近郊	时间长、路途远的异地
旅游服务要求	要求高	要求低
经费花销	消费能力弱，花销低	消费能力强，花销高

1）时间不同。青年人多忙于工作，往往选择公休、周末等时间出行，整个旅游休闲活动过程也比较匆忙，而老年人较青年人有了更多可自由支配的时间，多数老年人会选择错峰出行，以达到旅游休闲舒适度和满意度的最大化。

2）地点不同。青年人身体正处于旺盛时期，对整个世界都充满了好奇，在旅游休闲地点上往往选择离居住地较远的地方，追求刺激，想要感受异地风光。老年人身体处于衰退期，身体机能的下降使他们不适合舟车劳顿去到遥远的地方旅行，因此，老年人多选择时间短、路途近的短线旅游休闲活动，这样不仅不会过于劳累，旅游休闲活动产生的费用还比较低。

3）对旅游服务的要求不同。青年人身体健壮，对旅游服务的要求不会太高；老年

人的身体或多或少都存在着一些疾病，再加上不少老年人都去过很多地方，对导游讲解的水平、应变能力及老年护理知识掌握的水平较青年人要求更高。

4）经费花销不同。青年人有自己的工作及收入来源，在旅游休闲活动中消费能力较强，花费的旅游经费也较高，而老年人受中国传统文化熏陶，有着勤俭节约的良好品质，再加上老年人旅游休闲活动的兴起，市面上的旅行社纷纷推出老年人近郊游服务，这类近郊游旅游团普遍有价格低的特点，吸引着大批老年人参与。

二、老年人旅游休闲活动的类型

老年人旅游休闲活动包括以下几种类型。

1. 老年人休闲旅游活动

休闲旅游是指以休闲为主要目的，依托丰富的旅游资源及健全的旅游设施，以特定的文化景观及旅游项目为内容，进行一定时间的游览、娱乐、观光和休息活动。老年人休闲旅游注重的是在旅游过程中心灵的放松，它与一般的外出旅游有所不同，较其他旅游模式来说休闲旅游拥有自己的特点，它要求目的地交通便利、设施齐全，旅游活动层次要丰富多样。随着中国特色社会主义道路的不断深化，人民生活水平的提高，休闲旅游产业飞速发展，老年人休闲旅游活动将更加普及。

2. 老年人度假旅游活动

度假旅游是指出于疗养目的或为了摆脱日常工作和生活环境造成的身心紧张，而去海滨、山区等环境优美的地方放松一段时间的旅游活动。老年人度假旅游活动强调安全、宁静、优美的环境，丰富多彩的娱乐项目，增进身心健康的游憩设施，海滨、山地、温泉疗养地等是度假旅游的主要地区，而度假村、农家乐等是度假旅游的主要表现形式。

3. 老年人养生旅游活动

老年人养生旅游指以延年益寿、强身健体、修身养性、身体医疗、修复保健、生活体验或养生文化体验等为目的的旅游活动。老年人养生旅游活动又分为长寿主题养生旅游、山林养生旅游、日光养生旅游、生态水疗养生旅游、四季养生旅游及民俗养生旅游六大类别。

1）长寿主题养生旅游：一般以长寿老人、长寿养生遗迹较多的地方为主，如广西长寿之乡——巴马村。

2）山林养生旅游：主要以山林溪谷为生态本底，以负氧离子、绿色环境、湿润空气、适居温度、矿泉水质、中草药等形成的氧吧、森林浴、雾浴、竹海浴、竹文化养生、矿泉浴、生态食疗为养生项目。

3）日光养生旅游：三国魏养生家嵇康在《养生论》中就提出了“晞以朝阳”的观点，孙思邈也提倡“呼吸太阳”。可见，古代养生家早已感受到日光具有保健作用，由此衍生出日光养生旅游，森林日光浴则是日光养生旅游的典型项目。

4）生态水疗养生旅游：以矿泉、中草药为基础，形成特色生态水疗项目，利用水资源结合按摩、沐浴、香薰等来促进新陈代谢、放松身心，达到养生效果。例如，陕西洋县长青自然保护区结合当地的文化，设计了“真符草汤”生态水疗养生项目。

5）四季养生旅游：一年四季的气候特征都大不相同，避暑、避寒养生旅游则成为四季养生旅游的常见表现形式。

6）民俗养生旅游：我国由56个民族组成，其中每个民族都有自己特色的养生方式，如回族的节食风俗、瑶族的瑶浴等，这些成为民俗养生旅游的一部分。

任务实施

1）活动设计：以“案例导入”为依据，为来访者制订一份出游计划。

2）活动目的：加深学生对老年人旅游休闲活动类型的认识；拓展思维、提升小组的团队能力；学会制订老年人旅游休闲出游计划。

3）活动形式：结合“相关知识”，参考“案例导入”的案例，以小组为单位，制订个性化的老年人出游计划。

4）活动时间：50分钟。

5）活动步骤：

步骤一，分小组设计出行方案，填写表6-2。

表6-2　出行方案

项目	内容
主题	
项目一	
项目二	
项目三	
项目四	
……	
出游价值体现	

步骤二，一组作为养老服务站社工方，一组作为来访者，模拟出游计划设计过程。

步骤三，根据模拟出游过程情况，各小组派代表进行总结发言。

任务点评

组别	评价内容及分值					
	内容设计合理（20分）	主题明确（20分）	合理性提问（20分）	出游价值（20分）	整体情况（20分）	总分（100分）
第1组						
第2组						
第3组						
第4组						
第5组						
第6组						
……						
总评价						
备注						

任务二　老年人旅游休闲活动策划

案例导入

某养老机构"夕阳红"登山活动讨论会议

会议正式开始：活动主策划社工甲向大家介绍道："近期我们打算策划一个'夕阳红'登山活动，此次会议主要是听听大家的想法或者建议。"

社工乙：我觉得此次活动，我们首先需要筛选服务对象，根据服务对象的生理、心理特点去规划此次活动的主要内容。

社工丙：那我们可以先设计一个健康信息卡，发放给老年人，他们填好后，我们收集上来，再统一筛选，这样也可以减少工作量。

社工甲：这个想法好，我们先这样做，先确定此次活动的参与对象，大家对活动内容有好的想法没有。

社工丁：老年人外出一般都以放松心情为主，我们设计的内容不宜过多，节奏一定要慢，而且需要专业医疗志愿者一起来参与活动，预防活动过程中出现突发情况。

社工乙：活动内容这块，我觉得我们还是先了解老年人的需求，再进行讨论，最终确定活动内容。

社工甲：好的，那今天我们先讨论到这里，我把前期需要做的工作分配下来，社工丙你负责设计老年人健康信息卡，社工乙、社工丁你们先去走访，了解老年人的需求。

社工甲：我们策划这个老年人旅游活动，一定要站在老年人的角度去策划，这样不仅能为老年人带来愉悦，也会增加我们自己的信心。大家各自去准备，我们下次会议再把具体方案讨论一下。

任务描述

假设你是某养老机构的一名社工，主要的服务对象就是老年人，随着老年人旅游需求的增加，你需要经常策划老年人旅游休闲活动。活动策划是你工作中很重要的一部分，为了更好地策划出老年人旅游休闲活动，请根据你所了解的相关知识，策划一份老年人旅游休闲活动的方案。

相关知识

一、老年人旅游休闲活动策划的含义

1. 老年人旅游休闲活动策划的概念

老年人旅游休闲活动策划是指为年满 60 周岁的人设计一份以娱乐消遣、养生保健、疗养等休闲为目的而暂时离开自己的常住地的旅行和逗留活动的策划书。

2. 老年人旅游休闲活动的特征

撰写老年人旅游休闲活动策划书时，我们需要提前了解老年人旅游休闲活动的特征，以便撰写出能更好地服务于老年人群体旅游的策划书。老年人旅游休闲活动有以下几个方面的特征。

（1）以国内休闲度假游、文化鉴赏游、观光旅游为主

在旅游产品选择上，老年人群体对休闲度假游比较感兴趣，文化鉴赏游和养生保健游也占了相当的比重，这和老年人修身养性和喜静的特质有关。

（2）出游组织方式以旅行社、单位组织为主，自发结伴也占一定比重

据调查，老年人出游方式以旅行社、单位组织为主，自发结伴也占一定比重。参加特色旅游时，老年人喜欢与亲戚出游、结伴出游、夫妻出游，自助游和单身游比例相对较低，这说明老年人希望借助旅游来促进友情和亲情。亲子游比重较小，反映出子女平时陪伴父母时间较少。

（3）出游时间出现“非假日性”

相对一般旅游者的“假期性”而言，由于老年人有了更多可自由支配的时间，老年人旅游出现“非假日性”特点。多数老年人性喜恬淡和缓，对舒适度和满意度要求高，他们出游一般不会选择黄金周、周末、寒暑假等客流量大的时间，更愿意选择在游客过于集中的旺季之后出游，以避开客流高峰。

（4）短线旅游为主

老年人多选择时间较短、线路较近的短线旅游，这样不仅价格便宜，而且不会过于疲劳。在旅游过程中，体力较弱、行动较迟缓的老年人比一般游客更加要求旅速游缓，希望途中时间短，景点安排的时间长，行程安排不要太紧张。

（5）对旅游服务要求高

因为老年人或多或少都有一些老年疾病，因而要求旅游团有健全的医疗安全保障系统，随团配医护人员，随团导游必须具备较高的应变能力和护理知识，尤其是老年疾病的急救知识。老年人拥有丰富的阅历，不少老年人游览过很多地方，对导游讲解的水平要求较高，又因为其年龄较大，这就要求导游能够提供细致周到、体贴入微的服务。

（6）购买能力较低

受中国传统文化的影响，老年人一般比较节俭，在旅游过程中精打细算，旅游支出基本用于吃、住、行、游，他们较少参与购物和自费性娱乐活动，即使购物也要求物有所值。

二、老年人旅游休闲活动策划的注意事项

我们在策划老年人旅游活动时，一定要计划周全，特别是在吃、住、行 3 个方面必须安排妥当，让出游的老年人都能高高兴兴，使其不仅能欣赏到好的风景，还能结识新朋友、了解新事物。策划老年人旅游休闲活动时需注意以下事项。

1. 饮食

1）撰写策划书时，一定要重视旅游饮食，尽量做到饮食均衡。饮食中要有足够的蔬菜和水果，保证营养均衡，利于消化。

2）要考虑进餐的时间和地点，尽量做到按正常时间进餐。

3）尽量安排自助餐形式。每个人的饮食习惯不一样，对食物的喜好不同，还有很多老年人因患有某种疾病而对某些饮食有所禁忌。选择自助餐可以让老年人有很大的选择空间。

4）应适当安排旅游目的地的特色饮食。

5）除了要注意老年人旅游中的饮食，还要准备一些应急药和常用药，如感冒药、消炎药、胃药、止泻药等。

2. 住宿

住老年标准间，并保证老年人每天 7～8 小时的睡眠时间，住宿条件不求豪华，但求舒适安静。

3. 出行

1）在老年人旅游活动的行程安排上，虽以“宜近不宜远”为原则，但可根据具体情况做调整。

2）在旅途中，提前准备一些医疗工具，社工可以为老年人量血压、测心律，最好带一些常用药，老年人也可以随时向医生进行保健医疗咨询。

4. 游览

在设计旅游线路时，旅游景点不宜太多，以免老年人疲累，动静结合但走路时间不宜过长，游览节拍以缓为主，并考虑安全因素。每处旅游景点最好能有供人休息的石凳、椅子、小亭等，以方便老年人休憩。

三、老年人旅游休闲活动策划的内容

一个完整、成功的老年人旅游休闲活动，离不开详细、全面的活动策划。老年人旅游休闲活动策划的内容涉及活动主题、活动意义、活动目标、活动时间、活动地点、活动对象、活动工作人员、活动前期准备、活动内容、活动流程、经费预算、预计困难及应对措施等，如图 6-1 所示。

1. 活动主题

每次进行老年人旅游活动都会有不同的主题，如“夕阳红”登山活动。活动策划，首先要明确主题，但最好按照一个流程来撰写策划书，做到井然有序，这样思路会比较清晰，有利于更好地全面考虑。

2. 活动意义

意义比较抽象，是某种行为活动的普遍性的、统一性的、终极性的宗旨或方针。例如“夕阳红”登山活动，组织者最终的目的是让老年人拥有健康的身体。这个活动意义的实现有赖于具体行为目标的实现。

3. 活动目标

目标比较具体，是某种行为活动的特殊性的、个别化的、阶段性的追求。例如“夕阳红”登山活动，有以下几点益处。第一，有益于改善老年人身体平衡功能，增强老年人协调能力（山上的道路不太平整，所以在山间行走有益于改善身体的平衡功能，增强协调能力，没有修缮的非台阶道路段，还可以增加肢体的灵活度，让肌肉更发达）；第二，放松眼部肌肉，缓解眼睛疲劳；第三，对于改善肺通气量、增加肺活量、提高肺的功能很有益处，同时还能增强心脏的收缩能力等。只有实现这些具体目标，才能实现最终的目的。

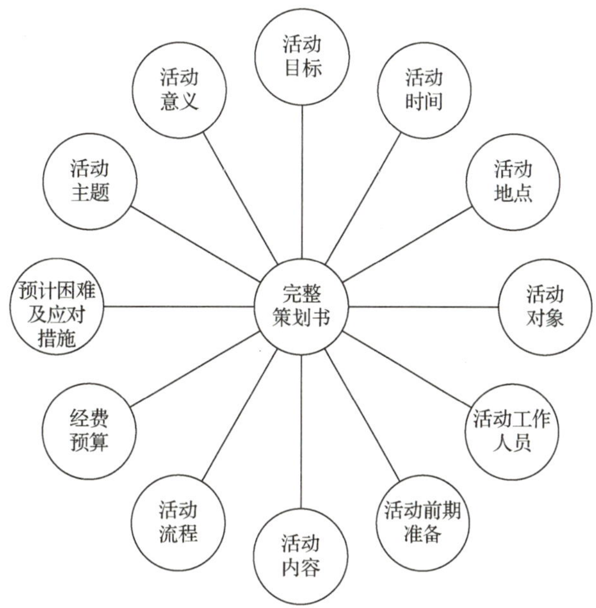

图 6-1 老年人旅游休闲活动策划的内容

4. 活动时间

策划外出旅游活动需要提前查看天气预报，并征求多数出游者的意见，尽量选择一个天气晴朗、风和日丽的日子出游。例如“夕阳红”登山活动，时间定于××××年××月××日上午 6:30（登山的时间一定要选在天亮之后、能见度较高的时候，避免老年人摔倒）。

5. 活动地点

策划老年人旅游活动，地点的选择非常重要，我们需要考虑老年人的身体素质，旅游过程中会出现的意外，社工也要在活动开展之前去目的地考察，适合的地点才能确定为活动地点。

6. 活动对象

老年人旅游活动服务于老年人，但因为老年人群体的特殊性，并不是所有老年人都适合参加旅游活动，所以活动对象的甄选尤为重要。例如“夕阳红”登山活动，前期组织老年人报名时，可以设计一个老年人健康信息卡，让老年人如实填写，社工再根据此次活动的风险评估出哪些老年人是可以参加的（在选活动对象的时候，需要特别注意一点，对于一些身体不太好的老年人，他们也想参加，但为了安全起见，社工一般不会让他们参加，这个时候怎样给老年人解释、处理好老年人的情绪是社工需要十分注意的）。

7. 活动工作人员

活动工作人员是指负责老年人旅游活动的全体人员。例如“夕阳红”登山活动，要配备以下人员。首先，有几名专业社工负责活动前期策划、物资准备、资源链接等；其次，为了活动更加顺利地完成，也会招募志愿者（医疗志愿者）为老年人提供专业服务，那么这次活动中的社工和志愿者都是此次活动的工作人员。

8. 活动前期准备

活动中涉及的所有物资，都要提前准备。例如“夕阳红”登山活动，活动签到表、应急药品、车辆联系、饮用水、游戏物资等，都需要提前落实到相应的社工身上，分工协作办事效率高，也不容易遗漏。

9. 活动内容

活动内容是指此次活动主要做什么。例如“夕阳红”登山活动，活动内容有登山途中游览景色、集体互动小游戏、拍摄一张有意义的照片、大家放声高歌等。

10. 活动流程

活动流程是指活动各环节的时间安排。例如“夕阳红”登山活动，××月××日上午 6:30，工作人员、老年人签到，社工介绍本次活动的主要内容及注意事项、纪律；6:40～9:00，集体乘车到活动地点；9:00～10:00，社工带领老年人游览登山公园景色；10:00～10:30，游戏环节；10:30～10:50，拍摄一张有意义的照片；10:50～11:00，集体放声高歌；11:00～11:30，集体乘车回居住点；11:40，社工清点人数。

11. 经费预算

经费预算是指对活动中的物资费用进行的预算。例如“夕阳红”登山活动，活动横幅××元、人员车费××元、应急药品××元、饮用水××元、食品××元等。

12. 预计困难及应对措施

预计困难及应对措施是指对活动中预计可能会出现的问题提前制订好应对措施。例如“夕阳红”登山活动，困难一：参加活动的人数较多，活动中老年人的安全难以保障。措施：提前做好安全宣传工作，提醒参与活动的工作人员在活动中时刻关注老年人的身体情况，一切行动听指挥，如有事情必须先向社工报告，手机保持开机。困难二：老年人突然晕倒。措施：这种情况发生时，社工应保持头脑清醒，马上叫医护志愿者对其进行检查。

任务实施

1）活动设计：依据“案例导入”内容，策划一份老年人外出旅游休闲活动的策划书。

2）活动目的：加深学生对老年人旅游休闲活动策划的认识；提升小组的团队协调能力；学会对老年人旅游休闲活动内容进行设计。

3）活动形式：学生 3～4 人为一组，依据“案例导入”，结合“相关知识”，以外出登山、公园游览、户外烧烤等为主题，按照上述策划步骤，策划一份老年人旅游休闲活动的方案。

4）活动时间：60 分钟。

5）活动步骤：

步骤一，小组策划一份老年人旅游休闲活动方案，填写表 6-3。

表 6-3　老年人旅游休闲活动方案

<table>
<tr><td>活动主题</td><td colspan="4">“×××”老年人旅游休闲活动</td></tr>
<tr><td>活动意义</td><td colspan="4">1.
2.
3.
4.</td></tr>
<tr><td>活动目标</td><td colspan="4">1.
2.
3.
4.</td></tr>
<tr><td>活动时间</td><td>××××年××月××日</td><td>工作人员</td><td colspan="2">××××</td></tr>
<tr><td>活动地点</td><td>×××</td><td>活动对象</td><td colspan="2">社区老年人</td></tr>
<tr><td rowspan="6">活动前期准备</td><td>序号</td><td>环节</td><td>负责人</td><td>物资</td></tr>
<tr><td>1</td><td>物资准备</td><td>×××</td><td>×××</td></tr>
<tr><td>2</td><td>志愿者联系</td><td>×××</td><td>×××</td></tr>
<tr><td>3</td><td>宣传品制作</td><td>×××</td><td>×××</td></tr>
<tr><td>4</td><td>路线考察</td><td>×××</td><td>×××</td></tr>
<tr><td colspan="4">××××××</td></tr>
<tr><td>活动内容</td><td colspan="4">1.
2.
3.
4.
5.</td></tr>
<tr><td>活动流程</td><td colspan="4">××××年××月××日
6:30　×××
6:40～8:00　×××
8:00～10:00　×××
10:00～12:00　×××</td></tr>
<tr><td rowspan="7">经费预算</td><td>内容</td><td>数量</td><td>单价/元</td><td>总价/元</td></tr>
<tr><td>横幅/条</td><td>2</td><td>50</td><td>100</td></tr>
<tr><td>×××</td><td>×××</td><td>×××</td><td>×××</td></tr>
<tr><td>×××</td><td>×××</td><td>×××</td><td>×××</td></tr>
<tr><td>×××</td><td>×××</td><td>×××</td><td>×××</td></tr>
<tr><td>×××</td><td>×××</td><td>×××</td><td>×××</td></tr>
<tr><td>合计</td><td colspan="3">×××</td></tr>
<tr><td>预计困难及应对措施</td><td colspan="4">困难：××××××
措施：××××××</td></tr>
</table>

步骤二，各小组就策划的活动方案派一名代表进行讲解。

任务点评

组别	评价内容及分值					
	内容设计合理（20分）	主题明确（20分）	内容详细（20分）	创新性（20分）	整体情况（20分）	总分（100分）
第1组						
第2组						
第3组						
第4组						
第5组						
第6组						
……						
总评价						
备注						

任务三　老年人旅游休闲活动实施

案例导入

某养老机构组织“夕阳红”登山活动，在活动开展前社工做了以下工作。

第一，撰写一份完善的活动策划书，并在养老机构内张贴宣传单进行人员招募及登记，确定好人数之后联系接送车辆。

第二，将接送时间、地点、联系人及联系方式、注意事项（衣着、药品等）告知服务对象。

活动当天共计18名服务对象、9名社工参与活动，活动正式开展前社工组织服务对象签到登记及签订安全承诺书，并向服务对象讲解本次活动的目的、流程及活动中的注意事项等内容，并带领服务对象进行登山前准备运动练习。之后，社工引导服务对象进行登山运动，到达山顶后社工带领服务对象进行互动游戏，然后让服务对象在安全范围内自由活动。

活动实施过程中有的老年人忘记集合时间错过了出发车辆，也有部分老年人在车上出现了晕车现象，影响了活动行程及车内部分老年人的出游心情；到达活动目的地后，老年人身体情况差异导致其登山速度不一致，有的老年人登山快，有的老年人登山慢，他们之间因此出现矛盾，闹得十分不愉快。

任务描述

假设你是某养老机构的社工，经过培训后，让你组织开展一次老年人旅游休闲活动，活动的实施对活动至关重要，为确保活动的顺利开展，请你根据所了解的老年人旅游休闲活动知识，召集同事一同模拟活动实施过程。

相关知识

一、活动实施及老年人旅游休闲活动实施的概念

要了解活动实施的概念，我们可将活动与实施分开来理解，活动是由共同目的联合起来并完成一定社会职能的动作的总和，由目的、动机和动作构成，具有完整的结构系统；实施则指具体的行为及实践。顾名思义，活动实施是指为共同目的联合起来完成具体行为及实践的过程。老年人旅游休闲活动实施是指以旅游休闲为目的、以老年人为主要服务对象开展活动的行为及实践过程。在社会工作服务中，活动的实施是整场活动的主要部分，同时，也占据着整场活动的大部分时间，决定着整场活动的成败。因此，在老年人旅游休闲活动的实施过程中我们需不断地学习，充实自己，这样才能有更多的知识支撑自己出色地完成整个活动的实施，达到活动的最佳效果。

二、老年人旅游休闲活动实施的原则

老年人旅游休闲活动的实施需要社工与老年人一同参与，社工是活动的策划者及主导者，老年人是活动的主要参与对象及组成部分，有效地实施开展老年人旅游休闲活动需遵循以下原则。

1. 以老年人需求为主

活动实施前期，社工首先要考虑的是服务对象的需求，需求决定了老年人旅游休闲活动的主题及形式。

2. 具有有序性及逻辑性

老年人旅游休闲活动与其他类别的活动不一样，它对整场活动设计的合理性、逻辑性及有序性要求更高，只有这样才能在保障老年人人身安全及活动秩序的同时达到休闲旅游的目的。

3. 具有一定的可量化性

为了方便社工在活动后期进行总结及评估，在老年人旅游休闲活动中需特别注意收集活动可量化性（可视性）的相关物资，如签到表、服务对象的反馈、活动中的照片等。

4. 具有成效性

在活动实施中达到活动的目的，对服务对象的生活、心理等方面有一定的影响或改变，这称为活动的成效。不管是什么类型的活动，具有一定的成效性才能称之为真正的活动，在老年人旅游休闲活动的实施中，成效性也是必须遵循的一个原则。

三、老年人旅游休闲活动实施中社工的角色定位

社工作为老年人旅游休闲活动的主要策划者及具体实施者，由于工作方法、服务对象和服务内容的多元化，社工在整个老年人旅游休闲活动中根据不同的情况，扮演着不

同的角色。社工角色的扮演及转变是化解突发事件的关键，那么在老年人旅游休闲活动中社工所扮演的角色有哪些？如何正确定位社工的角色？

社工角色可归纳为 3 类：直接服务的角色（治疗者、沟通者、支持者、指导者等）、间接服务的角色（行政人员、研究者、咨询者、政策影响者等）及复合服务的角色（谈判者、管理者、经纪人、协调者、教育者、发言人等）。在老年人旅游休闲活动的实施中会发生各种突发事件，面临突发事件社工需保持自己的职业操守，临危不乱、随机应变，在不同的情况下灵活地转变社工角色。在老年人旅游休闲活动实施中社工扮演最多的角色有沟通者、管理者、咨询者、谈判者及发言人。

四、老年人旅游休闲活动实施的前期准备

一场成功的活动离不开前期细致的准备，活动实施的前期准备需遵循全面、仔细、充分、有效的原则，活动实施前期准备的内容主要包含活动前期需求调研、策划书撰写、活动前期宣传及人员招募、活动前期物资准备、购买老年人出行意外保险及签订安全承诺书等。老年人旅游休闲活动选择的场地多数是在室外，特别是在一些山区中，天气变化及路途的崎岖等各方面因素都可能会影响老年人的身体健康，因此在老年人出行安全方面需特别注意。

五、老年人旅游休闲活动实施的流程

活动的实施不是孤立存在的，它与活动策划及活动评估紧密联系，缺一不可，活动的实施包含活动前期准备及活动后期总结，需要在策划的指导下进行。老年人旅游休闲活动的具体实施流程如图 6-2 所示。

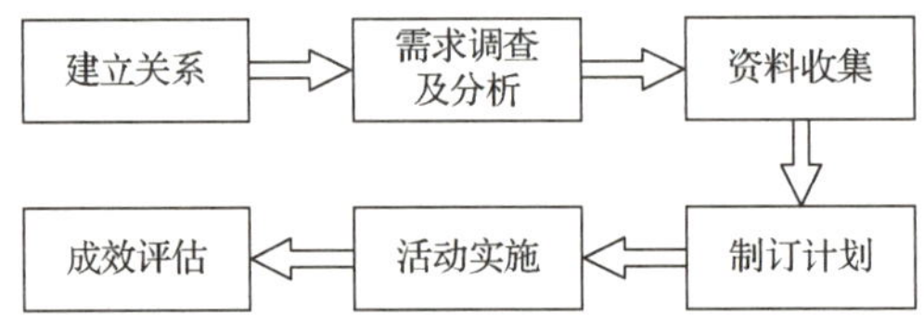

图 6-2　老年人旅游休闲活动的具体实施流程

1）建立关系。首先社工需与服务对象建立良好的关系，尊重服务对象，以诚恳的态度面对服务对象，对服务对象的家庭、爱好、想法、愿望等各方面进行了解。

2）需求调查及分析。对服务对象更加具体的需求进行调查及分析，为制订活动计划打好基础。

3）资料收集。在确定服务对象的需求之后，通过网络、书籍等各种方式查询、收集与服务对象需求相关的资料。

4）制订计划。制订计划包括目标的选择，以及为了达到目标而制订的行动方案，原则是目标明确，整体规划，文件要妥善保存。

5）活动实施。活动实施包括活动前期宣传、准备工作及活动的具体实施过程。

6）成效评估。对以上所有流程进行评估，了解活动的成效。

任务实施

1）活动设计：依据“案例导入”的内容，模拟活动实施过程。

2）活动目的：加深学生对老年人旅游休闲活动实施的认识；培养学生临场发挥能力。

3）活动内容：模拟老年人旅游休闲活动实施过程。

4）活动形式：结合“相关知识”，学生3～4人为一组，小组采用“角色扮演”与“情景剧”相结合的方式，对老年人旅游休闲活动的实施进行模拟试验。（注意：扮演老年人时应带有老年人的特征）。

5）活动时间：45分钟。

6）活动步骤：

步骤一，进行活动实施内容及过程设计，填写表6-4。

表6-4　活动实施内容及过程设计

项目	内容	所需材料	负责人员	注意事项
主题				
项目一				
项目二				
项目三				
项目四				
……				

步骤二，分组，以本项目任务二“任务实施”设计的活动策划为活动内容，选择社工与老年人两种角色进行活动实施过程模拟练习。

步骤三，根据各个小组在模拟活动实施过程中的表现，进行任务点评。

任务点评

组别	评价内容及分值					
	内容设计合理（20分）	主题明确（20分）	角色扮演（20分）	临场发挥（20分）	整体情况（20分）	总分（100分）
第1组						
第2组						
第3组						
第4组						
第5组						
第6组						
……						
总评价						
备注						

任务四 老年人旅游休闲活动评估

案例导入

某养老机构“夕阳红”登山活动评估现场

被评估方提前布置好会场，在每位评估人员桌上放一份总结报告，汇报 PPT 提前拷贝到电脑上，并将投影仪调整好。

评估人员进入会场，“夕阳红”登山活动主要负责社工先介绍项目团队，再介绍活动主要背景、活动实施情况、取得成效、不足之处及改进建议等。

负责社工介绍完后，评估人员进行提问（可能会涉及预算开支情况、统计数据采用什么方法、社工对于突发情况采取什么处理措施等），社工进行回答。

评估人员查阅活动相关资料，并进行记录。

任务描述

假设你是某养老机构的社工，“夕阳红”登山活动开展完了，即将迎来评估，为确保评估的顺利，请召集自己的同事按照评估流程模拟评估。

相关知识

一、老年人旅游休闲活动评估概述

1. 评估的概念

评估是指运用科学的研究方法和技术，系统地评价社会工作的介入结果，总结整个介入过程，考查社会工作的介入是否有效、是否达成了预期目的与目标的过程。

2. 老年人旅游休闲活动评估的概念

老年人旅游休闲活动评估是指对年满 60 周岁的人出于娱乐消遣、养生保健、疗养等休闲目的而暂时离开自己的常住地的旅行和逗留活动的评估。

二、老年人旅游休闲活动评估的作用、类型及原则

1. 老年人旅游休闲活动评估的作用

1）监督介入工作进度。评估资料是检验介入和工作程序的证据，通过对它们的分析可以起到监督社工、提醒服务对象和社工注意工作方向和进度的作用。

2）丰富社会工作知识和方法，促进专业成长。评估能够帮助社工反思每一个工作环节和整个介入工作的过程，有机会让社工反思、总结介入工作的得与失。从评估中获取的经验能够用来改善服务机构，提升社工的能力，促进社工成长与发展。

3）巩固改变成果。通过评估可以帮助社工和服务对象回顾改变的过程，服务对象

可以从中学习解决问题的方法和策略，帮助他们增强社会功能和提高解决问题的能力。

4）社会问责（服务对象、社会、专业）。第一，向服务对象做出交代。评估能让服务对象知道介入工作取得的进展，需求是否得到了满足，介入策略是否实施，目标是否已经实现。第二，进行社会交代。评估是社工向社会交代社会工作在多大程度上实现了专业目标和其他的社会功能的过程，能够说明社会资源的使用情况和效益，接受公众的监督。第三，进行专业问责。评估能够确定社会工作的介入是否恰当，并识别对服务对象的影响，找出需改进的地方，提升后续专业实践的服务质量。

2. 老年人旅游休闲活动评估的类型

按老年人旅游休闲活动实施的阶段，评估可分为以下几种类型。

（1）前期阶段的评估

老年人旅游休闲活动前期阶段的评估主要包括需求评估和方案评估。

需求评估是指社工或者社会服务机构对潜在的或实际的服务对象的需求进行的评估。

方案评估是指根据科学性、可行性、有效性等原则，对众多方案进行评价并从中选择最适用方案的过程。所谓服务方案就是为满足服务对象的需求，社工和社会服务机构对自己提供的服务活动进行的预先设计。

（2）中期阶段的评估

老年人旅游休闲活动中期阶段的评估主要是过程评估。

过程评估是对整个介入过程的监测评估，包括社会工作介入进行中的评估。它对工作过程的每一个步骤、每一个阶段分别做出评估，关心的重点是工作中的各个步骤和程序怎样促成最终的介入结果。过程评估的方法是了解和描述介入活动的内容，回答服务过程中发生了什么，以及为什么发生。过程评估提供服务过程中的各种信息，包括工作目标、介入过程、介入行动和介入影响。

（3）后期阶段的评估

老年人旅游休闲活动后期阶段的评估主要包括结果评估、效果（效益）评估、效率评估。

结果评估是指对工作完成的最终成果进行评估。结果评估是在工作过程的最终阶段做出的评估，包括目标结果评估和实际结果评估两个部分。

效果（效益）评估是对服务所达到效果的评估，旨在考查社会工作服务在帮助服务对象方面产生的作用。

效率评估是对社会工作的投入与效果之间关系的评估，旨在了解和确定社会资源的使用效率。

3. 老年人旅游休闲活动评估的原则

老年人旅游休闲活动评估的原则包括客观性原则、专业性原则、系统性原则、可操作性原则。

三、老年人旅游休闲活动评估的方法

社会工作评估的目的在于找出问题，总结经验。具体选择哪种评估方法，应遵循简单、可行和实用的原则。老年人旅游休闲活动常用的评估方法为资料分析法。

资料分析法的具体内容如图 6-3 所示。

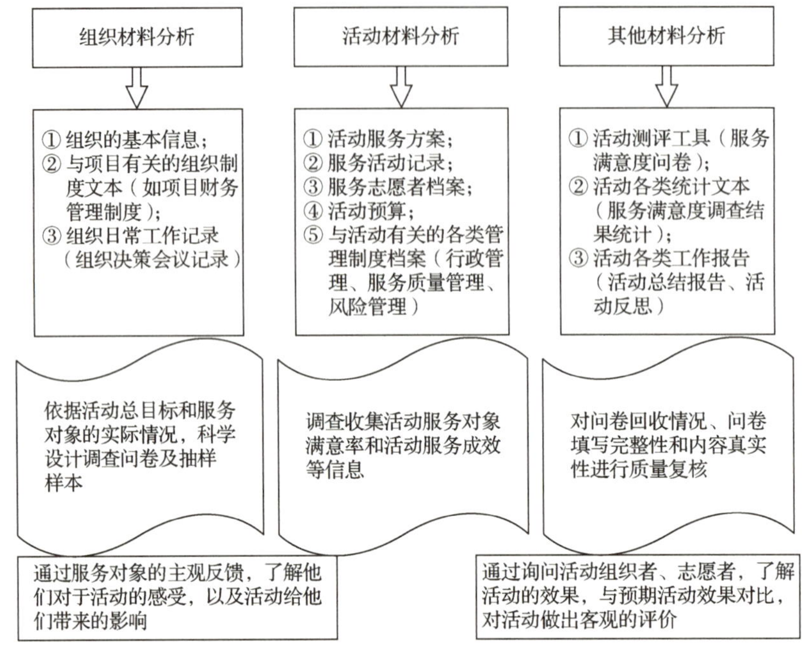

图 6-3 资料分析法

四、老年人旅游休闲活动评估报告的撰写

评估的目的在于总结工作经验、改善工作技巧、提升服务水平。老年人旅游休闲活动评估报告的主要内容如图 6-4 所示。

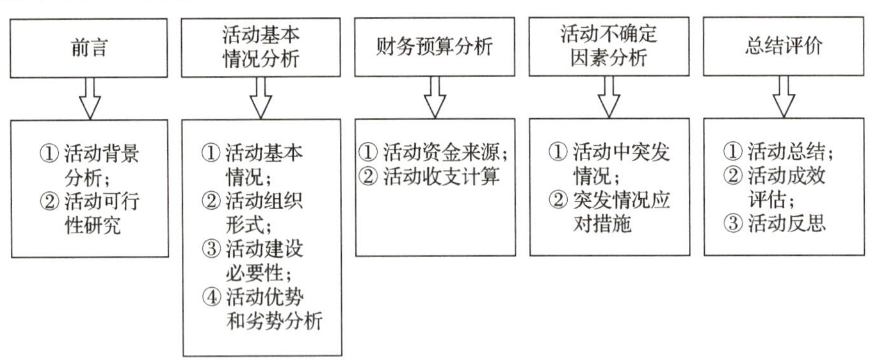

图 6-4 老年人旅游休闲活动评估报告的主要内容

五、老年人旅游休闲活动评估应注意的事项

要做好评估，需要采用适当和切合实际的方法，只有这样才能达到促进社会工作服务的效果。因此，老年人旅游休闲活动评估注意事项与项目四中老年学习类活动评估注意事项的内容相同。

任务实施

1）活动设计：以“案例导入”为依据，请各设计一份满意度调查表、活动成效评估问卷和访谈提纲。

2）活动目的：让学生学以致用，加深对老年人旅游休闲活动评估的认识。

3）活动形式：结合“相关知识”，参考问卷调查法和访谈法相关知识点，学生3～4人为一组，以小组形式进行讨论和设计。

4）活动时间：30分钟。

5）活动步骤：

步骤一，小组各设计一份满意度调查问卷（图6-5）、活动成效评估问卷（图6-6）、访谈提纲（图6-7）。

满意度调查问卷

1）对以下陈述，您有什么看法？（在合适的方框内打“✓”）

陈述	十分满意	满意	一般	不满意	很不满意
活动使我快乐					
活动使我学习到相关的知识					
活动对我今后的生活会有影响					

2）您喜欢这种活动的形式吗？（　　）

A．喜欢　　B．不喜欢

3）总体来说，你对活动的满意程度如何？（　　）

A．很满意　　B．满意　　C．一般

D．不满意　　E．很不满意

4）以后有类似活动是否还会参加？（　　）

A．会　　B．不知道　　C．不会

图6-5　满意度调查问卷样式

活动成效评估问卷

1）请在下面合适的方框内打“✓”。

陈述	十分满意	满意	一般	不满意	很不满意
这次活动达到了预期目标					
这次活动气氛好					
这次活动使老年人满意					
活动中工作人员和志愿者团结合作					
通过活动有新的收获					
通过活动对老年人有了进一步的了解					

2）参加今天的活动，我的感受：

3）今天我获得了一些新的知识或技巧：

4）对于活动的不足，我的建议：

图 6-6　活动成效评估问卷样式

访谈提纲

1）您觉得这种活动的形式怎么样？您有什么好的建议？
2）您觉得活动的内容设计怎么样？您觉得应该怎样改进？
3）就您的观察来看，与其他同类型活动相比，这次活动老年人的参与程度怎么样？
4）您对我们的活动有什么意见或建议？

图 6-7　访谈提纲样例

步骤二，各小组派一名代表进行讲解。

任务点评

组别	评价内容及分值					
	内容设计合理（20 分）	具有逻辑性（20 分）	观点明确（20 分）	具有创新性（20 分）	整体情况（20 分）	总分（100 分）
第 1 组						
第 2 组						
第 3 组						
第 4 组						
第 5 组						
第 6 组						
……						
总评价						
备注						

拓展阅读

感恩父母

感恩，永远是生活中最有温度的话题……感恩的方式有很多，而“带上父母去旅行”

现已逐渐成为喜闻乐见的方式之一。要知道，年轻时的父母也曾幻想过自由驰骋、周游世界，但他们为了照顾家庭、陪伴孩子，用那份寻找诗和远方的自由换来了生活的幸福和安定。下面是一首关于父母的诗。

他第一次微笑着抱起你时，
加拿大育空河上游的鲑鱼正跃出水面；
她在凌晨五点为你换尿布时，
西藏南迦巴瓦峰山脚下的桃花在无声盛开；
他站在校门跟你挥手道别时，
亚马孙森林的白面卷尾猴爬上了树尖；
她为你送上梦寐以求的手表时，
尼泊尔杜巴广场的鸽子漫天飞舞；
他挽着你的手踏入婚礼殿堂时，
百慕大上空的星辰正浩瀚如沙；
她抱起了你的孩子，发丝在太阳底下闪着银光时，
地中海岸边的无花果已然果香四溢
……

也许，世界不会因父母的年纪渐长而变化，但机会会随着时间的流逝而减少，而我们能把握的只有珍惜当下。所以，陪着父母来一趟说走就走的旅行吧！

拓展练习

一、单选题

1. 由于老年人有了更多可自由支配的时间，老年旅游出现（　　）特点。
   A. 假日性　　B. 非假日性　　C. 集体性　　D. 非集体性
2. 在老年人旅游休闲活动的实施过程中社工主要扮演的角色不正确的是（　　）。
   A. 旁观者　　B. 发言者　　C. 沟通者　　D. 管理者
3. 以下老年人旅游休闲活动实施流程正确的是（　　）。
   A. 需求调查及分析—资料收集—制订计划—活动实施—成效评估—建立关系
   B. 建立关系—需求调查及分析—资料收集—制订计划—活动实施—成效评估
   C. 建立关系—制订计划—需求调查及分析—资料收集—活动实施—成效评估
   D. 需求调查及分析—资料收集—活动实施—制订计划—成效评估—建立关系
4. 老年人旅游休闲活动实施前期的准备需特别注意老年人的（　　）问题。
   A. 个人兴趣　　B. 资料准备　　C. 出行安全　　D. 人员分配
5. （　　）是指对工作完成的最终成果进行评估。
   A. 结果评估　　B. 效果（效益）评估
   C. 效率评估　　D. 过程评估
6. （　　）是指运用科学的研究方法和技术，系统地评价社会工作的介入结果，总结整个介入过程，考查社会工作的介入是否有效、是否达成了预期目标的过程。

A. 评估　　B. 总结　　C. 成效　　D. 点评

二、多选题

1. 某机构社工小何想策划一次外出登山活动，她需要做的工作有（　　）。
   A. 服务对象筛选　　B. 勘察活动地点
   C. 准备活动物资　　D. 招募志愿者
   E. 人员分工
2. 策划老年人旅游活动时，我们主要从（　　）方面筛选服务对象。
   A. 身体机能　　B. 经济条件　　C. 个人喜好　　D. 自身需求
3. 面对老年人旅游休闲活动实施中的突发状况，以下处理原则的正确是（　　）。
   A. 按照活动策划流程继续实施
   B. 温和、友善、公平地对待服务对象
   C. 及时处理
   D. 临危不乱
   E. 随机应变

4. 小王组织策划了一场外出踏青的老年人旅游休闲活动，在活动实施中她处理了老年人口角矛盾，带领老年人游玩，按照策划书上的流程成功开展了活动。小王在活动中扮演（　　）角色去处理问题、开展活动。
   A. 沟通者　　B. 发言人　　C. 管理者
   D. 协调者　　E. 谈判者　　F. 咨询者
5. 老年人旅游休闲活动评估的作用包括（　　）。
   A. 监督介入工作进度
   B. 巩固改变结果
   C. 社会问责
   D. 发展社会工作知识和方法，促进专业成长
6. 老年人旅游休闲活动评估的原则包括（　　）。
   A. 客观性原则　　B. 专业性原则
   C. 系统性原则　　D. 可操作性原则

三、简答题

幸福山社区位于某市中心区，60岁以上老年人占社区总人口的20%左右。他们大部分是退休老人，有一定文化水平，经济及健康情况都不错。除少数老年人积极参与社工组织的活动外，多数老年人很少参与。

社工为了使老年人都参加到社区活动中，最近打算策划一个外出游玩活动，增加老年人之间的交流，同时培养社区老年人的主人翁意识。

1. 本案例中，社区工作的任务目标是什么？过程目标是什么？
2. 社工策划外出游玩活动时，在饮食方面需要注意的事项包括哪些？
3. 一份完整的活动策划书主要涉及哪些内容？

项目总结

年轻为家做贡献，老来得闲喜旅游。
不爱远方旅途遥，就爱近郊把歌唱。
有缘千里来相会，社工同我共出发。
活动策划很重要，保证旅途有花样。
方方面面计划全，快乐出发心情好。
休闲旅游虽快乐，出行安全最重要。
文明礼貌都带上，不为小事起争吵。
拍照游玩乐不停，身体心里都舒畅。
一同出游就是好，结交朋友可不少。
如今越活越年轻，人人见我夸我靓。
旅游让我陶情操，一天更比一天好。

项目七

老年人节假日庆典活动策划与实施

项目导读

在特定重大事件、纪念日、节假日为老年人组织和策划各种仪式、庆祝会和纪念活动，不仅有益于老年人的身心健康，丰富老年人的文化生活，而且有助于构建老年人之间的社交互助网络，促进邻里和谐和社区文化的繁荣。本项目针对老年人群体，围绕节庆主题，从类型、策划、实施与评估4个方面进行讲解。

【学习目标】

『知识目标』

1. 明确老年人节假日庆典活动的概念、特点及分类。
2. 了解老年人节假日庆典活动策划的步骤。
3. 掌握老年人节假日庆典活动策划书的撰写知识。

『技能目标』

1. 能对不同类型的老年人节假日庆典活动进行合理的策划和操作。
2. 掌握具体的老年人节假日庆典活动策划书的撰写技能。
3. 能够对老年人节假日庆典活动过程进行反思和改善。

『职业素养目标』

1. 具备爱心、耐心、细心，与老年人沟通时始终保持尊重、友善和诚恳的态度。
2. 具有团队合作精神，协调性高、管理能力强，具备较高的写作水平。
3. 具备主动、严谨、勤奋、求真、创新的学习精神。

任务一　老年人节假日庆典活动概述

案例导入

临近春节，某福利院社工通过走访发现，80%的老年人将在福利院内过春节。为了让老年人能够度过一个热闹欢乐的春节，某福利院举办了“喜迎新春”节庆活动，通过贴春联和游园会的方式，给福利院中孤独的老年人带去欢乐、送上祝福、创造美好的回忆，陪伴他们度过一个快乐的春节。本次活动既让大家感受到了春节的氛围，又增进了福利院与老年人之间的感情。

任务描述

假设你是某福利院的一名社工，由于平时院舍老年人之间交往不多，休闲娱乐活动不是很丰富，老年人活动范围仅仅限于房间、本区域内。为帮助更多老年人走出房间、融入集体，你决定借中秋节这个节日契机，适时组织一次老年人的节日活动。请根据老年人的需求和中秋节的特点，提出适合该福利院老年人的节假日庆典活动的类型和形式，并说明举办活动的意义。

相关知识

一、老年人节假日庆典活动的概念、特点及作用

1. 老年人节假日庆典活动的概念

老年人节假日庆典活动是老年工作者围绕社会环境中与老年人有关的重大事件、纪念日、节假日等举办的各种仪式、庆祝会和纪念活动，目的是增进老年人的身心健康，满足其发展需要，提高晚年生活质量。

2. 老年人节假日庆典活动的特点

老年人节假日庆典活动的特点包括以下几个。

1）主题鲜明。无论是传统节日庆祝，还是纪念活动或典礼仪式，其主题和内容都已基本确定。例如，春节是团圆聚会的主题，妇女节主要以女性为中心等。因此，活动内容要紧扣节日主题。

2）活动形式多样。例如，中秋节多以赏月、吃月饼的形式庆祝；元宵节多以赏花灯、吃元宵的形式庆祝。

3）具有时效性。每一项活动都有时间限制，都是按照预先计划的时间规程开展和进行的。可根据实际情况，规划全年的老年人节假日庆典活动。

3. 老年人节假日庆典活动的作用

随着社会的发展，人口老龄化日益加剧，“空巢”老人、残障老人、失独老人、离

退休老人等群体存在的社会问题得到了越来越多人的关注。针对老年人群体，组织策划老年人节假日庆典活动，可以鼓励老年人走出家庭，走进社会，建立社交网络；可以给老年人带来欢乐，促进老年人实现自我价值；可以丰富老年人的精神文化生活，让他们可以安度晚年。

二、老年人节假日庆典活动的主要类型

1. 传统节日活动

每一个传统节日都有它的历史渊源、美妙传说、独特情趣和深厚的群众基础。适合老年人参与的主要传统节日有春节、元宵节、清明节、端午节、中秋节、重阳节等。在开展这一类型的活动时，应结合传统节日的文化内涵和民俗习惯，针对老年人的需求设计活动。

1）春节是每年的农历正月初一，这是我国民间最隆重、最热闹的一个传统节日。习俗有扫尘、守岁、拜年、贴春联、燃爆竹等；食俗有蒸年糕、包饺子等；庆祝活动一般包括文艺表演、游园会、贴福字（春联、年画）、包饺子等。

2）元宵节是每年的农历正月十五，正月为元月，古人称夜为“宵”，而正月十五又是一年中第一个月圆之夜，所以称正月十五为元宵节，也称上元节。按中国民间的传统，在一元复始、大地回春的节日夜晚，天上明月高悬，地上彩灯万盏，人们观灯、猜灯谜、吃元宵，合家团聚，其乐融融。庆祝活动一般包括包汤圆、猜灯谜、赏花灯等。

3）清明节又叫踏青节，在仲春与暮春之交，也就是冬至后的第 108 天。清明节与端午节、春节、中秋节并称为中国四大传统节日。清明节时，人们不仅会缅怀先辈、祭祀祖先，也会出门踏青、参加各种春季户外活动。清明节的民俗丰富而有趣，除了祭祀扫墓、踏青这两项重要的活动之外，还有放风筝、插柳、禁火等习俗。庆祝活动一般包括趣味活动、踏青等。

4）端午节是每年的农历五月初五，又称端阳节、午日节、五月节。端午节一直是一个全民健身、防疫祛病、避瘟驱毒、祈求健康的民俗佳节。这一天必不可少的活动为吃粽子，赛龙舟，挂菖蒲、蒿草、艾叶，熏苍术、白芷，喝雄黄酒。庆祝活动一般包括趣味运动会、包粽子、做香包等。

5）中秋节是每年的农历八月十五，其命名来源于中国的农历，农历中一年分为四季，每季又分为孟、仲、季 3 个部分，因而中秋也称“仲秋”。中秋节的主要活动都是以“月”为主题，这一天的月亮格外晶亮、圆润，被人们看成是合家团圆的象征，因此，又被人们叫作“团圆节”。中秋之夜人们会备上各种瓜果和熟食品，特别是月饼，边吃月饼边赏月。习俗有祭月、赏月、拜月、吃月饼、赏桂花、饮桂花酒等，庆祝活动一般包括文艺表演、做月饼、做花灯、猜灯谜等。

6）重阳节是每年的农历九月初九，起源于 2000 多年前的春秋战国时期。2012 年 12 月 28 日，全国人大常委会表决通过新修改的《中华人民共和国老年人权益保障法》，明确规定每年农历九月初九为老年节，倡导全社会形成尊老、敬老、爱老、助老的风气。习俗有登高、吃重阳糕、赏菊并饮菊花酒、插茱萸和簪菊花等。重阳节是老年人的一个

重要节日，活动极为丰富，有出游赏秋、登高远眺、观赏菊花、遍插茱萸、吃重阳糕、组织敬老爱老活动等。

2. 现代节日活动

相对于传统节日，现代节日更具有实践性，是适应现代生活的需要或是在某种历史背景下形成的一些纪念日或者社会公共活动日。适合老年人参与的主要现代节日有元旦、妇女节、劳动节、母亲节、父亲节、建党节、建军节、教师节、国庆节等。在开展这一类型的活动时，应抓住节日纪念意义，针对老年人的需求设计活动。

1）元旦即每年的 1 月 1 日，又称新年，标志着新的一年的到来。元旦的庆祝活动较之春节要少得多，一般机关、企业会举行年终集体庆祝活动，但民间活动很少。

2）妇女节是每年的 3 月 8 日。在中国，中华全国妇女联合会展开“全国三八红旗手标兵”“全国三八红旗集体”等评选活动，表彰中国妇女做出的贡献。

3）劳动节是每年的 5 月 1 日，是全世界劳动人民共同拥有的节日。每年的这一天，举国欢庆，人们换上节日的盛装，兴高采烈地聚集在公园、剧院、广场，参加各种庆祝集会或文体娱乐活动，并对有突出贡献的劳动者进行表彰。

4）母亲节是每年 5 月的第二个星期日，是一个感谢母亲的节日。每到这一天，儿女们将最有意义的礼品或一束康乃馨/萱草花（西方国家将康乃馨视为“母亲花”，而中国的“母亲花”是萱草，又叫忘忧草）奉献给哺育自己的母亲。

5）父亲节是每年 6 月的第三个星期日，是一个感谢父亲的节日。节日里有各种庆祝方式，如赠送礼物、家族聚餐等。

6）建党节是每年的 7 月 1 日，是中国共产党成立纪念日。建党节的纪念活动有很多种，如爱党教育影片展播、党的历史图片展、座谈会、优秀党员评选颁奖等。

7）建军节是每年的 8 月 1 日，是中国人民解放军建军纪念日，也叫八一建军节。庆祝建军节的方式一般为书法展、影片展播、摄影展、大合唱、关爱退伍军人、讲故事等。

8）教师节。1985 年 9 月 10 日，新中国的教师们迎来了自己的第一个教师节。从此以后，庆祝每年 9 月 10 日的教师节成为人们生活中的一件大事，尊师重教成为一种美德。

9）国庆节，在我国特指中华人民共和国宣告成立的日子，每年的 10 月 1 日，是我国的国庆节。每年的国庆节，都要举行大型庆祝仪式，以增强群众的爱国意识和凝聚力。社会各界也举行大合唱、红色旅游、爱国教育影片展播、游园会等庆祝活动。

3. 纪念日活动

纪念日活动又称为私人事件，除了节假日以外，现代社会中，人们给自己设定的一些值得纪念的日子，也就是“纪念日”，这里的纪念日特指朋友、夫妻及其他人际关系之间所发生重要事情的日子，通常会将此作为彼此之间需要纪念的日子，同时也是彼此之间关系维系的关键日子。一般适合老年人的纪念日活动有结婚周年纪念活动、生日会等，在开展这一类型的活动时，更多的是要策划一些具有仪式感的活动，如周年纪念婚礼仪式、祝寿仪式等。

任务实施

1）活动设计：根据老年人的需求和中秋节的特点，设计一场中秋节活动。

2）活动目的：加深对老年人节假日庆典活动的类型的认识，提升小组的团队协调能力，学会针对老年人节假日庆典活动的类型设计活动。

3）活动形式：结合“相关知识”，参考“案例导入”，以小组为单位，提出适合该福利院老年人的节假日庆典活动的类型和形式。

4）活动时间：30 分钟。

5）活动步骤：

步骤一，小组设计中秋节活动，填写表 7-1。

表 7-1　中秋节活动设计

项目	内容
主题	
类型	
活动形式	
活动意义	

步骤二，根据设计情况，各小组派代表进行总结发言。

任务点评

评估内容（总分 100 分）	练习效果			改进措施
	自评	互评	教师评价	
知识掌握（50 分）： 说明老年人节假日庆典活动的类型；说明各个节日的风俗习惯				
操作能力（50 分）： 能正确掌握不同节日的不同风俗习惯				

拓展阅读

适合老年人的节日如表 7-2 所示。

表 7-2　适合老年人的节日大全

月份	节日
一月	元旦（1 月 1 日）、腊八节（农历腊月初八）、小年（农历腊月廿三）、除夕（农历腊月三十）、春节（农历正月初一）、元宵节（农历正月十五）
二月	情人节（2 月 14 日）、龙抬头（农历二月初二）
三月	全国爱耳日（3 月 3 日）、学雷锋纪念日（3 月 5 日）、妇女节（3 月 8 日）、植树节（3 月 12 日）
四月	清明节（4 月 4 日～6 日中的一天）、世界帕金森病日（4 月 11 日）
五月	国际劳动节（5 月 1 日）、国际护士节（5 月 12 日）、母亲节（5 月第二个星期日）、全国助残日（5 月第三个星期日）、端午节（农历五月初五）

续表

月份	节日
六月	全国爱眼日（6月6日）、父亲节（6月第三个星期日）
七月	建党节（7月1日）、七夕情人节（农历七月初七）
八月	建军节（8月1日）
九月	教师节（9月10日）、中秋节（农历八月十五）
十月	国庆节（10月1日）、全国高血压日（10月8日）、重阳节（农历九月初九）
十一月	感恩节（11月的第四个星期四）
十二月	冬至节（12月21日～23日之间）、圣诞节（12月25日）

任务二　老年人节假日庆典活动策划

案例导入

重阳节“家庭聚会日”活动策划书

1. 活动背景

某福利院是一家大型养老机构，在院休养老年人750名。随着我国进入老龄化社会，晚年进入福利院生活的老年人逐年增多，很多“空巢”老年人的儿女，因为工作忙碌和生活所困，没有时间照顾父母，就选择让老年人进入福利院安享晚年。尽管福利院设施齐全，服务体贴，但也代替不了儿女的作用，老年人在晚年生活里最期待的，还是孩子们能常去看看他们，陪他们聊聊天。重阳节即将来临，这个专属于老年人的节日，是一家团聚的美好时光，福利院社工拟开展“家庭聚会日”活动，以活动为载体，增进老年人与家人的亲密互动、交流，让老年人感受来自社会的温暖、子女的爱，安享幸福晚年生活！

2. 活动目标

孝老敬老是中华民族的传统美德。举办此次活动，一方面可以增进老年人与家人的交流与感情，构建良好的家庭亲情支持网络；另一方面可以丰富院舍老年人的生活，促进老年人的活动参与意识，增加老年人对院舍生活的归属感和认同感。

3. 活动主题

常回家看看，用关爱点亮夕阳——重阳节暨家庭聚会日活动。

4. 活动对象

该福利院全体老年人及其家属。

5. 活动时间

××××年××月××日 9:00～16:00。

6. 活动地点

该福利院活动中心。

7. 活动形式

亲子互动、文艺表演、义工服务等形式。

8. 活动内容

（1）前期准备

1）撰写计划书；审稿；确定最终方案。

2）通过发邀请卡、打电话和海报的形式，通知家属参与；收集老人心愿，制作心愿墙。

3）做好活动所需物品的筹备工作；制作横幅和宣传单；招募义工。

4）统计参与人数，确定最终活动流程。

5）组织相关工作人员开会。

6）布置活动场地和培训志愿者。

（2）活动流程

1）“让爱同在”家庭聚会和义工探访（9:00～12:00）。

家庭聚会（9:30～11:00）：由老年人家属看望老年人，陪老年人聊天。

注：在家属探访中，增加变身探访（变身为其他老年人子女进行探访，社工为家属准备简单的礼物赠予老年人），变身探访采用就近原则，选择同屋或附近的老年人。

义工探访（11:00～12:00）：由义工（少年宫 30 个家庭）探访院内 30 位孤寡老年人，并为每位老年人送上心愿礼物。其余老年人的心愿礼物由社工送出。

2）“让爱回家”文艺表演和亲子游园会（13:30～16:00）：邀请老年人及其家属在活动中心观看文艺表演和参与亲子互动游戏。

（3）活动后续工作及安排

1）活动结束后，活动负责人负责组织人员清理现场，回收活动物资和材料。

2）通信稿的撰写、宣传。

3）总结、评估。

9. 人员分工

1）总负责人：负责审核活动，协调各部门参与。

2）筹备小组：负责撰写策划书和宣传文案。

3）活动执行小组：负责活动布置、家属接待、表演设备和游戏道具的准备与使用，活动结束后清理现场，回收活动物资和材料。

4）外联小组：负责联系义工、爱心单位和媒体，以及组织义工培训。

5）采购小组：负责活动所需物品的购买。

10. 所需物品清单及预算

所需物品清单及预算，如表 7-3 所示。

表 7-3 所需物品清单及预算

项目	单价/元	数量	金额小计/元	备注
横幅/幅	70	3	210	
宣传单页/张	0.1	750	75	
活动背景板/块	1000	1	1000	
心愿 KT 板/块	200	2	400	
矿泉水/件	20	20	400	
游戏奖品/份	10	750	7500	
心愿礼品/份	10	300	3000	按老人实际需求计算
纸、笔、照相机、摄影机、音响、话筒、游戏道具、探访礼物等	福利院提供			
合计	12 585 元（心愿礼品、游戏奖品由赞助商提供，共 10 500 元，其余 2085 元由福利院承担）			

11. 预计困难及解决方案

预计困难及解决方案，如表 7-4 所示。

表 7-4 预计困难及解决方案

预计困难	解决方案
家属较少或较多	预先多做宣传，主动邀请；活动前电话通知；开展活动时，做好分流，保证人数过多时活动也能顺利开展
活动现场场面混乱	工作人员主动维持现场秩序，避免出现不必要的拥挤和意外事故的发生，确保参与的老年人的安全（各休养区设置安全员负责老年人安全）
参与的老年人在活动中出现意外	活动之前联系医院，请他们协助，安排专职人员准备急救药箱，在活动时随时待命
天气因素	如遇下雨或不良天气，把活动地点全部设置在室内
活动礼品不够	一是物资采购时，应尽量购买老年人实用、价格较低的物品，尽可能保证物资充足；二是要及时协调，加强现场控制和应变；三是活动中可以发放礼品券，代替活动礼品
工作人员协调或配合不够	在活动前成立服务小组，对主要负责人划分责任区域和事项，并依次落实相关责任，建立沟通互助机制
家属接待能力不足	接待人员和工作人员要主动向家属做好解释工作

任务描述

某社区“空巢”老人较多，老年人的社交网络比较薄弱，很少有机会参与活动，对这些“空巢”老人而言，大多不知道有母亲节、父亲节这两个节日，就是知道，也没有多少老年人在意过不过。母亲节和父亲节即将来临，社区为了让老年人度过一个欢快的节日，决定在全社区开展“感恩父母”的活动。请围绕这个主题，撰写一份活动策划书。

相关知识

一、老年人节假日庆典活动策划的主要步骤

老年人节假日庆典活动策划的主要步骤如图 7-1 所示。

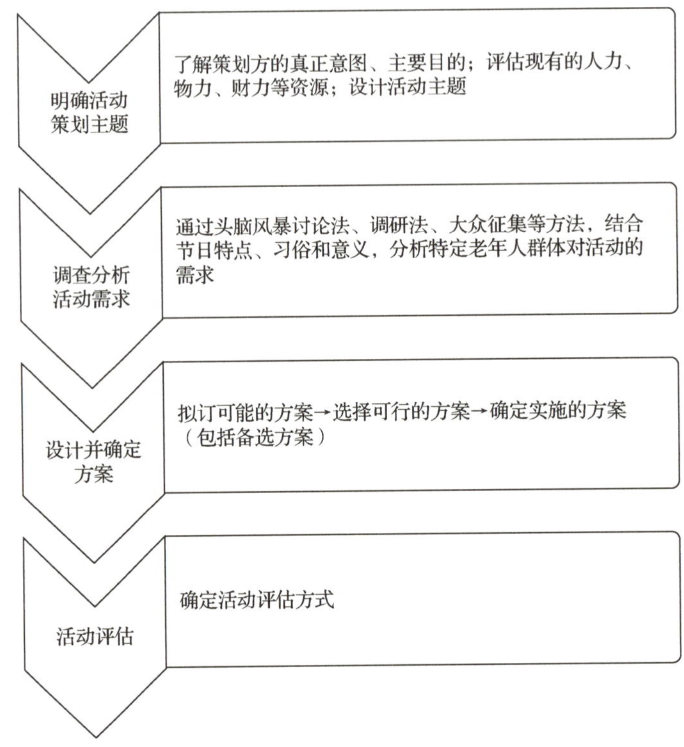

图 7-1 老年人节假日庆典活动策划的主要步骤

二、老年人节假日庆典活动策划的注意事项

老年人节假日庆典活动策划需注意以下事项。

1）首先要明确方案是针对谁制订的，谁来参加这次活动。确定活动对象以后，要先调查评估老年人是否有方案中描述的需求，是否喜欢参加这个活动，而不要先行假设老年人应该参与这个活动。

2）明确策划这次活动要解决什么问题，为什么要做这次活动，活动的目的是什么。

3）设计好活动之后，工作人员要先亲身参与，体会这个活动是否适合老年人，如不适合要修改，一定要尽可能地考虑到每个老年人的需要。

4）所组织的活动或游戏一定要简单易学，使老年人一听就懂，一学就会，不要太复杂，否则老年人会因做不到而感到沮丧。

5）活动策划要简明扼要。由于老年人群体的特殊性，老年人节假日庆典活动内容不可过多，以防老年人体力不支，活动时长最好控制在 1 小时以内。如果超过 1 小时，应给老年人安排休息时间。

三、老年人节假日庆典活动策划书的主要内容

老年人节假日庆典活动策划书的主要内容包括以下几个方面。

1）策划书名称：应简单明了、具体，如“××节假日庆典活动策划书”，如果需要冠名单位或团体，则可以考虑以正、副标题的形式出现。

2）活动背景：介绍活动的缘由，分析现状，说明此活动的重要性与必要性。

3）活动目标：活动所要达到的目的及想要解决的问题。原则上活动应积极向上，促进老年人身心健康；调动老年人的积极情绪和促进老年人自我价值的实现；建立老年人群体的社交网络；丰富老年人的文化生活等。

4）活动主题：应结合不同的重大事件、纪念日、节假日特色和老年人需求来设定。活动的主题必须十分鲜明，并能够用扼要的语言将其表达出来。

5）活动组织者：主办单位、承办单位、协办单位。

6）活动时间：主要包括活动准备时间、活动举办时间和活动评估时间。活动时间根据活动内容、参与人员、活动规模，确定半天或一天的时间安排、定期或不定期举行。

活动准备时间一般在节假日前 10～15 天，在此期间要确定活动的具体细节，包括了解服务对象的需求、策划书的撰写、人员分工和活动对象的邀请、活动物资的购买、活动场地的布置等。

活动举办时间一般不宜过长，应控制在 1～2 小时。

活动评估时间一般在节假日后 1～3 天。在此期间对举办活动进行回顾总结，对整个活动流程和效果进行分析评估，并形成书面的评估报告。

7）活动地点：开展活动的地点或区域范围。活动地点的选择应方便老年人出入和如厕，在活动举办前要预先检查每个地方是否安全，如桌椅是否牢固，道路是否有障碍物等，尽量消除安全隐患。

8）参与对象：包括老年人及工作人员。

9）活动形式：在举办活动之前，应针对不同的节假日、特定的场地、经费的多少等因素来设置活动的规模和形式。节假日庆典活动的形式多种多样，针对老年人群体，我们可以举办一些方便老年人参加和观看的活动，如歌舞晚会、游戏类、棋牌类、茶话会、座谈会、书画展等活动。

10）活动内容：具体说明活动的工作项目及内容，附活动物资表。

11）人员分工：确定活动主要负责人，做好工作人员的任务分配。人员分工应考虑个人能力、任务难易程度、人员搭配等，将活动内容细分，任务具体分配到个人。每个人都应该按时高效完成相应的任务，确保活动顺利举办。

12）活动宣传及招募：策划者应结合活动内容和活动对象的特殊性，制订合理的宣传和招募计划。宣传方式可包括口头宣传、发放宣传单、张贴宣传海报、媒体宣传等。

13）活动经费预算：活动经费是保证活动顺利进行的重要组成部分，事前应进行详细的预算，这样主办单位才能根据能力适时调整活动安排。

14）预计困难及解决方法：举办活动过程中，难免有意外情况的发生，特别是针对老年人群体的活动，更应该做好活动的应急处理工作，必要时应在活动策划阶段准备好应急预案，如活动是在室外举办，就应该准备雨天的应急预案，以防活动举办期间下雨。

15）活动评估：活动策划时，应设计评估环节，对活动的效果进行检验。

四、撰写老年人节假日庆典活动的海报和邀请函

1. 海报

海报包括以下几个方面的内容。

1）标题：位置可根据排版设计随意摆放；可用内容作为标题，如“××活动”，也可直接用“海报”二字作为标题。

2）正文：用简洁的文字写清楚活动内容、时间、地点、参与方法等。

3）结尾：内容有主办单位、承办单位等。

2. 邀请函

邀请函包括以下几个方面的内容。

1）针对单位的邀请函：由标题、称谓、正文、落款 4 部分组成。

2）针对个人的邀请函：由称谓、向被邀请人简单的问候、内容、邀请原因、活动的安排、联系人、地址、落款、日期等组成。

任务实施

1）活动设计：结合“任务描述”中的实际案例，撰写一份活动策划书。

2）活动目的：加深学生对策划老年人节假日庆典活动的认识，提升小组的团队协调能力，学会撰写老年人节假日庆典活动策划书。

3）活动形式：结合“相关知识”，参考“案例导入”，以小组为单位，对“感恩父母”活动进行策划并撰写一份活动策划书。

4）活动时间：40 分钟。

5）活动步骤：

步骤一，小组设计“感恩父母”活动，填写表 7-5。

表 7-5 “感恩父母”活动设计

项目	内容
策划书名称	
活动背景	
活动目标	
活动主题	
活动组织者	
时间/地点	
参与对象	
活动形式	
活动内容	
人员分工	
活动经费预算	
预计困难及解决方法	
活动评估	

步骤二，小组设计“感恩父母”活动海报。

步骤三，根据设计情况，各小组派代表进行总结发言。

任务点评

评估内容（总分 100 分）	练习效果			改进措施
	自评	互评	教师评价	
知识掌握（30 分）： 能说明活动策划的主要内容				
操作能力（50 分）： 能全面把握老年人节假日庆典活动策划的主要内容；学会老年人节假日庆典活动策划书的编写；能够进行前期调研；能够与组员和老师协作完成；能够针对策划内容提出建设性意见				
综合分析能力（20 分）： 策划书编写全面				

任务三　老年人节假日庆典活动实施

案例导入

某福利院有一位 104 岁的李爷爷，每天坚持锻炼身体，是一位有名的老寿星。李爷爷 105 岁的寿辰马上就到了，为表达对他深深的祝福，福利院领导和他的子女计划给李爷爷一个惊喜，为这位老寿星办一场“百岁祝寿”活动。

活动实施：

1）13:30，检查场地（安全、布置等）、设备（音响、照相机、投影仪等）、人员（领导、工作人员、志愿者、医护人员等）、物资（生日蛋糕、礼物、活动道具等）是否准备妥当。

2）13:50，寿星、家属和其他观众进场。

3）14:00，主持人宣布活动开始。

4）14:10，领导上台致辞。

5）14:20，寿星向大家进行简要的自我介绍（播放寿星照片），增进其他老年人对寿星的了解。

6）14:30，庆生环节。社工、志愿者为寿星送来生日蛋糕，同寿星一起吹蜡烛，感受生日的愉悦气氛；寿星许下自己的生日愿望，并和其他老年人分享生日蛋糕和生日的喜悦。

7）14:40，文艺表演或互动环节。依据情况，请志愿者为老年人表演节目或请老年人参与到互动游戏中。

8）14:55，送礼品。将准备的生日礼品、水果、点心、牛奶等送给老年人。

9）15:05，活动结束，与所有老年人合影留念。护送寿星回房间，组织其他老年人有序离场。

10）15:20，收拾场地，回收物资，撰写新闻稿。

任务描述

建军节即将到来，某荣军院准备为院内 50 名抗战老兵举办一次“我最敬爱的人”表彰活动。假设你是该荣军院的一名工作人员，请制订此次活动实施各阶段的工作任务。

相关知识

一、老年人节假日庆典活动实施各阶段的工作任务

实施过程是将活动由观念上的设想和纸面上的策划方案转化为具体的可视可感的活动的过程。活动的定位是否准确、策划方案是否周密、活动最终效果是否达到预定要求，都要通过组织实施来实现和反映。老年人节假日庆典活动实施各阶段的工作任务如下。

1. 准备阶段

准备阶段的工作任务主要包括根据活动策划方案进行资源的调度和内容的准备。

根据策划方案，活动负责人检查活动是否按照计划和时间有序准备时，可运用时间管理工具监测活动准备情况，如未按照计划进行，可对其进行督促和指导。在活动开始前，对有必要的项目要通过彩排、模拟演示、系统检查等手段，组织利益相关方对活动的各个环节、各方面进行全方位的检查和验收，以最后消除可能存在的障碍和问题。同时，还应有可替代的措施，确保活动正常举行。

2. 实施阶段

实施阶段的工作任务主要包括督察监控和事故处理。

1）督察监控。督察监控主要是对活动整个过程进行全方位的检查和监控，及时发现问题和潜在隐患，在必要的时候采取紧急措施予以补救，确保活动按原计划正常进行。

2）事故处理。天气恶化、突然停电、设施出现故障等不可预测的事故，是组织者不可控制的事情，这极易导致某一具体活动取消、延期、活动现场出现混乱等问题。因此，必须为所有可能发生的事故准备两套防御方案及一整套解决事故的计划，以便发生事故后迅速处理。

3. 结束阶段

结束阶段的工作任务为在参与者离开现场后，工作人员对活动现场进行妥善处理。

1）保证参与者快速、安全、有序地离开活动现场。

2）参与者离开活动现场后，所有工作人员马上到自己的工作岗位，整理现场物品。

3）所有物品经过查实后，确认各项目清理记录表。如果是贵重物品，要求清理记录填写准确、完整、规范，并要求负责人签字，妥善处理后，工作人员方可离开。

二、老年人节假日庆典活动实施的具体技巧

1. 尊重老年人的选择

在老年人参与活动时，有时需要老年人自己做出决定，这时工作人员的角色只是协助者，而真正具有决定权的是老年人自己。让老年人自我选择、自我决定，这样才能让老年人在与工作者的交流和活动中提升参与感。

2. 表达鼓励支持

工作人员要关心每一位老年人，发现一些老年人表现出冷淡的反应时，要适当地带动现场气氛，或者适时地鼓励、赞赏老年人的能力，增加老年人的信心，特别是在老年人完成了某项困难的任务时，这时的赞赏对其增加自信特别有效。此外，对于一些在活动中违反规则或干扰活动正常开展的老年人，工作人员应加以引导、规范，以保证活动的顺利进行。

3. 促进互动交流

活动应充分考虑老年人群体的意见和需求，根据老年人群体的特殊需要，适当安排活动内容，活动现场工作人员要注意与老年人的互动，适时调动现场的气氛，以保证活动成功举办。

4. 精心设计离别活动

工作人员可以拍一些活动现场的照片或与活动嘉宾的合影，把照片冲洗出来，放在镜框里，在活动结束时及时送给参与活动的老年人。如果时间不够，可以在活动结束一周内制成活动纪念手册，邮寄或亲自登门拜访送给老年人，这样会给老年人留下难忘的活动回忆。

任务实施

1）活动设计：结合“任务描述”中的实际案例，制订“我最敬爱的人”表彰活动实施各阶段的工作任务。

2）活动目的：加深学生对实施老年人节假日庆典活动的认识，提升小组的团队协调能力，掌握老年人节假日庆典活动的实施技巧。

3）活动形式：结合“相关知识”，参考“案例导入”，以小组为单位，实施“我最敬爱的人”表彰活动并制订活动实施各阶段的工作任务。

4）活动时间：40 分钟。

5）活动步骤：

步骤一，小组设计“我最敬爱的人”表彰活动，填写表 7-6。

表 7-6　“我最敬爱的人”表彰活动设计

项目	内容
准备阶段	
实施阶段	
结束阶段	

步骤二，根据设计情况，各小组派代表进行总结发言。

任务点评

评估内容（总分 100 分）	练习效果			改进措施
	自评	互评	教师评价	
知识掌握（30 分）： 能说明活动实施的主要内容				
操作能力（50 分）： 能全面把握老年人节假日庆典活动实施的主要内容；能够与组员和老师协作完成；能够针对实施内容提出建设性意见				
综合分析能力（20 分）： 全面掌握如何实施老年人节假日庆典活动				

任务四 老年人节假日庆典活动评估

案例导入

某福利院在母亲节举办了一次“感恩的心”节日主题活动，共有 180 多人参加，其中家属 60 多名，是几年来最多的一次。活动结束后，通过访问参与活动的老年人、家属和赞助商代表，以及工作人员的反馈，本次活动总体很成功，基本达到了预期目标。

任务描述

某福利院为院内十几对金婚夫妇举办了“永恒的瞬间”老年人婚纱摄影主题活动，在前期调研时，工作人员认真收集整理了老年夫妻们的需求，并以此设计活动，使活动取得了很好的效果，实现了本次活动的目标。

请你根据“老年人节假日庆典活动评估”知识，设想“永恒的瞬间”老年人婚纱摄影主题活动的内容，对活动进行评估。

相关知识

一、老年人节假日庆典活动评估的类型

老年人节假日庆典活动评估分为以下几种类型。

1）目标评估。目标评估一方面，要对照原定目标的主要指标，检查活动的实现情况，确定实际变化之处并分析变化产生的原因，判断目标的实现程度。另一方面，要在实践中检验原定决策目标的正确性、合理性，通过评估找出原定目标的不合理之处，如不明确的目标、过于理想化的目标及不切实际的目标，为下次活动目标的制定提供依据和经验。

2）过程评估。老年人节假日庆典活动的筹备和实施工作的内容比较广泛，涉及时间进度、推广宣传、现场服务、财务实施、突发状况处理等情况，过程评估应对照内容

策划对活动进行比较和分析，找出差距，分析原因。此外，活动进行中，老年人的表现也是一个重要的评估内容。

3）结果评估。活动结束后，工作人员应及时跟进，再次与老年人交流，征询意见，了解他们的感受和想法，并做好记录；在汇总反馈信息后，工作人员再开会讨论研究，进一步总结提高。

二、老年人节假日庆典活动评估的目的

老年人节假日庆典活动评估的目的包括以下几个方面。

1）通过对活动进行总结和评估，检查活动的预期目标是否达到、策划与管理是否有效，以提高活动组织者的能力和水平。

2）通过调查和分析有效的反馈信息，确定老年人参与者是否满意、活动的主要效益指标是否达标，以增强活动利益相关者的信心。

3）通过对活动的目的、实施过程、效益、作用和影响进行全面系统的分析，从正反两面总结各种经验和教训，找出成败原因，为以后的老年人节假日庆典活动策划和管理提供决策和管理依据。

4）通过编写活动评估报告，提供翔实的资料和数据给利益相关者，以提升活动形象，为塑造老年人活动品牌提供支持。

三、老年人节假日庆典活动评估的方法

老年人节假日庆典活动评估的方法包括调查法和总结法。

1）调查法：可用来获得定量的数据，也可用来获得定性的描述，通过调查、访问、谈话、问卷等方法搜集有关资料。

2）总结法：负责活动的工作人员在活动结束后，要以书面形式或口头形式总结汇报活动情况，从而对活动进行评价。

四、老年人节假日庆典活动评估的内容

1. 评估对象

1）参与活动的老年人。

2）活动组织者及所有工作人员。

3）赞助商或志愿者。

2. 评估时间

评估应选择在活动完成后立即或短期内进行，有的活动由若干个活动组成，前后持续时间长，可以分阶段对其进行评估。

3. 评估内容

（1）老年参与者评估

1）老年人对活动的参与度。

2）老年人对活动的态度。
3）老年人在活动中的互动程度。
4）老年人在活动中的能力（表现）。
（2）服务满意度评估
评估服务对象、支持方、项目执行方对活动过程与成效的满意度。
（3）活动评估
1）目标达成情况。
2）活动内容及形式适合度。
3）活动对象参与度及活动氛围。
4）宣传和招募。
5）场地及设施。
6）人员安排及资源运用情况。
7）财务报告。
8）活动中遇到的困难及处理情况。
9）建议。

任务实施

1）活动设计：结合“任务描述”中的实际案例，进行活动评估。

2）活动目的：加深学生对评估老年人节假日庆典活动的认识，提升小组的团队协调能力，学会评估老年人节假日庆典活动。

3）活动形式：结合“相关知识”，参考“案例导入”的案例，以小组为单位，对活动进行评估。

4）活动时间：40 分钟。

5）活动步骤：

步骤一，小组评估“永恒的瞬间”老年人婚纱摄影主题活动，填写表 7-7。

表 7-7 “永恒的瞬间”老年人婚纱摄影主题活动评估

项目	内容
目标达成情况	
活动内容及形式适合度	
服务对象参与度及活动氛围	
宣传和招募	
场地及设施	
人员安排及资源运用情况	
财务报告	
活动中遇到的困难及处理情况	
建议	

步骤二，根据设计情况，各小组派代表进行总结发言。

任务点评

评估内容（总分 100 分）	练习效果			改进措施
	自评	互评	教师评价	
知识掌握（30 分）： 说出活动评估的主要内容				
操作能力（50 分）： 能全面把握老年人节假日庆典活动评估的主要内容；学会老年人节假日庆典活动评估报告的编写				
综合分析能力（20 分）： 评估全面				

拓展阅读

老年人节假日庆典活动常见的风险及其应对如表 7-8 所示，人力资源风险管理预案如表 7-9 所示。

表 7-8　老年人节假日庆典活动常见的风险及其应对

确定风险的性质	测评风险的影响	管理控制	应急计划
降雨或酷热	降雨会导致室外活动无法进行；酷热会增加参与者突发疾病的风险；潜在的电气和其他设备问题	关注天气预报。场地选择室内，增加现场工作人员配置（如增加医护人员）	向参与者提供免费的雨具或饮用水及解暑药品。设立专业小组保证供电和后备技术支持
人群管理控制	场地入口较小，参与人员同时段较多出现，易出现拥挤。排队时间较长，有人插队，参与者易出现争吵、突发疾病等问题	利用活动前的通知和宣传，提出分时参与的方式	现场设置调解员，调解参与者间出现的矛盾；设置疏导员、标志和群集控制围栏，防止出现拥堵；设置休息区，供参与者休息
工作人员管理	不合理的人员分工、培训，会影响服务水准和参与者满意度，影响活动项目的氛围	合理分工，优化培训。为组织者提供培训和支持材料	邀请专业人士提供服务（有偿）

表 7-9　老年人节假日庆典活动人力资源风险管理预案

风险确认	可能性	后果	风险水平	预防	应对策略
执行者管理不善或领导无方	可能	严重	极高	澄清目的与目标 对会议和行动进行档案记录	督导 减压
无法找到有特殊技能的关键员工	可能	中等	高	招募志愿者	有偿服务
核心员工在活动前辞职或生病	常有	严重	极高	活动进程保留记录 团队合作 指定副手	预定计划
志愿者与员工的摩擦	常有	中等	极高	对志愿者的奖励 感谢支持	建立调换团队
员工的误操作导致负面影响	很少	中等	高	操作规范 员工培训	减压 反思

拓展练习

一、单选题

1. 以下属于纪念日活动的是（　　）。

A. 植树节　B. 元宵节　C. 建军节　D. 百岁寿宴

2. 活动准备时间一般在节日前（　　）天。

A. 5　B. 10～15　C. 7　D. 30

3. 老年人节假日庆典活动实施的结束阶段首先要（　　）。

A. 保证老年人有序离开　B. 清理物资

C. 清理贵重物品　D. 打扫现场

4. 活动中增强老年人信心，最佳的方法是（　　）。

A. 促进互动交流　B. 尊重接纳

C. 不批判　D. 鼓励支持

5. 目标评估包括（　　）。

A. 对活动目标的检验　B. 收集活动对象的反馈

C. 对活动场地的评估　D. 对突发状况的分析

6. 过程评估包括（　　）。

A. 对活动目标的检验　B. 收集活动对象的反馈

C. 活动对象的表现　D. 工作人员的反馈

二、多选题

1. 以下属于春节习俗的是（　　）。

A. 贴春联　B. 包饺子　C. 吃月饼

D. 踏青　E. 扫尘

2. 老年人节假日庆典活动的宣传方式包括（　　）。

A. 口头宣传　B. 发放宣传单　C. 张贴宣传栏

D. 媒体宣传　E. 网络宣传

3. 策划人员分工时，需要考虑的方面包括（　　）。

A. 个人能力　B. 任务难易程度　C. 人员搭配

D. 随意安排　E. 个人表现

4. 老年人节假日庆典活动实施阶段的主要工作任务包括（　　）。

A. 工作人员分工　B. 督察监控　C. 事故处理

D. 垃圾处理　E. 回收物资

5. 以下需要通过组织实施来实现和反映的是（　　）。

A. 活动的定位是否准确　B. 活动最终效果是否达到预定要求

C. 策划方案是否周密　D. 以上均是

6. 老年人参与者评估的内容包括（　　）。
   A. 老年人对活动的参与度　　B. 老年人在活动中的互动程度
   C. 老年人在活动中的能力（表现）　　D. 老年人对活动的态度

三、简答题

1. 老年人节假日庆典活动方案设计的注意事项是什么？
2. 老年人节假日庆典活动实施结束阶段的主要任务是什么？
3. 老年人节假日庆典活动目标评估的主要作用是什么？

项目总结

节日庆典欢乐多，传承文化为纪念。
推陈出新仪式感，庆典更有时代感。
老年活动易欢乐，主题鲜明样式多。
老年生活添情趣，更加充实活力多。

项目八

老年人康乐活动策划与实施

项目导读

当今社会，人口老龄化已经成为社会大众所关注的问题，老年人的生理、心理等方面都在逐渐衰退，但是随着物质生活水平的逐渐提高和医疗条件的普遍改善，老年人预期寿命在延长。随着核心家庭和双职工家庭的增多，快速的生活节奏和竞争压力使子女很难抽出更多的时间陪伴老年人。对于老年人来讲，如何保证其退休留守在家后的生活，这是各国老年工作者正在思考的问题。所以，鼓励老年人进行自我调适、积极投身社会生活、积极参与社会活动，而不是独处一隅，就显得十分重要。老年人康乐活动正是根据老年人的现实情况积极回应当下的问题，积极应对社区老龄化，促进老年人的身心健康，丰富老年人文体娱乐生活，提高老年人生活质量，提升老年人幸福指数，促进社会文明和谐。不论是年轻还是年老，人们都有不同的个性和生活方式，而个性在适应衰老时起着重要的作用。老年人康乐活动就是在老年人的物质生活需求获得满足后，针对老年人的心理、生理的需要，通过多种形式、多种渠道开展的活动，以促进老年人身体健康，提高老年人生活质量，使其真正实现“老有所乐”的晚年幸福生活。

【学习目标】

『知识目标』

1. 了解老年人康乐活动的类型。
2. 掌握老年人康乐活动的策划方式。
3. 掌握老年人康乐活动的实施步骤。
4. 掌握老年人康乐活动的评估方法。

『技能目标』

1. 能够针对不同类型的老年人康乐活动，带动活动氛围。
2. 学会针对不同老年人采用不同的沟通交流技巧。
3. 掌握老年人康乐活动的评估方法和步骤。
4. 能够灵活掌握老年人康乐活动策划的整体流程。

『职业素养目标』

1. 掌握老年人康乐活动中服务实施的带领技巧。
2. 认识到老年人康乐活动的重要性，有技巧、有方法地与老年人群体进行沟通与交流。

任务一 老年人康乐活动概述

案例导入

某社区一位老年人对社工这样说：“不知道你们年轻人有没有和我一样的感受，现在的农村和以前的农村已经越来越不一样了。在我小的时候，家里非常的穷，逢年过节才吃得到一次肉。现在不一样了，国家政策越来越好，人民的生活也越来越好，吃肉已是常事，但是却感受不到过年过节的气氛了。”

任务描述

针对农村地域分布较广、交通不便等客观因素，整合可以利用的资源，设计一场关于传统节日的大型主题活动，让村里的老年人都能够参与进来，让他们感受到浓浓的传统节日的氛围。请你针对农村的特点确定活动的类型。

相关知识

一、老年人康乐活动的概念

康乐活动所包含的内容很多，但有人对“康乐”含义的理解局限在字面上，认为康乐活动只是茶余饭后的一般消遣，仅仅包括康体活动和娱乐活动。这种认识是不够全面的，也是不够具体的。本书的老年人康乐活动，是指在老年人的物质生活需求获得满足后，针对老年人的心理、生理的需要，以促进其身体健康和提升其晚年生活质量为目的而开展的活动。

二、开展老年人康乐活动的原则

1. 自愿原则

自愿，顾名思义就是自己愿意而不受人强迫。针对老年人群体来讲，积极参与老年人康乐活动不论是在身体健康上，还是在心理健康上，都能起到一定的积极作用。但是，从社会工作专业价值观来讲，尊重、认同服务对象的意愿是开展社会工作的基础。所以，老年人康乐活动的开展，一定要遵循自愿原则。

2. 恰当原则

何为恰当，这个词从广义上来讲，叫合适、正好，但在本书中，是指恰好适合。老年人康乐活动针对的群体为老年人，所以，在组织设计的过程中，一定要符合实际、切合服务对象本身，这样才能达到活动开展的目的。

3. 个别化原则

每个个体都是独立存在的，社工不能凌驾于任何人之上，要相信每个人都有无限潜力，这样才能真正找到适合服务对象的活动内容、服务方式、开展进度，创造无限可能。

三、老年人康乐活动的类型

老年人康乐活动依据活动的功能、活动的形式、活动的人群有不同的分类方式。

1. 按活动的功能分类

按活动的功能，老年人康乐活动可分为以下几种类型。

（1）娱乐型老年人康乐活动

针对老年人的康乐活动，主要以娱乐、锻炼为主，不能有任何营利性质，活动的实施纯粹、简单，没有任何功利性，这样不仅有利于老年人的身心健康，更有利于活动的开展。娱乐型老年人康乐活动包括下棋、跑步、做操等，这些活动不仅起到了娱乐的作用，而且起到了锻炼身体的作用。

（2）学习型老年人康乐活动

学习是一个很广泛的词汇，人们常说："活到老，学到老。"老年人也需要不断学习。学习的渠道范围很广，如上老年大学或者各类老年辅导班等。此处描述的学习型老年人康乐活动，是指如手工学习、歌唱、书法教授等类型的活动，通过活动，大家可以相互学习、相互教授，从而充实老年生活，使其变得更加多姿多彩。

（3）发展型老年人康乐活动

发展，顾名思义就是发生、扩展。发展型老年人康乐活动主要作用于老年人的意识层面，老年人通过参与活动来获得一定的处理问题、解决问题的能力。在这个过程中，从老年人自身来讲，其不仅获得了成长，而且能更好地适应周围的环境，使自己的某个方面得到发展。

（4）治疗型老年人康乐活动

治疗型老年人康乐活动，是针对老年人的某些问题而开展的。治疗型老年人康乐活动多数以小组的形式出现，不仅在活动内容上有特别的要求，而且在人数上也有一定的控制，活动人数最好控制在 6～8 人，人数过多不利于达到解决问题的目的。在活动内容、形式、参与人员的选取上，也一定要注意选取适中，不仅要有明确的主题，而且要突出问题的本质，如此才能对老年人在认知和行为上存在的问题进行矫正、治疗。

2. 按活动的形式分类

按活动的形式，老年人康乐活动可分为以下几种类型。

（1）社区型老年人康乐活动

社区型老年人康乐活动的活动规模相对来讲可以大一些，参与人数也可以多一些，但也要在可控范围之内。因为活动不仅要确保老年人的安全，而且要确保老年人都能参与其中。而对于社区型老年人康乐活动来说，活动的受众群体是老年人，所以活动内容不仅仅要适合老年人，更要有趣，能吸引老年人参与。现在的社会，大多数人不仅处于亚健康的状态，还缺乏医疗知识和医学常识，特别是老年人。在此情况下，可以针对老年人的身心健康设计开展一些社区义诊活动、健康体检活动、健康知识普及活动等，从而提高老年人的防病治病意识。

（2）小组型老年人康乐活动

小组型老年人康乐活动的活动规模比社区型老年人康乐活动要小很多，最主要的是参与人数有明确的规定，一般人数限制在 6～12 人。因为小组型老年人康乐活动所关注的目标很细化，所以对于人员的选取有明确的规定。

3. 按活动的人群分类

按活动的人群，老年人康乐活动可分为以下几种类型。

（1）高龄型老年人康乐活动

高龄型老年人康乐活动主要针对年龄在 75 周岁以上的老年人。这类老年人的主要特点是年老体弱、手脚不便、耳聋眼花等，所以选择康乐活动的局限性相对比较大，除了安全方面的考虑之外，更重要的是选择合适的活动内容。所以，针对高龄型老年人群体，开展的康乐活动大多以小组型的、语言型的活动为宜，如交流、茶话、集体生日等。

（2）中高龄型老年人康乐活动

中高龄型老年人康乐活动主要针对年龄在 65～75 周岁的老年人。这类老年人的主要特点为活动能力尚可，无肢体功能障碍，有相对比较强的组织、学习能力。针对中高龄老年人群体开展康乐活动，可以比高龄型老年人康乐活动的运动量稍大，活动范围和活动人群也可以更广泛，除了高龄老年人适合的活动之外，还可以设计一些如慢跑、小型游戏等活动形式。

（3）低龄型老年人康乐活动

低龄型老年人康乐活动主要针对年龄在 65 周岁以下的老年人。这类老年人脑力、体力、精力都相对充沛，所以除一些需要强体力的活动之外都可以设计，但前提是要保证安全。

不同年龄段老年人适合参与的活动的特点如表 8-1 所示。

表 8-1　不同年龄段老年人适合参与的活动的特点

人群	年龄段	活动特点
高龄	75 周岁以上	① 活动几乎不要存在有运动量的游戏； ② 言语性的交谈居多； ③ 声音尽量洪亮、清晰； ④ 参与人员不宜过多，一般为小组型老年康乐活动
中高龄	65～75 周岁	① 活动可以有少量的有运动量的游戏； ② 活动范围可以适量放大； ③ 声音洪亮、清晰； ④ 参与人员可以适当增多，中小型的社区活动、小组活动都可
低龄	65 周岁以下	① 运动量较多的游戏型、学习型、发展型老年人康乐活动； ② 可以多引导、鼓励，发掘积极分子； ③ 参与人员可以扩大，但要可控

四、老年人康乐活动的特点

老年人康乐活动的特点如图 8-1 所示。

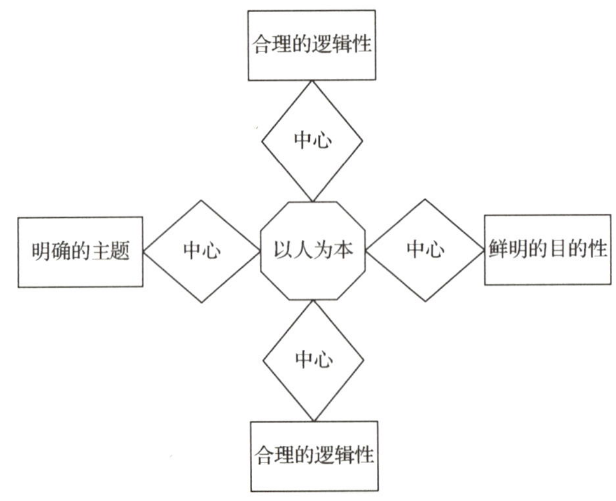

图 8-1　老年人康乐活动的特点

1. 具有以人为本的中心

以人为本要求老年人康乐活动的开展从老年人的实际出发、从老年人的需求出发、从老年人的想法出发。以人为本的特点重在回应需求，强调的是对人性的理解，真正从尊重人、关心人出发。以人为本，是在一切活动过程中关注每个人的不同需求。老年人有健康问题、经济问题、家庭问题、休闲娱乐问题、居家安全问题等，所以针对不同问题开展不同类型的活动，正是以人为本的中心的体现。

2. 具有明确的主题

主题的确定，关系到整个活动的脉络。主题明确后，便可以聚焦整个活动的中心，从问题着手，确定活动类型。活动的设计要紧紧围绕主题，针对老年人的实际情况，设计多种多样的活动，使活动丰富多彩。

3. 具有鲜明的目的性

开展活动要有明确的目的，只有先确定好目的，才能从实际出发，有针对性地设计和开展活动。例如，针对老年人的治疗型康乐活动，其目的是帮助老年人矫正和治疗自身存在的一些认知和行为上的问题，针对这一目的对活动内容进行设计，更有利于活动目的的达成。

4. 具有合理的逻辑性

开展何种类型的活动？需要回应何种问题？为何要开展此类活动？用何种形式开展？达到何种效果？开展活动时，如果不能有效解释这些逻辑关系，很有可能会无法在活动策划和实施的过程中，以及人员的招募上理出头绪，更不能有效地达到活动目的。如果是这样，活动的开展便毫无意义，不仅浪费很多资源，而且无法引起老年人的兴趣，久而久之，便会引起老年人的厌倦。

五、开展老年人康乐活动需注意的问题

1. 深入了解老年人康乐活动需要回应的问题

深入了解老年人群体的各类问题，找准问题的核心，并对其进行具体分析，从而选择合适的老年人康乐活动，这样才能真正有效地回应老年人群体的各类问题。

2. 掌握老年人康乐活动需要达到的效果

一个活动的开展，最后都需要有产出，即实施成效。开展老年人康乐活动，只有掌握了活动需要达成的效果，有目的地开展活动，才能使活动具有意义。

3. 为策划和实施老年人康乐活动进行有效规划

做任何一件事，都要有所规划，都要有步骤、有规划地进行。开展老年人康乐活动更是如此，需要根据服务对象的需求、活动的目的等对活动进行有效规划，按步骤实施，以保证活动顺利进行。

任务实施

1）活动设计：传统节日到来时为农村老年人策划老年人康乐活动。
2）活动目的：丰富老年生活，增强节日氛围，共创和谐美好村落。
3）活动形式：确定几种适合农村老年人的关于节日的康乐活动的类型。
4）活动步骤：将活动设计的类型填入表 8-2 中。

表 8-2　活动设计的类型

项目	内容
类型一	
类型二	
类型三	
类型四	
类型五	
……	

任务点评

组别	评价内容及分值					
	内容设计合理（20 分）	主题明确（20 分）	合理性提问（20 分）	品牌价值（20 分）	整体情况（20 分）	总分（100 分）
第 1 组						
第 2 组						
第 3 组						
第 4 组						
第 5 组						
第 6 组						
……						
总评价						
备注						

任务二　老年人康乐活动策划

案例导入

社工："张婆婆，您今天又来打麻将了呀？"

服务对象："对呀，没事干，就只有来打麻将了。"

社工："对，我就是经常在麻将馆看到您，您一天空闲时间还是很多的吧？"

服务对象："哪里嘛，上午下地干活了，下午有点时间，又不知道做什么。你也晓得，我们农村老年人，识字也不多，再说一天睡觉也少，又不会其他的，就来打打麻将打发时间，不然能做什么呢？"

任务描述

针对农村老年人群体的现状，根据农村老年人群体的实际需求，确定活动的主题，找准活动的内容，为农村老年人群体策划一次手工工艺学习的小组活动。

1）明确小组活动主题：手工公益创收小组。

2）明确小组活动目标：提升手工技能，增加创收，丰富娱乐文化生活。

3）确定小组活动类型：发展型小组活动。

4）策划小组活动方案：根据活动方案填写表 8-3。

表 8-3　活动方案设计

小组名称			小组类型	
小组规模			工作人员	
服务对象			服务次数	
服务目标				
服务内容	时间	内容		
经费预算				

相关知识

一、老年人康乐活动策划的流程

老年人康乐活动策划的流程如图 8-2 所示。

1）内容上。第一，活动内容必须首先明确活动对象，即老年人；第二，活动内容必须具有鲜明的目的，并据此确定服务类型；第三，活动内容必须具备康乐性质，使参与者能够真正从活动中感受到活动本身的意义。

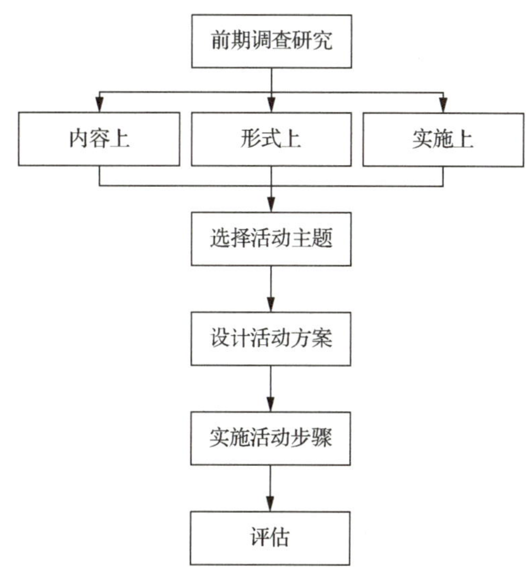

图 8-2 老年康乐活动策划的流程

2）形式上。第一，活动形式必须要具体可行。老年人康乐活动策划，从字面意思理解，就自带几个限定条件：老年人、康乐、活动。所以整个活动的策划，必须要保证整个活动具体可实施，而不是停留在文案的策划上，并且在操作中能够有效切合老年人康乐活动的意义。第二，活动形式必须要符合实际。老年人康乐活动的服务对象为老年人，所以在策划活动内容时，一定要符合老年人服务对象参与活动的实际情况，在策划的过程中要从多方面考虑，从而确保活动的顺利进行。第三，活动形式必须要保证安全、可靠。老年人康乐活动因参与人员的限制，所以在活动策划中一定要考虑多方面因素，选择合适的活动形式，避免不确定性和风险性事件的发生。在策划中，一定要针对性地从多方面进行预估，提前做好应对措施。

3）实施上。第一，活动实施必须随时根据实际情况进行有效调整。活动的策划，不仅要内容具体，而且要确保实施的进度。活动实施过程中随时都可能发生突发状况，所以在策划时，一定要使活动更具灵活性。第二，活动实施必须能够有效控制。为了能够最大限度地对老年人康乐活动的实施过程进行把控，在活动策划的前期就应做好充分准备，具体包括活动参与者的类型、活动地点、活动时间、天气因素、人员状况等，从而使活动能够有效开展。

二、老年人康乐活动策划的作用

任何一种活动都是社会发展到一定阶段的产物，现在不论是商业性、文化性、娱乐性的活动都要适应社会的发展，而社会的发展又离不开人的发展。当下社会，老年人群体作为一个不容忽视的群体，越来越引起社会的重视。老年人康乐活动策划对老年人的生理、心理等都起到了一定的社会作用，具体可以概括为以下几点。

1. 老年人康乐活动策划对于活动实施的作用

活动策划是活动实施的前期准备，也是活动的首要基础。老年人康乐活动策划是在了解和掌握服务对象的基本情况下，针对其具体问题，确定活动的类型、主题及实施策略，进而达成活动目的。所以，一个好的活动策划对于整个活动的实施具有“保驾护航”的作用。

2. 老年人康乐活动策划对于服务对象的作用

老年人康乐活动首先针对的是老年人，而活动策划首先需要找准的就是老年人的需求是什么，需要满足什么问题？需要达成什么目标？最后呈现怎样的效果？所以，有效的活动策划可以在活动实施过程中最大限度地满足服务对象的需求，从而提高服务对象参与活动的积极性，以及活动目标的达成性。

3. 老年人康乐活动策划对于社会文化的作用

老年人群体是社会重点关注的群体。所以，我们在策划老年人康乐活动的时候，不能仅仅以娱乐为目的，更多的是对社会整体的发展、和谐、团结的促进，使活动不仅能够有效提升和培育老年人群体的情操和情感，还能弘扬和凝聚民族精神、促进社会文化的传播。

三、老年人康乐活动策划的原则

老年人康乐活动策划的原则包括以下几个方面。

1. 规范性原则

没有策划，就没有步骤。如果要开展一场服务活动，光靠说是不行的，还要在开展的过程中明确主题、确定类型、策划流程及制定活动规则等，这就是服务活动的活动策划。这样才能有理有据地实施，从而规范整个活动过程。

2. 可操作性原则

老年人康乐活动策划不能是空洞的、无内容的，它是否能够有效地实施开展，取决于它是否找准定位、是否具有实施的必要；活动的策划不能光靠理论支撑，还要有明确的实施步骤，所以有效的活动策划，能够比较全面地、详细地为活动的实施提供方便。

3. 逻辑性原则

逻辑在百度百科里面的解释是有效的规范和准则。此处的逻辑是指，一场服务活动的开展的理论支撑、活动目标、活动步骤、活动成效，都要找准一个中心点，从中心点出发，最后完成目标，当策划确定之后，按照这个逻辑顺序进入活动的实施阶段。

四、老年人康乐活动策划的特点

1. 老年人康乐活动策划具有鲜明的针对性

老年人康乐活动策划必须是针对老年人，从老年人的年龄、身体状况、心理状况等各个方面出发，策划出适合老年人的相关活动内容。这个活动内容，也要围绕老年人康乐这个主要中心进行。

2. 老年人康乐活动策划具有明确的主题性

明确的主题性是老年人康乐活动策划的突出特点。找准老年人康乐活动的主题，才能根据主题进行后面的内容策划，没有明确的主题只会让整个活动策划缺乏方向性和目的性，从而导致活动失去应有的价值。明确活动的主题，是活动策划成功的重要前提。

3. 老年人康乐活动策划具有一定的限制性

老年人康乐活动策划的限制性表现在对参与人员的限定。参与人员可以有很多种划分方法，可以分为老年人、中年人、青年人、儿童；也可以分为男性、女性；还可以分为老年人、妇女、儿童。老年人康乐活动仅限于老年人这个群体，所以在策划活动的时候，一定要抓住这个中心，围绕这个中心进行活动的具体策划。

五、老年人康乐活动策划的设计方法和技巧

1. 明确主题

要想确定老年人康乐活动的主题，首先要找准老年人康乐活动的类型，针对老年人康乐活动的类型，找准老年人群体的实际需求，以需求为导向，明确主题。

2. 制定目标

任何活动的开展都是为了达成一定的目标，老年人康乐活动尤其如此。进行活动策划时首先要分析问题，然后针对问题进行目标的确定，这样在活动的实施过程中才能有明确的方向。

3. 确定内容

活动策划最主要的就是对活动内容的策划，而在一份完整的策划中，活动内容需要包括具体的时间、地点、人物、事件、结果。活动内容中的事件又包含五大板块，即游戏板块、内容板块、互动板块、发言板块、总结板块。

4. 策划预算

活动的开展离不开物资的消耗，所以在活动策划中要确定好活动所需物资，提前准备，这样活动的实施才能有条不紊地进行。

六、老年人康乐活动的基本流程

老年人康乐活动策划需要有计划、有步骤地进行，所以在活动策划中，不能忽视任何一个环节，如果我们在策划活动时，忽略了某些环节，很可能会直接影响到活动实施的成效，当初辛苦设计的活动不仅达不到目的，还会影响服务对象参与的积极性。所以，一个完整的、合理的、科学的活动流程是活动策划的重要内容，只有确定了活动流程才能确定活动实施的先后步骤、进行合理的资源分配，否则，只会浪费时间、浪费资源。

一般来讲，老年人康乐活动从策划到实施可以分为 8 个步骤（图 8-3）：发现问题、收集资料、分析问题、选择类型、设定目标、撰写内容、编制预算、确定评估。

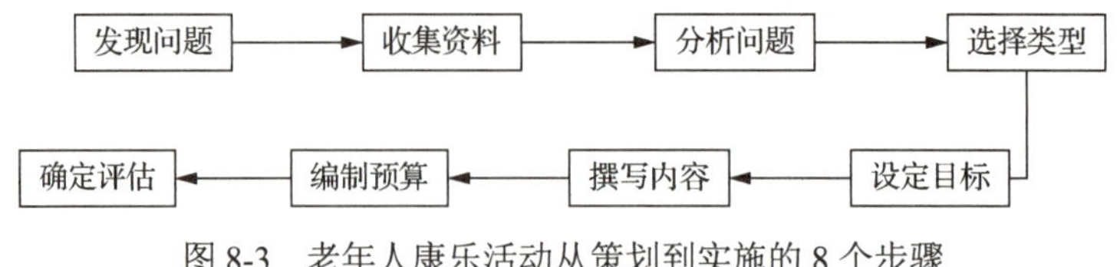

图 8-3　老年人康乐活动从策划到实施的 8 个步骤

七、老年人康乐活动游戏策划

1. 游戏选取的原则

游戏选取的原则如图 8-4 所示。

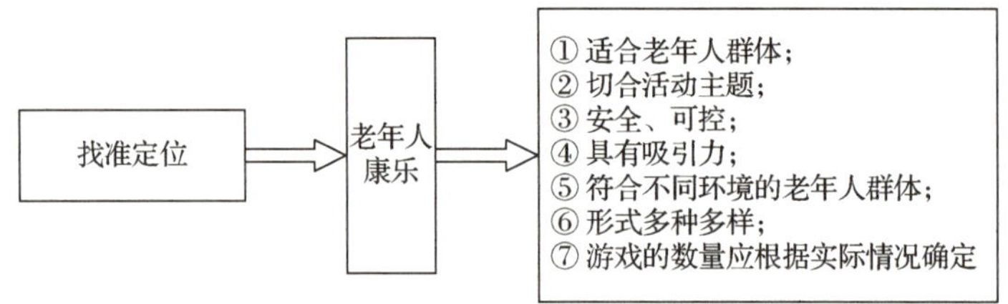

图 8-4　游戏选取的原则

老年人康乐活动游戏策划，首先，要根据老年人的特性进行确定游戏，游戏不仅要安全、可控，还要具有娱乐性，这样才能吸引老年人积极参与；其次，游戏要切合活动主题，以促进活动目标的实现；再次，要考虑到老年人在地域、文化水平、生活环境等方面的差异，选取适合的游戏类型；最后，游戏形式要多种多样，避免单一，游戏的数量可根据实际情况进行确定。

2. 游戏的类型

（1）益智类

益智类游戏可以锻炼大脑，对预防阿尔茨海默病有好处。益智类的游戏包括拼图、下棋、绘画、书法、积木等。

（2）娱乐类

娱乐类游戏不仅能丰富老年人的文化生活，还能陶冶老年人的情操，为枯燥的生活增添色彩。对于老年人群体来讲，因身体的限制，不能进行剧烈的运动，所以很少参加娱乐活动，因此，为了丰富老年人的日常生活，在老年人康乐活动中可以相对多地设计一些娱乐类的游戏，如唱歌、跳舞、文艺欣赏等。

（3）运动类

运动类游戏对老年人来讲有很多限制因素，包括生理、心理等各方面的因素。所以运动类的游戏应尽量运动量小、范围小、人群少，以保证老年人的安全为主。运动类游戏可以是慢走，也可以是打太极、养生操，还可以是打乒乓球等，总之一句话，一定要适合老年人群体，确保老年人的安全。

任务实施

1）活动设计：为农村老年人群体撰写一份关于老年人康乐活动之“手工工艺学习”的小组活动策划。

2）活动形式：结合“相关知识”，参考“案例导入”，以 6～10 人为服务人群，撰写一份活动策划。

3）活动节数：6 节。

4）活动目的：学习制作杯垫。

5）策划内容：按要求填写表 8-4。

表 8-4　策划内容

项目		
活动节数		
活动主题		
活动目标		
活动时间		
活动地点		
活动人员		
活动内容		
活动预算		

任务点评

组别	评价内容及分值					
	内容设计合理（20 分）	主题明确（20 分）	合理性提问（20 分）	品牌价值（20 分）	整体情况（20 分）	总分（100 分）
第 1 组						
第 2 组						
第 3 组						
第 4 组						
第 5 组						
第 6 组						
……						
总评价						
备注						

任务三 老年人康乐活动实施

案例导入

某养老机构老年人康乐小组活动实施流程

确定小组主题：老年健身操康乐小组。

确定小组目标：通过参与小组活动，调动老年人交流和分享的积极性，锻炼身体，使老年人体会到老有所学、老有所乐，发挥他们的潜能，充分体现长寿且活得精彩的宗旨。

具体的活动方案及程序如下。

1）甄选服务对象：根据本小组活动有运动环节的特点，工作人员筛选了8位具有活动能力并且有意愿通过参加此小组活动获得收获的老年人作为组员。活动计划如表8-5所示。

表8-5 活动计划

<table>
<tr><td>小组名称</td><td colspan="2">我的健康我做主</td><td>小组类型</td><td>支持小组</td></tr>
<tr><td>小组规模</td><td colspan="2">6～10人</td><td>工作人员</td><td>小朱、小赵</td></tr>
<tr><td>服务对象</td><td colspan="2">××村所有老年人</td><td>服务次数</td><td>4次</td></tr>
<tr><td>目标</td><td colspan="4">① 通过参与小组活动，调动老年人交流和分享的积极性，从而帮助他们建立更好的邻里关系；
② 通过带动老年人学习健身操，使老年人体会到老有所学、老有所乐，发挥他们的潜能，充分体现长寿且活得精彩的宗旨</td></tr>
<tr><td>招募计划</td><td colspan="4">① 亲自向老年人发出邀请；
② 请村委会的工作人员协助宣传；
③ 在村委会院内张贴宣传海报</td></tr>
<tr><td>需要的资源</td><td colspan="4">电脑、桌子、椅子、瓶子</td></tr>
<tr><td rowspan="5">小组时间表</td><td>时间</td><td colspan="3">内容</td></tr>
<tr><td>9.6</td><td colspan="3">健身操：头部操、面部操、清醒操</td></tr>
<tr><td>9.13</td><td colspan="3">健身操：手腕操、电话操、推车操</td></tr>
<tr><td>9.20</td><td colspan="3">健身操：膝部操、腿部操、脚底操</td></tr>
<tr><td>9.27</td><td colspan="3">健身操：腹部操、支撑操、全身操</td></tr>
<tr><td rowspan="7">经费预算</td><td>内容</td><td>数量</td><td>单价/元</td><td>总价/元</td></tr>
<tr><td>矿泉水</td><td>2件</td><td>35</td><td>70</td></tr>
<tr><td>水果</td><td>4斤</td><td>10</td><td>40</td></tr>
<tr><td>桌子</td><td>2张</td><td>0</td><td>0</td></tr>
<tr><td>椅子</td><td>6把</td><td>0</td><td>0</td></tr>
<tr><td>瓶子</td><td>10个</td><td>0</td><td>0</td></tr>
<tr><td>合计/元</td><td colspan="3">110</td></tr>
<tr><td>预计会出现的困难及解决方案</td><td colspan="4">困难：
① 人员招募不足；
② 活动过程中老年人的不配合、不积极；
③ 老年人的安全问题。
解决方案：
① 前期的招募工作要加大宣传；
② 在活动中要与老年人多沟通，多引导和鼓励；
③ 在整个过程中要密切注意老年人的安全，若发生安全事故，及时处理和送医</td></tr>
</table>

2）实施活动计划：工作人员按照活动计划执行活动。

3）总结评估：小组成员的自我评估；小组成员对小组活动的满意度评估；工作人员的自我评估；督导评估。

任务描述

假设你是一名养老机构的社工，机构安排你组织一个老年人康乐小组活动。活动实施是你工作中很重要的一部分，为了更好地完成工作，请你根据你所了解的“老年人康乐活动的实施”知识，对该活动进行设计执行。

相关知识

一、老年人康乐活动实施概述

1. 老年人康乐活动实施的概念

实施是指用实际行动去落实施行，老年人康乐活动的实施是指根据老年人康乐活动策划，执行者运用所具备的人力、财力、物力将策划付诸实际的过程。

2. 老年人康乐活动实施的作用

（1）帮助老年人保持良好的情绪

良好的情绪有利于身体健康。中医学中把情绪归结为七情：喜、怒、忧、思、悲、恐、惊，怒伤肝，思伤脾，忧伤肺，恐伤肾，可见人的情绪对身体健康有着极大的影响。老年人康乐活动，对老年人的心情、身体都有一定的调节作用，可以帮助老年人保持良好的情绪。

（2）有助于老年人活跃大脑

对于老年人来讲，大脑反应越来越迟缓，参加老年人康乐活动有助于老年人锻炼脑力、活跃思维。在老年人康乐活动实施过程中，无论是做游戏还是回答问题，都能促使老年人进行思考，从而达到强化思维、活跃大脑的目的。

（3）适当的体力活动，促进老年人身体健康

适当的运动对身体健康有很好的促进作用。通过参加老年人康乐活动，老年人可以跟随活动进行适当的体育锻炼，既可以愉悦身心、促进健康，又可以结交朋友、学习知识，对于老年人来说益处良多。

3. 老年人康乐活动实施的基本原则

（1）个案老年人康乐活动实施原则

个案老年人康乐活动主要是针对一些不太喜欢参加集体活动或活动能力有限的老年人，以语言或简单的活动形式开展的活动。这部分老年人群体存在着与其他群体不同的生理特点和心理特点，因此在活动实施时要遵循以下原则。

1）尊敬并接受老年人。社工要学会用优势视角看待老年人，相信老年人也是具有潜能的，不要对老年人抱有排斥和歧视的态度，觉得他们老朽、昏庸、无能，只能消极

地适应生活，如果以这种态度对待老年人，是无法从事老年人工作的。只有发自内心地尊敬和接纳老年人，才有可能真正帮助老年人改善生存环境、提高生活质量，使他们有一个幸福的晚年生活。

2）建立相互信赖的关系。社工应以中立、不批判的态度真心地去关心老年人，了解老年人的真实感受，并且对他们的感受做出积极回应，老年人可以从这种回应中得到安慰，感到自己不再孤单。营造一个让老年人自由倾诉的环境氛围、与老年人建立相互信赖的关系是保证以交流为主要形式的老年人康乐活动顺利开展的重要条件。当然，也只有那些有交流意愿的老年人才愿意参与此类活动以减少心中压力。因此，对那些无此种意愿的老年人，不必强行建立某种关系。

3）耐心、鼓励。老年人的性格各不相同，有些老年人性格外向，乐于倾诉；而有些老年人性格内向，寡言少语。面对老年人，如果社工缺乏耐心，表现出不耐烦或反感的情绪，这将不利于社工与老年人关系的建立，从而使下面的活动无法顺利进行。对于沉默寡言、性格内向的老年人，在第一次交谈时可先聊一些与之有关的日常小事，让老年人感受到社工的真诚关心，然后慢慢地把话题深入下去。对于反复唠叨、性格外向的老年人，社工可以在适当的时候告诉其“这事您已经提及过了，我已知道”，但一定要注意语气，尽量委婉地表达，不然会使老年人感到自己令人讨厌。除了需要耐心以外，社工还需多鼓励老年人，对于他们取得的任何一点小成绩都应及时地给予赞美和鼓励，以促进他们自信心的建立，但切忌不符合实际的奉承和过分的夸奖，以免让老年人感到你在敷衍而不真诚。而且，在进行以语言交流为主的活动时，社工一般不要随意打断老年人说话。

4）尊重老年人自决。在老年人参与活动时，有时需要老年人自己做出决定。这时社工扮演的是协助者的角色，而真正具有决定权的是老年人自己，这样才能让老年人在与社工的交流和活动中习得解决问题的能力。

5）个别化。很多人对老年人有刻板印象，认为老年人大多残弱、贫穷、孤独、固执，然而并不是所有老年人都是此类情况，不能以偏概全，老年人实际的状况要比人们想象的好得多。尽管老年人随着年龄的增长会产生生理、心理的变化，但这些变化并不会千篇一律地按统一模式发生在每个老年人身上。一些老年人健康、健谈且风趣幽默，欣然接受老之将至；一些老年人则可能唠叨抱怨、心灰意冷。事实上，每一位老年人都是一个独特的个体，都有他们自身的个性和特点。因此，在安排活动时，应根据老年人的个人特点和需要安排不同种类、不同形式的活动。

（2）团体老年人康乐活动实施原则

团体老年人康乐活动是通过组织老年人参加各种集中性的康乐活动，提高老年人活动水平，帮助老年人建立互助网络，以使其晚年生活更加丰富多彩。团体老年人康乐活动实施的原则主要有以下几点。

1）不假设。不要先行假设有些老年人爱参加活动，有些老年人不爱参加活动。事实上，绝大多数老年人都有被关注、与人交往的愿望。

2）不强求。社工虽然应尽可能调动所有老年人参加活动的积极性，但对个别不愿意参加活动的老年人则应尊重他们的选择。

3）耐心、细致、周到。社工一定要有耐心、细致、周到的工作态度，要尽可能考虑到每个老年人的特殊需要。如果工作人员总是举着图片示意大家活动规则而不是传阅，必然会挫伤视力不好的老年人的自尊心，因为活动开始后他很可能由于不懂规则，显得十分愚笨。

二、老年人康乐活动实施的方法与技巧

1. 掌握与老年人沟通的技巧

1）了解情况。要了解老年人的基本情况，如脾气和喜好，才能便于交流。

2）话题的选择。要选择老年人喜好的话题，如家乡、亲人、电视节目、时事等。

3）态度。态度要和蔼可亲，平易近人，脸上常带微笑，让老年人感到亲切。

4）位置。不要让老年人抬起头或者远距离和你说话，应该近距离弯下腰和老年人交谈。

5）语言。说话语速要慢一些，一般情况下说话声音应尽量大些，看对方是什么反应。

6）由衷的赞赏。人都渴望被肯定，有时候老年人就像小朋友，希望被表扬，所以要对老年人多多赞美。

7）反应能力。有时谈得不如意或者老年人情绪有波动，尽量不要劝说，用手轻拍对方的手或者肩膀，稳定情绪，马上转移话题。

8）有耐心。老年人一般都爱唠叨，一点事情可以说很久，不要表现出不耐烦，要耐心倾听。

2. 与老年人沟通时需要注意的问题

1）尊重永远放在第一位。

2）老年人记忆力不好，有时候话要多说几遍。

3）注意老年人的习惯，不要随便动老年人的物品，必要时需要经过老年人的允许。

4）不要随便给老年人吃东西，如糖尿病人不能吃高糖的食物。

5）时刻注意老年人的反应，老年人出现如冷、热、咳、渴、方便等情况要及时处理。

3. 掌握老年人康乐活动实施的技巧

老年人康乐活动的实施，一方面要选择恰当的活动方式，主要以活动量较少的游戏、言语性的交谈、静养、文化创作等形式开展；另一方面要灵活运用开展小组活动的技巧，让高龄老年人享受参与的乐趣。

1）工作人员在活动之前，要做好充足的准备工作。工作人员事先要有周密的考虑，包括语言的运用、游戏类型的选择、让大家互相熟悉的方式等。活动要使老年人感到轻松自然、愉快开心。

2）所组织的活动或游戏一定要简单易学，使老年人一听一看就懂，否则老年人会因做不到而感到自己无能。工作人员应缓慢、清晰、大声地讲解规则，确保每个组员都明白规则。

3）工作人员不失时机地赞赏老年人的能力，通过赞赏来增加老年人的自信心，特别是在老年人完成某项困难任务时，这时的赞赏对其增加自信特别有效。工作人员需要注

意，赞赏是真诚的鼓励，而不是夸大的言辞或奉承。同时，对于一些在活动中违反规则或干扰活动正常开展的老年人，工作人员应加以引导、规范，以保证活动的顺利进行。

4）工作人员要关心每一位老年人对活动的感受，发现一些老年人对活动反应冷淡时，要适当调整活动程序，以避免冷场。

5）在活动中，工作人员应协助老年人表述对活动的感受，从中发现问题，总结经验，为以后开展活动积累经验。

6）活动结束时，工作人员应对小组活动进行评估。

三、老年人康乐活动实施的一般程序

老年人康乐活动实施的一般程序如图 8-5 所示。

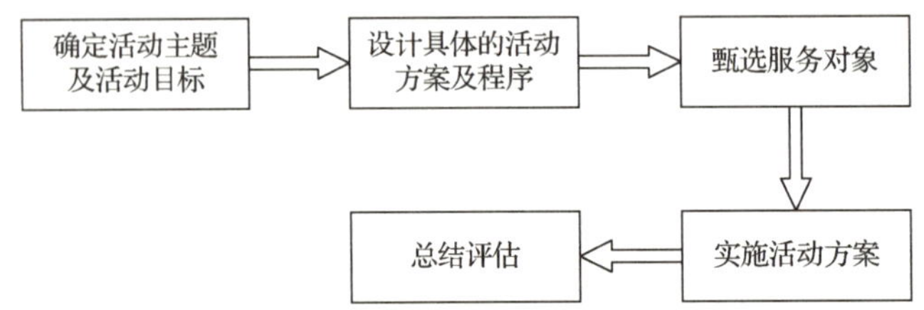

图 8-5　老年人康乐活动实施的一般程序

1. 确定活动主题及活动目标

工作人员要根据需要确定活动主题及活动目标，确定活动主题和活动目标是活动开展的前提。活动目标包括总目标和影响性目标。总目标指活动要达到的终极目标；影响性目标是工作人员干预所要达到的目标。

2. 设计具体的活动方案及程序

制订各种可以实现目标的可行性方案。方案的详细内容包括目标、对象、活动形式、日期、时间、场地、服务程序表、人力分配、财政预算、所需设备、预期困难和应对方法等。

3. 甄选服务对象

工作人员按照活动类型、特点及人数要求等确定适合参加活动的老年人，然后帮助这些老年人了解活动的意义、特点，活动的具体程序及可能与活动项目有关的社会政策。

4. 实施活动方案

当活动方案被批准可以执行后，必须先将活动方案的目标分解成若干具有可操作性的执行目标，然后按照活动方案实施活动。

5. 总结评估

活动的评估一般采用两种方法：过程评估和效果评估。过程评估关注方案进行过程中服务对象和人数变化、服务方案所必须推行的主要工作项目的完成情况、资源使用情况、经费支出情况，是否按照预定的日期进行。效果评估主要测量的是方案实施后所产生的效果。

任务实施

1）活动设计：组织实施老年人手指操康乐小组活动。

2）活动目的：学习手指操。

3）活动形式：结合“相关知识”，参考“案例导入”，以 6～10 人为服务人群，组织实施活动。

4）活动节数：6 节。

5）活动步骤：

步骤一，确定活动方案，填写表 8-6。

表 8-6　活动方案设计

小组名称			小组类型	
小组规模			工作人员	
服务对象			服务次数	
目标				
招募计划				
需要的资源				
小组时间表	时间	内容		
经费预算	内容	数量	单价/元	总价/元
	合计/元			
预计会出现的困难及解决方案				

步骤二，实施活动方案。

步骤三，对活动进行评估。

任务点评

组别	评价内容及分值					
	内容设计合理（20 分）	主题明确（20 分）	合理提问（20 分）	品牌价值（20 分）	整体情况（20 分）	总分（100 分）
第 1 组						
第 2 组						
第 3 组						
第 4 组						

续表

组别	评价内容及分值					
	内容设计合理（20 分）	主题明确（20 分）	合理提问（20 分）	品牌价值（20 分）	整体情况（20 分）	总分（100 分）
第 5 组						
第 6 组						
……						
总评价						
备注						

任务四　老年人康乐活动评估

案例导入

某养老机构老年人康乐活动评估计划

评估对象：参加活动的老年人及其家人、工作人员、志愿者。

活动评估方式：具体内容如下。

1. 问卷方式

1）满意度调查问卷。通过询问老年人对活动的评价，获得他们对本次活动的意见，从而对活动是否为老年人所接受做出评估。

2）活动成效评估问卷。通过询问参加活动的志愿者、工作人员等，对活动所宣传的知识的接受程度、活动中出现的问题进行调查分析，来评估活动是否对老年人产生了有益影响，是否达到了活动目的。

两种评估均在活动完成之后进行，由两名志愿者负责向参加完活动的老年人及参与活动的志愿者、工作人员等发放并现场回收问卷。

2. 访谈方式

1）通过老年人的主观反馈，了解他们对于活动的感受及活动给他们带来的影响。

2）通过询问活动组织者、工作人员及志愿者，了解活动的效果，与预期活动效果对比，对活动做出客观的评价。

本评估可在当天活动结束后进行，访谈对象为负责本次活动的人员及志愿者。

任务描述

假设你是某养老机构的一名社工，机构拟定开展中秋节活动，请你根据“老年人康乐活动的评估”相关知识为此活动制订一份评估方案，总结经验和教训。

相关知识

一、老年人康乐活动评估的意义

评估是一种对服务质量、服务效果进行客观评判的活动，以此检验及证明服务机构及社工的服务品质，为取信于社会大众及获得新的资助奠定基础。

评估还有助于社工进行科学研究，检验现有的理论与方法，不断总结经验和教训，并通过评估及时加以改进，为以后的实践提供宝贵的知识与经验。

二、老年人康乐活动评估的类型

老年人康乐活动评估的类型如下。

1. 过程评估

过程评估，顾名思义是对工作过程质与量的评估，重点在于对有关工作过程进行描述，包括投入的资源和人员配置、一系列工作的优先次序、各个程序的进展状况等。过程评估应该回答以下问题：开展工作的步骤是怎样的？工作中投入了多少人力、物力、财力和时间？这些资源是如何在不同工作部门和工作环节之间分配的？过程评估可以帮助社工了解整个工作的进程和实施情况，有助于发现和改善工作过程中的问题。

2. 成果评估

成果评估主要是考查工作成果在多大程度上实现了预定的目标。具体来说，成果评估应该回答以下问题：工作取得了哪些成果？这些成果是否达到了预期的目标？工作成果是否借助工作之外的因素而达到？工作是否带来了预期之外的成果？成果评估可以帮助社工了解有关工作是否能使服务对象发生改变，以及变化的程度如何，也有助于确定工作成功和失败的原因。

3. 效益评估

效益评估注重服务的成本收益分析，关注的是所取得的工作成果与所付出的代价孰大孰小的问题。因为效益评估重视的是实现工作目标的资源成本，所以可以帮助决策者和社工在不同的工作方案之间进行效益比较，选择成本较小而收益较高的方案。

三、老年人康乐活动评估的原则

老年人康乐活动评估的原则如下。

1. 客观性原则

客观性原则要求以客观事实为依据，准确反映老年人康乐活动项目在投入、运作、产出及成效方面的实际情况。

2. 专业性原则

专业性原则着重考查工作者的专业价值、理论、方法和技巧在服务项目中的运用。

3. 系统性原则

系统性原则要求通过层次化结构对指标体系进行结构化分类，确定各类评估指标的权重，全面、综合地反映活动项目的整体。

4. 可操作性原则

可操作性原则要求评估的方法要符合实际，采取定量和定性相结合的方式进行评估，易于操作。

四、老年人康乐活动评估的方法

1. 问卷调查法

（1）含义

问卷调查法就是依托问卷，取某种社会群体的样本，收集资料，并通过统计分析来认识社会现象的调查方法。由此，老年人活动满意度问卷调查法就是取自老年人群体样本，通过统计分析了解老年人对参与活动的满意程度的调查方法。

（2）问卷的类型

根据问卷的填答方式，问卷可分为自填式问卷和访问式问卷两类。其中自填式问卷是指调查者把问卷发给目标群体，由被调查者自己填写问卷，其问题和答案应用词精准和通俗，题型不能过于复杂，题量适度，版面设计有利于激发被调查者的兴趣。访问式问卷则是由调查者提前准备好问卷或问卷提纲，以向被调查者提问的形式进行填写，适用于被调查者文化水平不高，调查问题较复杂的情况。

（3）问卷的结构

问卷的结构如图 8-6 所示。

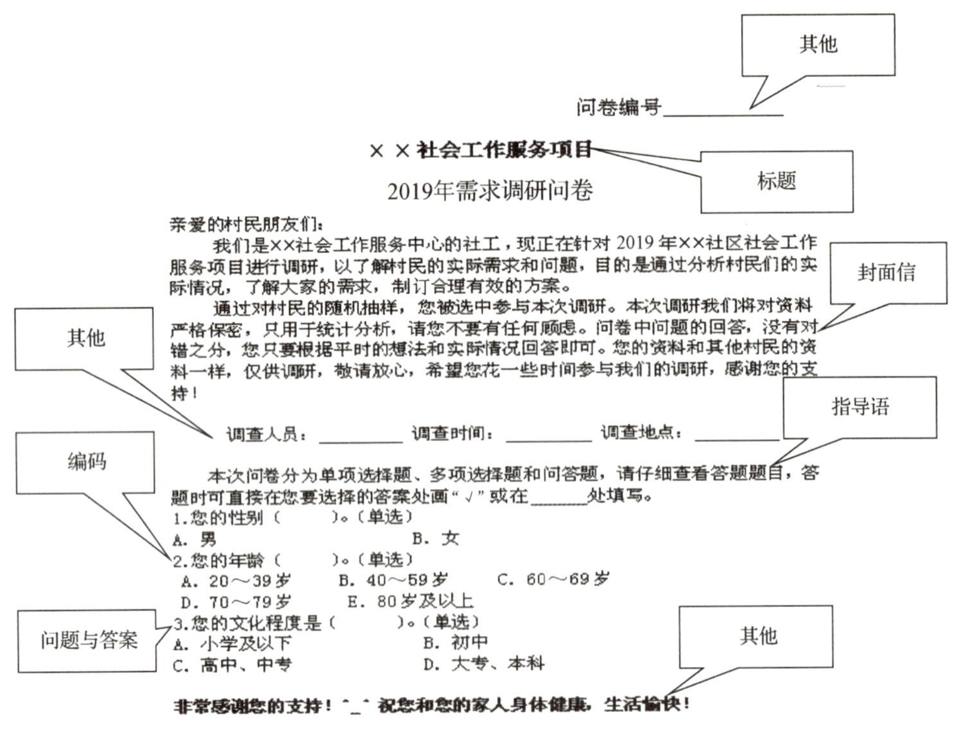

问卷编号__________

× × 社会工作服务项目

2019年需求调研问卷

亲爱的村民朋友们：

我们是××社会工作服务中心的社工，现正在针对 2019 年××社区社会工作服务项目进行调研，以了解村民的实际需求和问题，目的是通过分析村民们的实际情况，了解大家的需求，制订合理有效的方案。

通过对村民的随机抽样，您被选中参与本次调研。本次调研我们将对资料严格保密，只用于统计分析，请您不要有任何顾虑。问卷中问题的回答，没有对错之分，您只要根据平时的想法和实际情况回答即可。您的资料和其他村民的资料一样，仅供调研，敬请放心，希望您花一些时间参与我们的调研，感谢您的支持！

调查人员：__________ 调查时间：__________ 调查地点：__________

本次问卷分为单项选择题、多项选择题和问答题，请仔细查看答题题目，答题时可直接在您要选择的答案处画“√”或在______处填写。

1.您的性别（　　）。（单选）

A. 男　　B. 女

2.您的年龄（　　）。（单选）

A. 20～39岁　　B. 40～59岁　　C. 60～69岁

D. 70～79岁　　E. 80岁及以上

3.您的文化程度是（　　）。（单选）

A. 小学及以下　　B. 初中

C. 高中、中专　　D. 大专、本科

非常感谢您的支持！^_^ 祝您和您的家人身体健康，生活愉快！

图 8-6　问卷的结构

1）标题。标题就是问卷名称，位于问卷首行居中位置，如“老年人康乐活动满意度调查问卷”。简明清晰的标题有利于被调查者快速准确地理解调查的内容和目的。

2）封面信。封面信是调查者致被调查者的短信，旨在说明调查者的身份、调查的目的和内容、保密原则。封面信位于标题之后，要素明确，语言精练。

3）指导语。指导语旨在说明问题和答题方式。

4）问题与答案。问题和答案是问卷的核心。根据答案特征，问题又分为开放式问题和封闭式问题，开放式问题要被调查者依据本人意愿进行填答，封闭式问题要设计供选择的答案由被调查者选择。

5）编码。编码就是以某个字母或数字作为问题及答案的代码，例如“0”代表“女性”，“1”代表“男性”。编码可以在问卷设计阶段完成，也可以在分析阶段进行。

6）其他。问卷还可以包括问卷编号、调查地点、调查人员签名、调查时间、结束感谢语等。

（4）问卷设计原则

1）问卷设计应该以被调查者视角为主，以便于被调查者理解和回答问题。

2）考虑问卷调查的障碍因素，如被调查者是否愿意、是否有能力回答问题。

3）应整合调查目的、内容、样本特征和资料处理方法等因素，保证调查的可行性。

4）开放式问题应注意空间大小；封闭式问题应关注答案的穷尽性和互斥性。

5）问题语言应简短明了，避免双重含义与含混不清，问题不要带有倾向性，对于敏感问题应注意提问方式。

6）题数适当。回答问卷所花时间越短越好，一般在 20～30 分钟完成为宜。

7）问题应按序排列。简单、对方感兴趣、封闭式问题置于前面，行为、态度、敏感的问题放在后面，从而帮助被调查者较快进入答题状态，提高问卷回答的完整度。

2. 访谈法

访谈法，顾名思义就是访问者探访被访问者，并通过问答获取有关资料。依据双方的接触程度，访问分为直接访问和间接访问。直接访问，如工作人员与服务对象当面交流；间接访问，如工作人员利用电话对服务对象进行访问。依据被访问者人数，访问分为个别访问和集体访问。个别访问，如工作人员对老年人的个别关怀；集体访问，如工作人员对来参加活动的老年人的集体关怀。依据是否有访问指引，访问分为结构式访问和无结构式访问。结构式访问就是按既定访问指引向被访问者提问，从而获取相关资料，如根据大纲了解政策制定的原则和程序等信息；无结构式访问是只给访问者一个题目，由访问者和被访问者就这个题目自由交谈，交流议题在双方互动过程中逐步形成。

3. 观察法

观察法是指利用感觉器官和其他手段收集对象资料的方法，它并不是简单地“看”，而需要工作人员去“感受”。在观察过程中，工作人员应集中注意力，因为观察需要视觉、听觉、触觉、嗅觉等感觉的应用。除了观察还要撰写观察记录。观察记录应包括值得注意的一切内容，因为任何信息都可能为分析提供思路。观察记录应标明基本资料（如地点、在场人员、自然环境、社会互动等），内容应详细具体。除了记载所见所闻外，观察者的感受、对事情进展的反应、对事情进展的感触及思考等也应成为记录的内容。

五、老年人康乐活动评估的一般流程

老年人康乐活动评估的一般流程如图 8-7 所示。

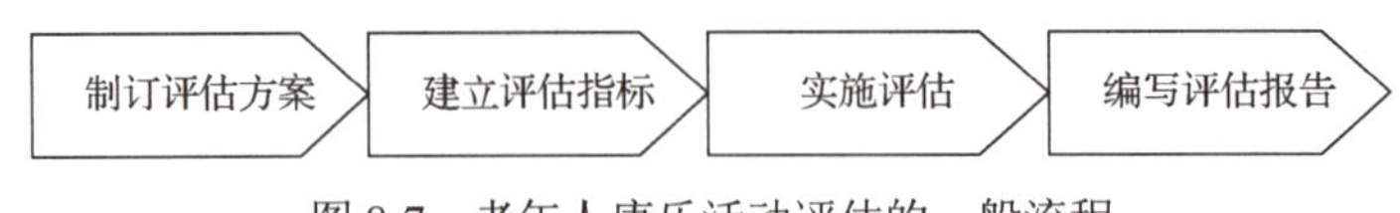

图 8-7 老年人康乐活动评估的一般流程

1. 制定评估方案

有效的评估依赖于一份完整的、具体的评估方案的制订。评估方案要回应以下几个问题：评估的目的是什么？评估的对象是谁？评估对象不仅包括来参加活动的老年人、工作人员，还应包括与活动项目接触的机构、人（如参加者的父母、朋友等）。

2. 建立评估指标

评估指标包括以下几个。

1）在活动过程中，与老年人关系如何，催化老年人参与的程度如何，处理活动中的突发事件的效果如何，维持活动气氛的功能如何。

2）在活动参与者方面，参加活动的目标是否达到，参与程度如何，探索程度如何，老年人的倾听、自我表露等行为的观察、记录分析情况。

3）在工作人员方面，工作人员尊重接纳、积极关注等行为表现情况。

4）在活动效能方面，内容是否恰当，活动效果如何，活动方案的可行性、有效性及执行过程中出现的问题。

3. 实施评估

工作人员要按照评估流程选择评估的先后顺序，保证评估过程有序进行，包括收集资料、审核整理资料、统计分析资料等。特别要注意客观性原则，尽量减少评估者个人的主观因素对评估实施的影响，尽可能全面地、有深度地呈现事实。

4. 编写评估报告

评估结果完善后，工作人员编写评估报告。

任务实施

1）活动设计：为某养老机构制订一份评估方案。

2）活动目的：加深学生对“评估”的认识；学会对老年人康乐活动进行评估。

3）活动形式：结合“相关知识”，参考“案例导入”的案例，以小组为单位，为活动设计评估方案，并对活动进行评估。

4）活动时间：45 分钟。

5）活动步骤：

步骤一，制订评估方案，填写表 8-7。

表 8-7　活动评估方案

项目	内容
评估对象	
评估体系	
评估方法	
评估报告的撰写	

步骤二，模拟工作人员、志愿者进行调查评估。

步骤三，撰写评估报告。

任务点评

组别	评价内容及分值					
	内容设计合理（20 分）	主题明确（20 分）	合理性提问（20 分）	品牌价值（20 分）	整体情况（20 分）	总分（100 分）
第 1 组						
第 2 组						
第 3 组						
第 4 组						
第 5 组						
第 6 组						
……						
总评价						
备注						

拓展阅读

一 厢 情 愿

健康是人类永恒的话题。现代意义上的健康不仅仅是指生理状态下的健康，健康包括多个范畴、多个状态的内容，如健康的躯体、心理、社会适应能力 3 个维度。随着我国经济社会的快速发展，农村村民的健康意识也有所提升，医疗卫生服务也受到了越来越广泛的关注。

在此过程中，一个项目负责人对地方农村老年人的身体机能下降问题进行跟进。针对于此，此项目负责人只粗浅地了解到农村老年人的身体状况普遍存在机能下降的问题，遇到小病和小意外基本都不进行治疗，只是一味地拖延、忍耐，这样最终导致小病变成大病。此项目负责人没有多加考虑，就开始进行活动策划书的撰写。他认为，第一，老年人遇到的问题基本都一样，所以没有进行具体的、深入的调查；第二，老年人群体基本都缺少健康意识；第三，农村地区缺少医务人员入户。针对此情况，此项目负责人把活动定义为学习型老年人康乐活动，通过链接医务人员，针对农村老年人群体开展健康知识讲座，从而确定此活动不仅能传递健康知识，还能培养农村老年人的健康意识。

此活动策划书撰写好之后，该项目负责人开始组织召集村里的老年人参与活动，可是最后发现在活动实施过程中出现了很多问题：老年人对健康知识讲座的参与度不高；对医务人员讲解的内容不理解，并且有很多老年人根本听不清和听不懂医务人员讲的是什么；医务人员讲解的内容很笼统；等等。最后，整个活动实施下来，不仅没有实现策划中想要达到的目的，而且老年人对这类讲座型的社区活动的体验也不好。

拓展练习

一、单选题

1. 学习型老年人康乐活动是按（　　）划分的。

A. 活动的功能　B. 活动的形式　C. 活动的人群　D. 组织活动的能力

2. 高龄老年人是指（　　）的老年人。

A. 75 周岁以上　B. 65～75 周岁

C. 65 周岁以下　D. 60 周岁以下

3. 老年人康乐活动策划的作用不包括（　　）。

A. 对于活动实施的作用　B. 对于家庭和谐的作用

C. 对于服务对象的作用　D. 对于社会文化的作用

4. 关于老年人康乐活动实施的作用，以下说法不正确的是（　　）。

A. 保持良好的情绪　B. 不生病

C. 活跃大脑　D. 促进身体健康

5. 在一次小组活动的开展过程中，社工小刘发现组员对社工设置的游戏不感兴趣，出现了冷场的尴尬局面，以下做法中最合适的是（　　）。

A. 不理会，直接按照计划好的小组流程走

B. 责问组员为什么不愿意参加游戏

C. 适当调整活动程序

D. 对组员失去耐心，结束小组活动

6. 评估的（　　）原则着重考查工作者的专业价值、理论、方法和技巧在服务项目中的运用。

A. 客观性　B. 专业性　C. 系统性　D. 可操作性

二、多选题

1. 老年人康乐活动的特点包括（　　）。

A. 具有以人为本的中心

B. 具有明确的主题

C. 具有鲜明的目的性

D. 具有合理的逻辑性

2. 老年人康乐活动中游戏的类型有（　　）。

A. 益智类 B. 运动类 C. 娱乐类 D. 文化类

3. 老年人康乐活动策划的方法和技巧有（ ）。

A. 明确主题 B. 制定目标 C. 确定内容 D. 策划预算

4. 个案老年人康乐活动实施原则包括（ ）。

A. 尊敬并接受老年人 B. 建立相互信赖的关系

C. 耐心、鼓励 D. 尊重老年人自决

5. 与老年人沟通的时候注意的问题有（ ）。

A. 不要随便动老年人的物品，必要时需要经过老年人的允许

B. 老年人出现如冷、热、咳、渴、方便等情况要及时处理

C. 不要随便给老年人吃东西

D. 有时候话要多说几遍

6. 老年人康乐活动评估的一般流程有（ ）。

A. 制定评估方案 B. 建立评估指标体系

C. 实施评估 D. 编写评估报告

三、简答题

1. 简述老年人康乐活动的概念。
2. 简述老年人康乐活动策划的基本流程。
3. 简述老年人康乐活动评估的原则。

项目总结

老年康乐乐健康，科学理论来指导。
确立类型知方向，别把主题跑偏了。
策划实施一体行，按人按时按流程。
你评我评大家评，要有成效那才行。

项目九

老年人婚姻家庭活动策划与实施

项目导读

随着我国人口老龄化进程加快，养老问题日益受到社会关注。与工业化、城镇化进程相对应，家庭结构小型化、核心化已严重影响到传统的家庭养老方式。因此，家庭养老在日常照料与精神慰藉方面受到了挑战。婚姻及家庭生活对老年人的晚年生活有重要的作用，因此在完善当前养老服务体系的同时，也需要对老年人家庭代际关系、精神情感、婚姻生活的现状改善提出有效的应对策略，提高老年人晚年生活的幸福指数。

【学习目标】

『知识目标』

1. 了解老年人婚姻家庭活动的概念。
2. 了解老年人婚姻家庭活动的类型。
3. 了解老年人婚姻家庭活动的基本特征。
4. 了解老年人婚姻家庭活动的策划及实施。

『技能目标』

1. 掌握老年人婚姻家庭活动的策划流程。
2. 能准确分析老年人婚姻的问题及成因。
3. 掌握处理老年人婚姻家庭活动问题的技巧。

『职业素养目标』

1. 认识到婚姻对老年人晚年生活的重要性。
2. 正确看待老年人婚姻家庭变化的过程。

任务一　老年人婚姻家庭活动概述

案例导入

A 社区是一个老旧小区，老年人大多是钢铁厂员工或家属。20 世纪 80 年代，他们的家庭住房由单位分配，由于面积小，子女成家后基本上都搬离了。20 世纪 90 年代，老年人因企业破产而下岗后，因缺乏技能很少有再就业的，目前主要收入是退休金，每月约 2000 元，家庭基本无积蓄。夫妻年轻时大多是工友，由于职业的因素身体状况都不太好。社区组织了老年人协会，免费为老年人提供休闲娱乐场地，定期组织团体活动或交友活动。最近街道也在积极推进养老机构开展老年人社会工作服务。

任务描述

找出“案例导入”中的老年人婚姻家庭生活的优势和劣势。

相关知识

一、婚姻家庭概述

根据发展过程，家庭可分为初组家庭、生育子女家庭、学龄前儿童家庭、学龄儿童家庭、青少年子女家庭、子女离家时期家庭、中年家庭、老年家庭 8 个阶段。如图 9-1 所示，老年家庭周期在 10～15 年，约占整个家庭生命周期的 1/4。在这一阶段，老年人面对的更多的是退休和死亡，一个良好的家庭支持系统能为老年人提供巨大的能量。

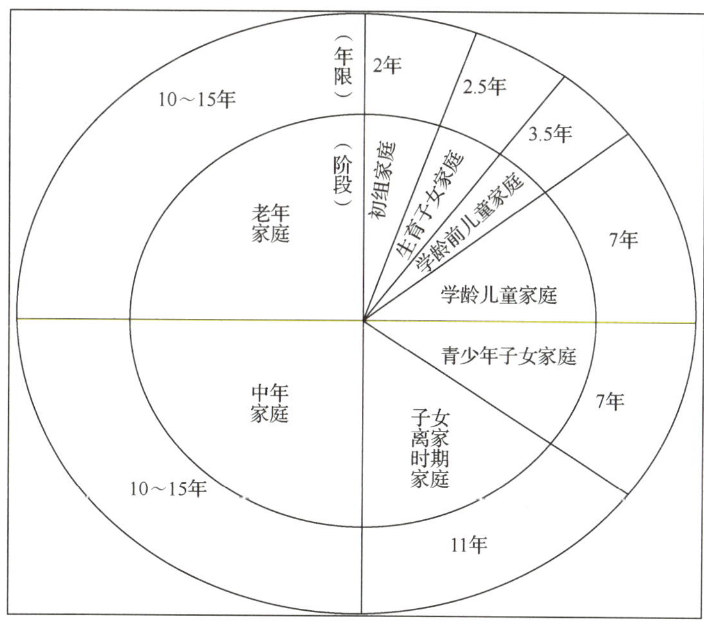

图 9-1　家庭生命周期图

婚姻家庭是由男女双方结成夫妻而形成的。婚姻或男女双方的夫妻关系因结婚而成立，因离婚而解体或消除。随着老龄化的不断发展，老年婚姻也将成为一大社会问题。在我国人口老龄化过程中，伴随着人们平均寿命的增加和退休老人生活水平的逐年提高及孤寡老人的逐渐增多，老年婚姻问题逐渐突显出来。老年婚姻既有利于家庭和谐与老年人的身心健康，又有利于建设和谐社会。

人们对于婚姻的满意度随结婚年限的增长呈现出“U”字形状（图 9-2），即在新婚后不久和老年时期是夫妇双方对婚姻最满意的阶段。对应家庭生命周期的前 7 个阶段，在初组家庭、生育子女家庭、学龄前儿童家庭、学龄儿童家庭、青少年子女家庭、子女离家时期家庭、中年家庭，婚姻会经历磨合、角色转换、审美疲劳等过程，诸多摩擦让婚姻满意度呈下降趋势。但进入老年期，在所有家庭成员中，老伴最有可能成为知己，可以彼此支持、促进社会交往、保持良好的精神状态并抵御孤独，故婚姻满意度呈逐渐上升趋势。因此，帮助老年人建立良好的老年婚姻家庭生活将有助于提高其晚年生活的幸福度。

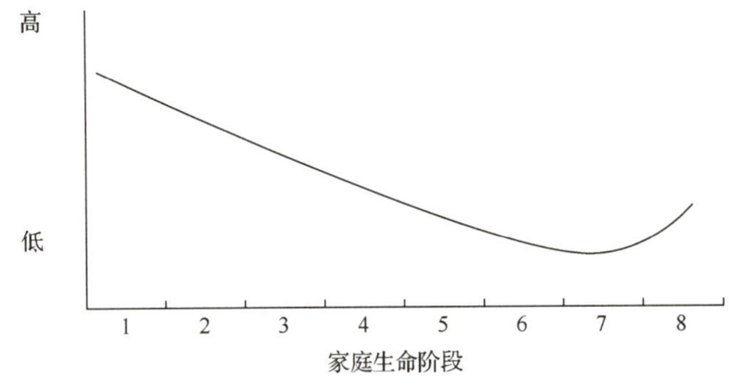

图 9-2　婚姻满意程度曲线图

接下来具体分析，年龄越大的夫妇越对他们的婚姻生活满足程度高，且彼此关系非常和谐，主要原因包括以下 4 个方面。

1）同伴之谊。孩子已离家外移，老年夫妇互动频繁、互相陪伴。这是老伴式的婚姻而非爱情式的婚姻。

2）亲密。夫妇之间互相爱护、尊敬、信任，互诉心事。

3）对家庭有强烈的归属感。此时夫妇二人已是退休之年，在工作岗位上不再扮演积极、重要角色，转而视家庭为最重要的藏身所。

4）高度的相互依赖。孩子已离家外移且其他自然支持网络缩小，高龄夫妇只有相互依赖和支持。

二、老年人婚姻家庭的类型

在我国，老年人的婚姻家庭呈现多种状况，总体而言分为两类：有偶老年人婚姻家庭和丧偶老年人婚姻家庭。老年人婚姻家庭的类型如图 9-3 所示。

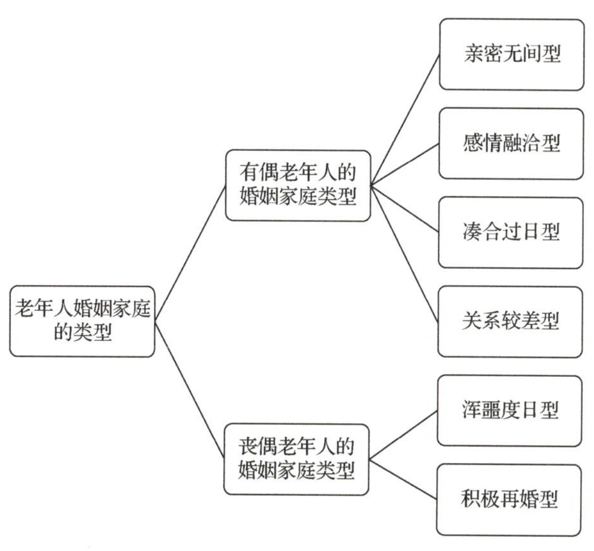

图 9-3 老年人婚姻家庭的类型

1. 有偶老年人的婚姻家庭类型

1）亲密无间型。夫妻双方历经生儿育女，风雨同舟，几十年来共同生活，已经变得十分了解和熟悉，一个眼神、一个动作就可以知道对方的心思。他们在感情上互相慰藉、互相依赖、相濡以沫、亲密无间，到了谁也离不开谁的地步。

2）感情融洽型。夫妻双方经长期共同生活，朝夕相处，已基本磨合，虽然常有矛盾，但很快就因一方妥协而消除。双方互相信任，互相关心，感情融洽。

3）凑合度日型。夫妻两人经常产生矛盾和争吵，而且互不相让，最后以一方主动和解而结束。双方仍然可以做到互相尊重。

4）关系较差型。夫妻两人经常争吵，互不相让，势如水火，甚至大打出手。或者夫妻关系不好经常互不理睬，甚至长期分居。

2. 丧偶老年人的婚姻家庭类型

1）浑噩度日型。夫妻相濡以沫几十年，其中一人突然离世，另一人心理陷入极大的痛苦，极易产生非理性信念。

2）积极再婚型。老年人走出丧偶的阴霾，积极面对生活，与其他异性建立情侣关系或登记结婚。

三、老年人婚姻家庭活动的类型

上述 4 种有偶老年人的婚姻家庭类型，前两种是正向的相处方式，他们对婚姻的满意度较高。我们在日常工作中更需要关注的是关系较差型和凑合度日型的老年人婚姻家庭，而针对此两类，我们将老年人婚姻家庭活动的类型定位为老年人婚姻关系维护型。

维护老年人婚姻关系，我们首先需要了解老年人婚姻关系不和谐的因素，具体有以下几个方面。

1）缺乏共同兴趣和价值观念。若老年夫妇的教育背景和生活经验有很大差异，彼此之间的兴趣和价值观迥然不同，相互缺乏沟通话题，久而久之，关系将会变得恶劣。

2）欠缺老伴式婚姻关系感受。若夫妻双方不视对方为重要友伴，互动不频繁，甚至不会向对方倾诉心事，则关系终会不和谐。

3）长期健康问题。照顾有顽疾或残障的老年人是困难和痛苦的工作，女性寿命较长，通常这项工作由老年妇女承担。老年人身体衰退是导致家庭危机的因素，照顾身体衰弱和疾病缠身的老伴，往往感受到很大的压力，这是导致老年人婚姻关系破裂的主因。

四、丧偶老年人的困扰和心理变化

1. 丧偶老年人的困扰

所谓“少来夫妻老来伴”，老年丧偶所带来的问题是不可忽视的，且类型较多，男女在婚姻上的困扰又各有不同。

（1）女性丧偶后可能的困扰

1）经济上的困难。在传统家庭中，男性收入是家庭的主要经济来源，这也是男性在家庭中占主导地位的重要因素之一。女性为照顾家庭，往往在家中赋闲做全职太太或从事相对简单的工作，经济收入相对微薄。当男性突然离世或病故，女性短期内将在经济上承受较大压力。

2）行动上的困难。在相同年龄的夫妇中，女性可能更加依赖男性的照顾，在独自行动时，缺乏相应的体力，尤其是外出活动中精力明显不足。

3）单独生活之不易。女性在情感需求上比男性更为显现，在另一方去世的时候，往往容易失去长期的精神支柱；在情感宣泄上女性较男性更激烈，尤其是长期单独生活的情况下，女性如果没找到新的精神寄托点容易深陷于丧偶的悲痛情绪中。

（2）男性丧偶后可能的困扰

1）缺乏做家务和亲戚交往技能。首先，男性一生大部分时间专注于事业，对家务较无经验，一旦妻子过世，常有不知所措的空虚感。其次，男性对亲戚来往没有女性频繁亲密，须重新建立这层关系。

2）家庭角色缺位。男性在家庭内一直是支配性角色，妻子过世后仅剩他一人，角色无法实现，容易产生恐惧。

3）男性不易表露情感需要。妻子死亡使男性需要慰藉和同情，但男性在以往的社会交往中并没学到这些，甚至认为慰藉与同情是弱者的表现，所以不会轻易表露自己的情感需要。

4）缺乏朋辈支持。男性与男性来往比较正式化，丧偶后无法从同性朋友那里得到心理支持。

2. 丧偶老年人的心理变化

丧偶老年人的心理变化分为 3 个阶段，即自责阶段、怀念阶段、恢复阶段。

1）自责阶段。与老伴洒泪告别之后，生者总感觉对不起逝者，甚至认为对方的死自己负有主要责任，于是精神恍惚，心理负担沉重，吃不下饭、睡不好觉，在言行上还会出现一系列反常现象。

2）怀念阶段。老伴逝世后，生者在剧烈的情感波动之后，稍稍平息，会进入一个深沉的回忆和思念阶段，头脑中常常会出现老伴的身影，时时感到失去他（她）之后，自己是多么的悲惨和孤寂。

3）恢复阶段。长时间在亲朋的关怀和帮助下，生者终于领悟到生老病死乃是无法抗拒的自然规律这个道理。于是，理智战胜了感情，身心逐渐恢复常态，从而坚强地面对现实，开始了全新的生活。

以上几个阶段因人而异，时间长短不一。老年人婚姻家庭活动的重点在于如何尽可能地缩短这些阶段的时间，帮助老年人顺利度过丧偶期。当然，在此过程中老年人会进行自我调适，但外力帮助，如亲人、朋友的陪伴与安慰也能帮助老年人更快地进行心理调适。

五、老年人再婚问题处理

1. 老年人再婚常遇的问题

老年人在丧偶或离婚之后会感到孤独，希望通过再婚来满足对情感的需求，但是老年人再婚会遇到很多问题，这些问题贯穿于婚前婚后生活，而影响老年人再婚的原因有来自子女方面的，有来自自身方面的，还有来自再婚对象方面的。

（1）子女的阻挠

在影响老年人再婚的因素中，首当其冲的就是子女的阻挠。关于老年人再婚，子女是有自己的考虑的：有的子女认为父母再婚之后遗产会受到威胁；有的子女认为父母再婚之后会转移父母原先对自己的情感，会冷落了自己，会对父母再婚对象产生排斥；有的子女认为父母再婚后如果父母去世，其伴侣就会成为自己的负担；有的子女害怕父母再婚后就不会再帮助自己照顾孩子；很多子女认为父母再婚会带来外人的嘲笑，认为自己不孝顺，会丢自己的面子；由于与子女之间的代沟，很多子女并不能理解老年人再婚现象，认为结婚是年轻人的事情。这些都是子女阻挠老年人再婚的因素，其实这些子女都是从自己的利益出发来考虑的，很少想到父母。

（2）世俗的阻挠

“三人成虎”“人言可畏”等都是形容外在社会的看法的重要性，外人的评论对一个人的影响是很大的。一些不好的言论会严重影响再婚老年人的生活，也使得子女对父母产生反感。

（3）老年人的传统观念

很多老年人都受中国传统思想观念的影响，特别是女性，坚持从一而终，认为这样既对得起去世的老伴，又不会招来闲言碎语，还能保持在子女心中的形象，所以很多丧偶老年人都会选择独身。

（4）老年人的戒备心理

老年人不仅对结婚对象有戒备，还会对结婚对象的子女有戒备，甚至对自己的子女有戒备，产生戒备的主要原因有传统思想上的、情感方面的和经济方面的因素。例如，很多老年人会受外界各种非议的影响，对自己的再婚小心翼翼；有些老年人与原来的配偶生活几十年，情感很深厚，再婚只是为了排解寂寞，双方之间情感并不深厚，还有可能把再婚对象与以前的配偶相比较，因此产生很多矛盾；很多再婚的夫妻都很看重经济，都希望能掌握家里的经济大权，在经济上就会与再婚对象及其子女产生矛盾；再婚家庭的关系结构更加复杂，夫妻及其子女等各种关系，使得再婚家庭比一般家庭更敏感。

2. 再婚成功的 4 个条件

再婚成功需要具备以下 4 个条件。

1）新婚夫妇皆有健康的身体。

2）婚后有足够的收入和稳定的经济来源。

3）家人及朋友赞同。

4）以前的婚姻没有大问题。

任务实施

1）任务目的：让学生准确辨别老年人婚姻家庭中的优势和劣势，为设计老年人婚姻家庭活动提供参考。

2）任务要求：找出“案例导入”中的老年人婚姻家庭生活的优势和劣势，填写表 9-1。

表 9-1 老年人婚姻家庭生活的优势和劣势

序号	优势	劣势
1		
2		
3		
4		
……		

3）任务形式：分组讨论。

4）任务实施步骤：

步骤一，随机分组，5 人一组。

步骤二，选定组长、书记员等。

步骤三，讨论结束后分别分享讨论结果。

5）任务时间：10 分钟。

任务点评

组别	评价内容及分值			
	优势分析合理（40 分）	劣势分析合理（40 分）	整体情况（20 分）	总分（100 分）
第 1 组				
第 2 组				
第 3 组				
第 4 组				
第 5 组				
第 6 组				
……				
总评价				
备注				

任务二　老年人婚姻家庭活动策划

案例导入

小张是某养老机构的工作人员，有一天志愿者王阿姨带来一位张婆婆，张婆婆穿着很朴素，眉宇间看着心事重重。经10分钟的简单谈话，小张了解了张婆婆近期的遭遇。张婆婆的儿子在城里买了房，为了方便照顾年迈的父母，半年前将老两口接到自己的身边。到了城市后，老伴能说会道，逐渐建立了新的朋友圈，最近还爱上了跳交谊舞，也越来越爱打扮了，经常往外面跑，就是在家也一直用手机聊微信。张婆婆总觉得老伴变了一个人，总不知道老伴在外面忙什么，彼此交流越来越少，对婚姻产生了危机感，在王阿姨的鼓励下，张婆婆来找社工小张寻求帮助。

任务描述

针对“案例导入”中的张婆婆的情况设计一场老年人婚姻家庭活动。

相关知识

一、老年人婚姻家庭活动策划的方法

策划是“安排”要“做”的一系列事情，是否“安排（或计划）”得好，可用“做正确的事情，把事情做正确”来衡量。同时，策划还要考虑方案的可操作性、可执行性、可衡量性、可检查性。因此，制订一个好的策划方案不是一件容易的事情。为此，接下来介绍老年人婚姻家庭活动策划的5W2H方法，并浅析其在做策划时的应用。

1）预先决定为什么做（why）——老年人婚姻家庭活动策划首先要明确问题产生的原因和服务的目的是什么，目的明确才能决定下一步行动。

2）做什么（what）——老年人婚姻家庭活动策划的服务内容是什么？这是老年人婚姻家庭活动策划的总体框架，也是构成活动方案的主体内容。

3）何时做（when）——老年人婚姻家庭活动的服务时间期限如何？什么时间开始？什么时间结束？主题活动、相关活动、配套活动的时间如何安排？这里的时间是指一切与时间有关的时间点、时间段、开始时间、延续时间、结束时间等。

4）何地做（where）——老年人婚姻家庭活动的地点在哪里？

5）谁来做（who）——老年人婚姻家庭活动的参与者是谁？凡是与活动有关的人员，包括参与人员、工作人员、配合人员等都要明确相关责任。

6）如何做（how）——完成工作所使用的方法和程序是什么？一般通过编制详尽的活动分工或工作方案细则来保证计划的实施。

7）花多少（how much）——完成工作需要花费多少人力、财力、物力（包括隐性资源）？活动策划必须做好财务预算、资金安排，合理安排人、财、物力等资源，保证活动按质保量如期顺利举行。

二、老年人婚姻家庭活动策划的步骤

因为老年人婚姻家庭的类型较多，服务对象的心境、需求等也有相应的差别，在服务工作中更需要注重同质化和个别化相兼顾。因此，我们需要根据策划的基本步骤，逐步完成老年人婚姻家庭活动的策划工作。

老年人婚姻家庭活动策划的基本步骤如图 9-4 所示。

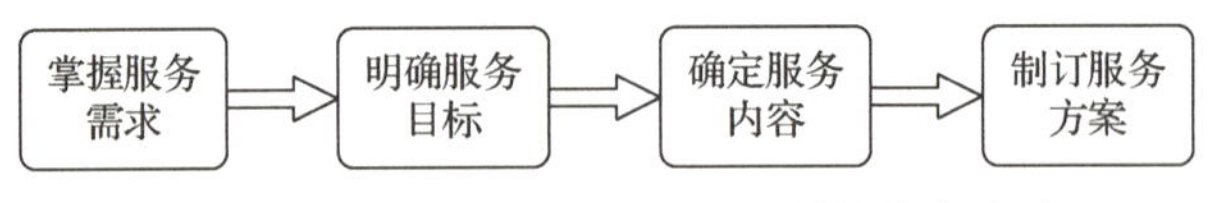

图 9-4　老年人婚姻家庭活动策划的基本步骤

1. 掌握服务需求

老年人婚姻家庭活动的服务对象来源主要包括主动求助、第三方转介、工作者挖掘等，掌握服务对象的真实需求对协助服务对象解决问题至关重要，只有满足了服务对象的真实需求，后续开展的服务的有效性才能得到保障。在老年人婚姻家庭活动中，常用的需求调研方法有访谈法和问卷调查法两种。

（1）访谈法

访谈法是指社工通过与服务对象一对一或一对多的方式进行面对面的交谈、通过访谈者与被访谈者的问答来收集资料的方法。根据不同类型和处于不同时期的老年人婚姻家庭情况应采用不同的访谈形式。

1）个别访谈（一对一访谈）。个别访谈是指社工单独与服务对象进行的访谈活动，具有保密性强、访谈形式灵活、调查结果准确、访问表回收率高等优点。

2）集体访谈（一对多访谈）。集体访谈是类似于公众座谈会的一种集中收集信息的方法，一般由一名或多名社工与服务对象及事件相关方进行面谈，以了解他们对某一事件的意见和看法。

（2）问卷调查法

问卷调查法是指通过由一系列问题构成的调查表，并将服务对象和事件相关方对同一事件的反馈进行对比，来测量其对事件的认知、行为和态度的方法。

2. 明确服务目标

根据掌握的服务对象的需求制订相应的服务目标，有目标才有计划性，服务才更有导向性。例如，对于有矛盾的老年夫妇，服务目标的定位应在关系维系上，而丧偶老年人的服务重点应在协助老年人尽快完成阶段过渡和心理调适。

3. 确定服务内容

确定服务内容需要根据活动目标制定相应的策略，帮助服务对象系统化地解决问题，重构美满的老年婚姻。

4. 制订服务方案

制订服务方案时需要明确 8 个要素，如图 9-5 所示。

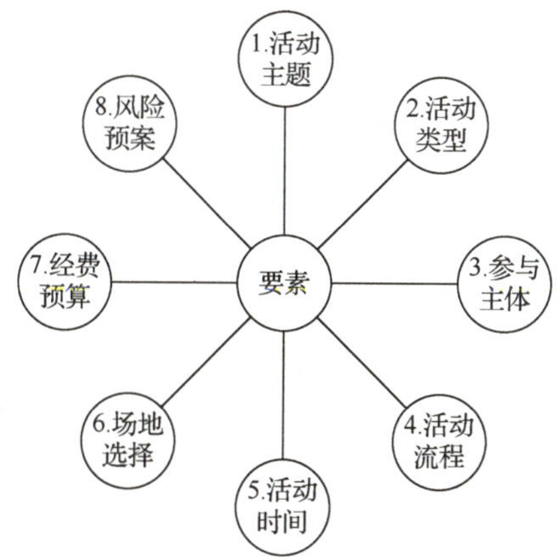

图 9-5　制订服务方案的 8 个要素

三、不同类型老年人婚姻家庭活动的策划

1. 老年人婚姻家庭关系维护活动的相关策划

老年人婚姻家庭关系维护活动是针对解决老年夫妻易发生的矛盾、问题，及时协助老年人发现和处理矛盾，使得老年婚姻生活幸福美满的活动。老年人婚姻家庭关系维护活动又包括婚姻感情维系类活动和矛盾问题处理类活动。

（1）婚姻感情维系类活动

婚姻感情维系类活动适用于感情较好、依赖性较高的夫妇，他们相濡以沫，彼此照顾，对美满的婚姻有共同的期望。针对这种情况，我们应开展情感回顾、婚姻故事等主题的活动，帮助老年人回顾两人美满的婚姻历程，并帮助他们做好记录，这有助于他们巩固爱情，加强彼此的依赖感。

在此过程中也要适时地引入第三方，如子女、社区居民等，通过正向的婚姻爱情案例引导人们对美满婚姻的向往，在社区内倡导和谐美满、相濡以沫的婚姻价值观。

（2）矛盾问题处理类活动

矛盾是现实生活中难以避免的，尤其是朝夕相处的夫妻，在日常生活中经常会出现一些矛盾，吵吵闹闹的相处方式看似并没有使婚姻破碎，但矛盾长期爆发—抑制—再爆发，是有原因的，而了解矛盾的根源，正是我们解决矛盾的基础。老年夫妻出现矛盾的根源一般有以下几点。

1）因子女的事情出现分歧。老年夫妻在子女的事情上的分歧从学龄期的教育问题、衣食起居转移到工作就业、恋爱婚姻等问题上。双方存在不同的意见、想法，如果互不相让，冲突就会爆发，甚至会延续到孙辈的教育问题上。

2）兴趣爱好、价值观冲突。老年夫妻因为受教育水平、人生经历等方面的不同，在个人爱好、人生价值观上也会有所不同。尤其是在退休后，老两口相处的时间更多，缺乏相同的爱好或价值观不同，夫妻之间缺少共同语言，最终会导致其关系疏离、矛盾频发。

（3）主要策划方向

老年人婚姻家庭关系维护活动策划应该掌握以下几个方向。

1）保持良好的沟通。良好的沟通不仅可以减少夫妻双方不必要的矛盾，还可以有效地增进夫妻之间的感情。良好的沟通可以帮助夫妻双方深入彼此的内心世界，促进双方相互理解，减少矛盾的产生。

2）互相尊重是基础。俗话说“少年夫妻老来伴”，这表明大家早已认识到夫妻关系的重要性。在产生冲突的时候，夫妻双方应多欣赏对方的优点，学会尊重对方的意见，放弃偏见。

3）反省自身问题为根本。在矛盾发生时，人们会沉浸在明确的对错之分上，夫妻双方在相处中其实并不会存在利益纠葛，分出胜负对于解决矛盾并没有实质性的帮助。夫妻双方应学会在矛盾中妥协，学会反省自己，放弃固执的想法，相信“退一步海空天空，忍一时风平浪静”，这样事情才会出现转机。

4）多参与集体活动。人进入老年由于身体机能的下降和面子问题，不愿意走出家门参与学习和集体活动。存在不同的兴趣爱好和价值观的夫妻，更需要双方多参与团体活动，加强交流、合作的频率，在交流中消除彼此的偏见，在合作中促进价值观的重塑。

2. 老年人婚姻家庭丧偶问题处理活动的相关策划

丧偶无疑会给老年人带来沉重的打击，如果不做积极的调适，有些老年人会陷入不同程度的丧偶障碍之中，长期精神低迷，茶不思饭不想，老年人患病和死亡的概率会大幅度提升。因此，针对丧偶老年人的心理，我们应该做出及时的干预，根据丧偶老年人心理变化的 3 个阶段，有针对性地提供协助活动。在老年人婚姻家庭丧偶问题处理活动的策划中要注意以下几点。

（1）培养自我调适的能力

陪伴在身边几十年的爱人离世，老年人短时间内是无法接受的，我们在前期做好哀伤辅导服务的同时，更要注重培养老年人自我调适的能力。

（2）避免陷入自责和过度思念

自责的现象多发生在夫妻关系不和谐的家庭之中，对于自己以前和配偶发生的矛盾耿耿于怀，总觉得是因为与配偶的关系不好导致其离世或因没有弥补自己对配偶的亏欠而愧疚。在这种情况下，我们要注重开导老年人，并不是陷入自责或思念就是对配偶最好的告慰，最好的方式是勇敢地面对生活，重新树立对生活的信心，将生活继续下去。

（3）追求积极的新生活

在帮助老人度过丧偶低迷期后，下一阶段的工作是帮助老年人重塑信心。这个阶段的工作重点要落到协助老年人寻找新的、积极的生活方式上，帮助老年人投身家务和家庭生活中，使其能够独自生活。然后帮助老年人建立新的依恋关系，几十年的依恋关系被打破，重构依恋关系更难也更重要。如何帮助老年人和子女、朋友、异性等建立起代偿性的新依恋关系，是帮助老年人走出丧偶阴霾的关键。

3. 老年人再婚问题处理活动的相关策划

丧偶老年人对于再婚问题很慎重，他们不仅担心其间会发生的阻碍，更难跨过的是对逝去配偶的不忠感。因此，针对老年人再婚问题进行相关活动策划时应注意以下两个方面。

（1）消除老年人再婚的负面心理

受传统思想影响，部分老年人对于再婚，甚至黄昏恋都是有顾虑的。一是觉得自己年纪大了，可以一个人凑合着过，再找一个老伴也会遭人笑话。二是害怕子女反对，担心自己再婚会给子女带来精神上、经济上的负担。针对上述两种情况，首先应纠正老年人再婚不光彩的不理性思想，老年人再婚是一件正大光明的事情，不用担心外界的看法。如果遇到志同道合的对象，要抱着积极的心态去相处。其次，对于子女的顾虑是多余的，恋爱和婚姻是自由的，子女并不能因为自己是父母的至亲而干涉其自由，况且老年人有人相伴，在心理上也会有很大的改善，更有助于家庭的和谐。

（2）再婚后双方感情的巩固

老年人再婚之后，感情的巩固也是至关重要的。再次组合的家庭，由于以往的生活方式不同，加上老年人年纪大了，适应能力也弱化了，在日常生活中难免有意见相左的地方。所以协助他们巩固感情，是帮助他们解决问题的关键。在活动策划过程中，不要触动双方的心理敏感点，如回忆前夫或前妻、讨论双方的子女优缺点等。要多设计促进信任、了解的活动内容，协助再婚夫妇培养情感。

任务实施

1）活动设计：该社区共有 10 对金婚夫妻，七夕节将至，可以通过他们的爱情故事增强社区居民对婚姻家庭生活的信心与向往，以“金婚”为主题设计一场老年人婚姻家庭活动。

2）活动目的：展示“金婚”夫妻的婚姻相处之道，向社区居民传扬正向的婚姻家庭观。

3）活动形式：社区活动。

4）活动次数：1 次。

5）策划内容：对活动内容进行策划，填写表 9-2。

表 9-2　活动内容策划

项目		
活动节数		
活动主题		

续表

活动目标	
活动时间	
活动地点	
活动人员	
活动内容	
活动预算	

任务点评

组别	评价内容及分值					
	内容设计合理（20 分）	主题明确（20 分）	合理性提问（20 分）	品牌价值（20 分）	整体情况（20 分）	总分（100 分）
第 1 组						
第 2 组						
第 3 组						
第 4 组						
第 5 组						
第 6 组						
……						
总评价						
备注						

任务三　老年人婚姻家庭活动实施

案例导入

某居家养老服务中心的社工在与老年人的交流中发现，很多老年人年轻时由于条件的限制没能拍摄婚纱照，非常遗憾。针对该事件，社工计划开展一次七夕节婚纱摄影活动。

活动主题：爱在七夕，相约一生。

活动目标：圆社区中老年夫妻的婚纱梦，增进老年夫妻的感情。

活动策划：策划内容如表 9-3 所示。

表 9-3　活动策划内容

活动名称	爱在七夕，相约一生
活动意义	××社区现有老年居民近 5000 人，其中有很多老年夫妻，他们一起度过了最苦的岁月，养育子女，相携白头。他们在年轻的时候没有条件去照婚纱照，现在有了条件，想拍婚纱照，却没有合适的机会。为了圆社区中老年夫妻的婚纱梦，弥补老年夫妻没有拍婚纱照的遗憾，社区养老站今年也借着七夕节为老年夫妻补拍一张婚纱照，弥补缺憾
活动目标	① 为社区中的 50 对老年夫妻拍摄婚纱照； ② 弥补老年人没有拍婚纱照的遗憾； ③ 维系老年夫妻的感情，促进他们的关系； ④ 在社区倡导和谐婚姻的正能量

续表

<table>
<tr><td>活动地点</td><td colspan="2">××社区养老服务站</td><td>活动对象</td><td>社区内 60 岁及以上的居民</td></tr>
<tr><td>活动日期</td><td colspan="2">××××年××月××日
14:00～15:30</td><td>社工</td><td>××</td></tr>
<tr><td>活动的前期准备</td><td colspan="4">宣传：　QQ 群、微信群、张贴通知和现场宣传；
场地布置：活动开始前，社工把桌子和凳子放在化妆区域，用气球和彩带布置拍摄区域；
物资：婚纱、照相机、化妆品、气球、彩带、发饰、桌子、凳子、横幅；
资源：社工链接居民组织“快乐团队”和理发店为老年夫妻做造型</td></tr>
<tr><td>活动内容</td><td colspan="4">为老年夫妻拍摄婚纱照</td></tr>
<tr><td>活动流程</td><td colspan="4">① 整理头发：社工指引老年夫妻来到理发区域，理发店的工作人员为老年夫妻整理头发。
② 化妆：社工组织志愿者为老年夫妻化妆，穿婚纱。
③ 拍摄婚纱照：社工为准备完毕的老年夫妻拍摄婚纱照</td></tr>
<tr><td rowspan="17">经费预算</td><td>内容</td><td>数量</td><td>单价/元</td><td>总价/元</td></tr>
<tr><td>婚纱</td><td>5 套</td><td>100</td><td>500</td></tr>
<tr><td>横幅</td><td>1 条</td><td>30</td><td>30</td></tr>
<tr><td>宣传品（海报、宣传单、展架等）</td><td>1 套</td><td>200</td><td>200</td></tr>
<tr><td>相框</td><td>50 个</td><td>15</td><td>750</td></tr>
<tr><td>照片</td><td>50 张</td><td>5</td><td>250</td></tr>
<tr><td>口红</td><td>4 支</td><td>50</td><td>200</td></tr>
<tr><td>眼影</td><td>3 盒</td><td>50</td><td>150</td></tr>
<tr><td>粉底</td><td>5 盒</td><td>70</td><td>350</td></tr>
<tr><td>眉笔</td><td>5 支</td><td>20</td><td>100</td></tr>
<tr><td>腮红</td><td>4 盒</td><td>70</td><td>280</td></tr>
<tr><td>湿纸巾</td><td>3 包</td><td>6</td><td>18</td></tr>
<tr><td>发饰</td><td>10 种</td><td>10</td><td>100</td></tr>
<tr><td>氛围装饰品</td><td>1 套</td><td>200</td><td>200</td></tr>
<tr><td>消暑药品</td><td>5 盒</td><td>12</td><td>60</td></tr>
<tr><td>合计/元</td><td colspan="3">3188</td></tr>
<tr><td>预计困难及应对措施</td><td colspan="4">困难一：人数过少，达不到活动预计人数。
应对措施：联系社区加大活动宣传的力度，社工做好活动宣传工作，活动开展前提前通知报名拍摄婚纱照的老年夫妻活动的时间，确定其能够准时参加。
困难二：天气炎热，老年人中暑。
应对措施：提前开空调，让室内的温度处于恒温状态，准备好消暑药品和温水，供老年人饮用</td></tr>
</table>

任务描述

假如你是养老服务中心的社工，策划了本次七夕节婚纱摄影活动并即将实施，请根据掌握的活动策划知识执行此项活动。

相关知识

一、老年人婚姻家庭活动实施的含义

老年人婚姻家庭活动实施是指针对某个老年人婚姻家庭问题而开展具体的介入或服务，根据预期计划的组织形式、开展时间、开展地点等要素进行活动实施的过程。

二、老年人婚姻家庭活动实施的重要性

“执子之手，与子偕老”，这或许是大多数人心中婚姻的理想状态。我们都是孤独的个体，我们都渴望爱与被爱，我们都渴望找到一个精神的伴侣携手走到最后。老年人婚姻家庭活动的实施，可以帮助老年人建立健康的婚姻家庭生活，在活动参与中增强伴侣和家庭成员彼此间的关系，增加他们的亲密度，让他们拥有幸福的老年生活。

三、老年人婚姻家庭活动实施的程序

老年人婚姻家庭活动实施的程序如图 9-6 所示。

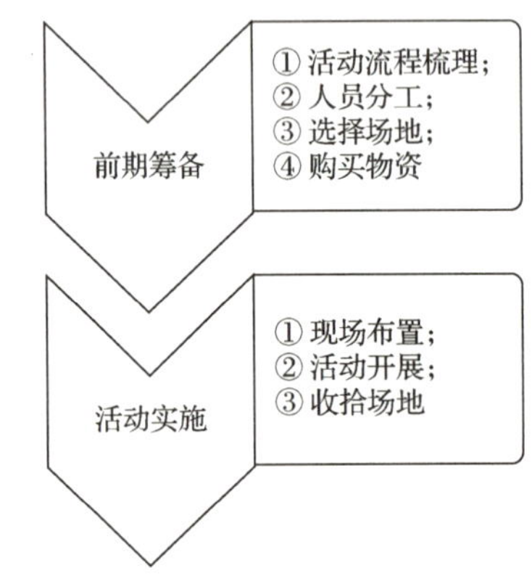

图 9-6　老年人婚姻家庭活动实施的程序

1. 前期筹备

1）活动流程梳理。活动实施前组织者要根据策划书梳理流程，及时弥补环节安排上的缺陷。

2）人员分工。活动组织者根据活动内容和人员能力进行合理分工，以保障活动有序进行。

3）选择场地。婚姻家庭问题的处理会涉及很多服务对象的隐私，因此在选择场地时要注重保密性，需要一个较为封闭的空间。

4）购买物资。物资筹备者根据活动策划购买相应的活动环节所需要的道具、奖品、宣传品等，要注意资金使用有度的原则。

2. 活动实施

1）现场布置。老年人婚姻家庭活动的场地布置要有温馨感，另外，因老年人的身体机能下降，活动能力受限，要特别考虑场地布置的安全性。

2）活动开展。老年人婚姻家庭活动常需要工作人员一对多地去开展工作，工作人员要注意各环节的时间掌控、注重和参与者互动、观察参与者的感受等。在活动开展前，根据不同类型、不同对象、不同服务期制订相应的应对预案。活动开展时，要时刻关注参与者在活动中的表情、状态、眼神、动作的变化。

3）收拾场地。活动完成后按照团队分工各自完成场地收拾工作，尤其是借用第三方场地时要提前拍照，物品设备归还原处，及时做好清洁卫生。

四、老年人婚姻家庭活动参与的基本原则

1. 自愿参与原则

老年人婚姻家庭活动需要参与者有自主性，如主动向工作人员分享自己的婚姻经历和感受，与工作人员一同参与问题目标的设定、计划的实施等。如果活动的参与者是被动参与到活动中的，将不利于目标达成甚至无法达成目标。

2. 尊重原则

每个人的经历不同，价值观和婚姻观也会有所不同。在服务中，老年人可能会有很多顾虑，常会表露出不自信，这时，工作人员需要适时地表露出信任与接纳，尊重老年人的决定和婚姻观。

3. 保密原则

老年人婚姻家庭活动会涉及很多老年人的隐私，因此要遵守保密原则。首先，工作人员要对老年人的个人信息做保密处理，对服务材料进行妥善保存，不借阅。其次，在团体活动中强调规则时，告诫参与者尊重彼此的隐私，活动后不向他人转述，不与他人探讨。

任务实施

1）活动设计：请根据所学的知识，结合“案例导入”，进行七夕节婚纱摄影活动实施前的梳理和完善。

2）活动目的：通过知识学习发现“案例导入”中的案例需要改进的地方。

3）活动形式：学生 5 人为一组，对活动流程进行讨论并找出不足。

4）活动时间：20 分钟。

5）活动步骤：

步骤一，分组讨论。

步骤二，汇报结果。

任务点评

组别	评价内容及分值					
	内容设计合理（20 分）	主题明确（20 分）	可操作性（20 分）	分工明确（20 分）	整体情况（20 分）	总分（100 分）
第 1 组						
第 2 组						
第 3 组						
第 4 组						
第 5 组						
第 6 组						
……						
总评价						
备注						

任务四 老年人婚姻家庭活动评估

案例导入

社工小张所在的机构要求社工对每项服务定期进行总结，并在每季度末对所执行的项目进行检查评估，小张对这项规定疲于应付，觉得自己有服务指标和文案需要完成，没有多余的时间对项目进行评估，其次他认为活动顺利完成就算结束了，反复评估多此一举。

任务描述

活动评估是对服务开展后的总结，开展有效的评估能够帮助我们进行目标完成情况的自查和活动反思。请对本项目任务三“案例导入”中的“爱在七夕，相约一生”七夕节婚纱摄影活动进行评估。

相关知识

老年人婚姻家庭活动可以通过深度访问法、基线评估法、介入影响测量法等方法进行评估。

一、深度访问法

深度访问法由以下两个方面构成：一是通过活动参与者的主观反馈，了解他们对于活动的感受及活动给他们带来的影响；二是通过询问活动组织者、工作人员及志愿者，了解活动的效果，与预期活动效果对比，对活动做出客观的评价。

1. 深度访问法的主要特点

1）研究在自然情境下进行，通过较长时间（半小时至数小时）的访谈收集信息。

2）问题探察深入，通过连续询问鼓励访谈对象阐述、解释所做的回答。

3）研究思路主要是归纳方法，立足一手访谈信息进行归纳推论。

4）研究过程是一个递归循环过程。访谈问题常会在访问过程中变化、调整，数据分析与收集同时进行，结果推论是一个持续演化的过程。

2. 深度访问法的工作流程

1）接收任务书。

2）制订访问方案，包括确定被访者条件、确认比例配额、确认访问时间。

3）预约被访者。

4）正式访问。

5）访问后整理分析工作，记录存档。

二、基线评估法

基线评估法是在介入开始时对服务对象的状况进行测量，建立一个基线作为对介入行动效果进行衡量的标准，以评估介入前后的变化判断介入目标达到的程度。基线评估法可以应用于对个人、家庭、小组或者社区的工作介入评估，通过对服务对象介入前、介入中和介入后的观察和研究，比较服务提供前后发生的变化。基线测量法具体的操作程序如下。

1. 建立基线

建立基线的方法步骤：首先，确定介入的目标。其次，选择测量工具，包括直接观察或使用标准化问卷及量表。最后，对目标行为进行测量并记录目标行为（或者思想、感觉、社会关系、社会环境）的情况。以上过程建立的是基线数据，此过程也称为基线期。

2. 进行介入期测量

建立基线后就开始对服务对象实施介入，并对基线调查中所测量的各项目标行为和指标进行再测量，以为数据比较之用。

3. 分析和比较

将基线期和介入期的数据按测量时间和顺序制成图表，以夫妻矛盾发生次数为例，如图 9-7 所示，将每个时期的数据资料进行连接，呈现数据的变化轨迹和变化趋势，并将基线期和介入期的数据进行对比。如果两个数据不同，一般可以认为是介入本身作用的结果。

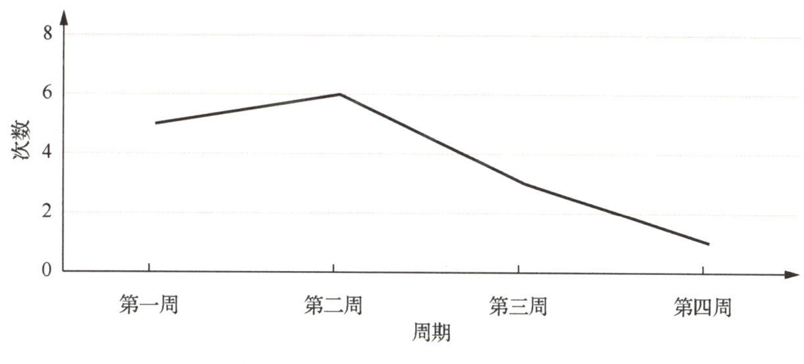

图 9-7 夫妻矛盾发生次数变化轨迹

三、介入影响测量法

介入影响测量法通常是以服务对象满意度测评、服务对象自我评估、社工自我评估等方式进行的。下面介绍两种常用的问卷调查的测量方法。

1）满意度调查问卷（图 9-8）。通过询问老年人对活动的评价，获得他们对本次活动的意见，从而对活动是否为老年人所接受做出评估。

2）活动成效评估问卷（图 9-9）。通过询问参加活动的志愿者、工作人员等，以活动所宣传知识的接受程度、活动中出现的问题，来评估活动是否对老年人产生了有益影响，是否达到了活动目的。

以上两种评估均在活动完成之后进行，可以由志愿者负责向参加完活动的老年人及参与活动的志愿者、工作人员等发放并现场回收问卷。这类方法的特点在于效率高，答案更易于整理和分析。

满意度调查问卷

请在合适的选项上打“√”。

1．您觉得本次活动对您的婚姻家庭生活有帮助吗？（　　）

A．非常有帮助　　B．有帮助　　C．不知道

D．基本没有帮助　　E．完全没帮助

2．对以下陈述，您有什么看法？（在合适的方框内打“√”）

陈述	十分同意	同意	一般	不同意	很不同意
活动使我快乐					
通过活动我学习到与婚姻维系相关的知识					
活动对我今后的婚姻家庭生活会有影响					

3．您喜欢这种活动的形式吗？（　　）

A．喜欢　　B．不知道　　C．不喜欢

4．总体来说，您是否对活动感到满意？（　　）

A．很满意　　B．满意　　C．一般

D．不满意　　E．很不满意

5．以后有类似老年人婚姻家庭活动您是否还会参加？（　　）

A．会　　B．不知道　　C．不会

图 9-8　满意度调查问卷样式

活动成效评估问卷

请在下面合适的方框内打“√”。

陈述	十分同意	同意	中立	不同意	很不同意
这次活动达到了预期目标					
这次活动气氛好					
您对这次活动感到满意					
活动中工作人员和志愿者团结合作					
活动中没有出现重大失误					
活动的宣传好，吸引人					
活动使您有新的收获					
活动使您对婚姻家庭有了进一步的了解					

参加今天的活动，您的感受：

今天您获得了哪些新知识或技巧：

对于活动的不足，您的建议：

图 9-9 活动成效评估问卷样式

任务实施

1）活动设计：为本项目任务三“案例导入”中的“爱在七夕，相约一生”七夕节婚纱摄影活动设计一份满意度调查问卷。

2）活动形式：学生 5 人为一组进行讨论，完成满意度调查问卷设计。

3）活动时间：40 分钟。

4）活动步骤：

步骤一，分组讨论。

步骤二，汇报结果。

任务点评

组别	评价内容及分值					
	内容设计合理（20 分）	主题明确（20 分）	合理性提问（20 分）	易理解（20 分）	整体情况（20 分）	总分（100 分）
第 1 组						
第 2 组						
第 3 组						
第 4 组						
第 5 组						
第 6 组						
……						
总评价						
备注						

拓展阅读

婚姻像一只风筝

婚姻像风筝，风筝要经历以下几步，婚姻也一样。第一步：做风筝。用竹子做骨，骨要硬，还要韧。对于婚姻，这骨是什么？是爱，不掺任何杂质的爱。第二步：修饰。风筝做好了，要给风筝上色，再配置彩色的尾翼。如此，风筝才美，才有魅力。婚姻亦然，爱是基础，但只有爱还是不够的，还要有仪式感，一束玫瑰、一个惊喜、一场舞会、一次旅游……如此，婚姻才能更长久。第三步：放飞。风筝天生是要飞的，在蓝天白云间展示它的风姿。婚姻也要有自己的空间，没有空间的婚姻会窒息。但空间不能无度，线要在手中抓好，一旦松手，便会飘走。第四步：养护。岁月会磨蚀风筝，因此，风筝要经常养护，哪个地方松动了，就需要加固；色彩旧了，就需要涂上新的色彩。婚姻也一样，要用爱不断给婚姻注入新的生机。

拓展练习

一、单选题

1. 对于家庭发展过程，表述有误的是（　　）。
   A. 子女离家时期是与中年家庭同时发生的
   B. 前期家庭生命周期时间较短
   C. 老年家庭的比例约占 1/4
   D. 家庭的发展过程分为 8 个阶段
2. 婚姻或男女双方的夫妻关系因结婚而成立，因（　　）而解体或消除。
   A. 离婚　　B. 丧偶　　C. 分居　　D. 再婚
3. 下列关于保密原则表述有误的是（　　）。
   A. 活动中会涉及很多老年人的隐私，因此要遵守保密原则
   B. 工作人员要对老年人的个人信息做保密处理
   C. 团体活动中要强调保密原则
   D. 服务对象的情况可以和同事在会议中进行探讨
4. 选择活动场地，下列做法正确的是（　　）。
   A. 选择场地时要注重保密性
   B. 为了方便老年人寻找，活动场地不能更换
   C. 为了保密性，场地不能在公共场所
   D. 场地应选择在人流量大、能吸引人参与的场所
5. 下列关于基线评估法表述有误的是（　　）。
   A. 基线评估法首先需要建立一个基线作为对介入行动效果进行衡量的标准
   B. 以评估介入前后的变化判断介入目标达到的程度
   C. 基线测量需要对服务对象介入前、介入中和介入后的观察和研究
   D. 基线测量只能用于个人效果的测量
6. 下列关于介入影响测量法的表述正确的是（　　）。
   A. 通常以服务对象满意度测评、服务对象自我评估、社工自我评估等方式进行
   B. 只能通过服务对象满意度测评、服务对象自我评估、社工自我评估等方式进行
   C. 通常以服务对象满意度测评、服务对象对社工的评估、社工自我评估等方式进行
   D. 只能以服务对象满意度测评、服务对象对社工的评估、社工自我评估等方式进行

二、多选题

1. 丧偶老年人的心理变化阶段包括（　　）。

   A. 自责阶段　　B. 过渡阶段　　C. 恢复阶段

   D. 重塑阶段　　E. 怀念阶段

2. 老年人再婚成功的条件有（　　）。

   A. 新婚夫妇皆有健康的身体

   B. 有足够的收入和稳定的经济来源

   C. 家人及朋友赞同

   D. 以前的婚姻没有大问题

   E. 有相同的价值观或兴趣爱好

3. 老年人再婚的负面心理主要有（　　）。

   A. 受传统思想影响，再婚是对前夫/前妻的不忠

   B. 觉得自己年纪大了，可以一个人凑合着过

   C. 害怕子女反对

   D. 受经济能力限制

4. 针对老年人再婚问题进行相关活动策划时应注意（　　）。

   A. 消除老年人再婚的负面心理

   B. 明确双方子女的赡养责任

   C. 再婚后双方感情的巩固

   D. 家庭重组后经济和角色地位

5. 老年人婚姻家庭活动参与的基本原则有（　　）。

   A. 自愿参与原则　B. 尊重原则　　C. 保密原则

   D. 保持同理心　　E. 不批判

6. 深度访问的工作流程包括（　　）和访问后整理分析工作，记录存档。

   A. 接收任务书

   B. 制订访问方案

   C. 预约被访者

   D. 正式访问

三、简答题

1. 在了解婚姻家庭问题的初期，选择哪种访谈法更为恰当？为什么？

2. 基线评估法可以应用于对个人、家庭、小组或者社区的工作介入评估的原因是什么？

3. 为什么深度访问法的研究过程是一个递归循环的过程？

项目总结

老年婚姻人各异，亲密疏离苦寻觅。
家庭生活须珍惜，老来相伴更不易。
各类活动促和谐，尊重保密自参与。
活动可分四步走，服务须满足需求。
婚姻评估三方法，活动评估不可少。

项目十

老年人安全活动策划与实施

项目导读

人老了最需要什么？最多的答案是“安享晚年”。老年人辛辛苦苦一辈子，尝尽了人生的酸甜苦辣，老了确实需要安享晚年了。安享晚年的前提是“安”，只有“安”了，才谈得上“享”。

“安享”的“安”就是“安全”，人老了，最需要一个安全舒适的生活环境。老年人的安全感来自哪里？有来自个人或家庭的，也有来自环境的。

从个人层面来讲，几乎所有老年人，特别是高龄老年人随着体力和精力进入衰退期，可能会出现各种疾病需要长期服药，或者出行需要特别注意，或是因为独居存在安全隐患，会存在用药方面、居家或出行等方面的安全知识学习需要。

从环境层面来讲，现今网络发达，诈骗分子的骗术越来越高明，老年人因为缺乏科学知识或判断力较低，成为诈骗分子的主要欺骗对象。

老年人安全意识不强、安全知识欠缺而导致的安全事故，会使老年人安全感下降。社工的责任不仅在于呼吁社会关注老年人群体，还在于从老年人群体出发，提升其安全意识和安全知识技能。本项目将针对各种骗局运用主题活动的方式对老年人进行案例教育。

【学习目标】

『知识目标』

1. 了解老年人安全活动的概念。
2. 掌握老年人安全活动策划及实施的一般步骤与流程。
3. 了解老年人安全活动的类型。

『技能目标』

1. 掌握老年人安全活动策划与实施的流程与技巧。
2. 能够处理老年人安全活动中的突发状况。
3. 能够对老年人安全活动的开展和成效进行反思和改进。

『职业素养目标』

1. 能够综合考虑情况，能够对老年人的安全需求进行识别和精细划分。
2. 有对老年人安全活动进行成效评估的意识。

任务一　老年人安全活动概述

案例导入

某社区是一个有着20多年历史的老旧社区，辖区面积0.3平方公里，其中农转非居民楼22栋、40个单元，共有居民16 000余人。该社区由安置房、商业美食街及12个功能性社会单位构成。辖区流动人口较多，人口成分复杂，管理差，常发生盗窃事件。老旧小区建设之初，规划比较简单，配套设施不齐全，如楼道内墙面脱落、楼梯无扶手、没有公共照明、无消防设施等。在治安方面，老旧小区普遍存在无封闭围墙、无门岗、无电子防盗装置、无路灯照明等问题。由于存在诸多安全隐患，老旧小区的治安案件发生率呈逐年上升趋势。在居民意识上，农转非居民本性淳朴，习惯了散居生活，容易轻信陌生人，加上科技的快速发展，居民对新科技没有认识，常常遇到诈骗事件。居民之间也时常因为一些小事发生冲突，社区纠纷调解案件每年至少200起。

任务描述

假如你是这个社区的社工，针对社区存在的诸多问题，你会采取什么措施保障社区居民的安全？

相关知识

一、老年人安全与老年人安全活动的概念

1. 老年人安全的概念

安全是指不受威胁，没有危险、危害、损失。在社会工作服务中，安全是开展服务的重要前提，没有了安全，生命就没有了保障。老年人安全是指老年人在生活中不受他人威胁、没有生命危险。

2. 老年人安全活动的概念

社会工作服务中，常常通过活动的形式去服务受益对象，所谓的活动是指针对某一特定的问题或者某一主题，工作人员针对个人或群体提供解决问题的方法或者信息而采取的各种行动。老年人安全活动则是针对老年人在生理、心理、社会等方面的安全，以提供娱乐活动、语言交流、情景模拟等形式多样的安全主题服务来提高老年人的安全意识、安全避险能力，以预防安全事故的发生，从而提高老年人的安全指数。

二、老年人安全活动的类型

1. 按活动内容划分

按活动内容，老年人安全活动可以分为老年人人身安全、老年人财产安全、老年人

日常安全、老年人心理安全。

（1）老年人人身安全

人身安全从狭义的角度是指自然人身体本身的安全，从广义的角度是指人的生命、健康、行动自由、住宅、人格、名誉等安全。我们常见的老年人人身安全的案例有老年绑架、老年道德绑架、老年隐私泄露等。

（2）老年人财产安全

财产安全是指拥有的金钱、物资、房屋、土地等物质财富受到法律保护的权利的总称。常见的老年人财产安全的案例有老年电信诈骗、老年抢劫、老年盗窃、财产继承纠纷等。

（3）老年人日常安全

日常安全是指日常生活中遇见的安全问题，包括交通安全、消防安全、用药安全、健身安全、居家安全、户外安全、出行安全等。日常安全事故在生活中发生的频率最高。

（4）老年人心理安全

心理安全可以理解为心理健康，所谓的心理健康就是指人的基本心理活动的过程内容完整、协调一致，即认知、情感、行为、人格等完整和协调，能适应社会，并与社会保持同步。常见老年人心理安全的案例有老年抑郁、对退休生活的非理性认知、晚年孤独等。

2. 按活动形式划分

按活动形式，老年人安全活动可分为趣味型安全活动、宣传型安全活动、体验型安全活动。

（1）趣味型安全活动

趣味型安全活动，即以寓教于乐的形式开展安全活动，通过玩游戏、知识抢答等方式，提高服务对象的积极性，化解常规活动模式的枯燥感，让服务对象在玩乐的同时掌握、学习安全知识。

（2）宣传型安全活动

在宣传型安全活动中，服务对象主要扮演信息接收者的角色，活动执行者将安全知识信息传递给服务对象。活动宣传主要通过展览、发放宣传单、社区张贴栏海报宣传等。

（3）体验型安全活动

体验型安全活动，即活动内容以实际操作为主，服务对象能亲身体验到、感受到服务。例如，学习灭火器的使用方法，将灭火器拿给服务对象，按科学的步骤实际操作。这种类型的活动是比较受服务对象欢迎的活动形式。

3. 按活动方法划分

按活动方法，老年人安全活动可分为个案安全活动、小组安全活动、社区安全活动。

（1）个案安全活动

个案安全活动，即针对服务对象（个人或家庭）个别化的需求，制订一对一的服务计划，为其提供专属的服务活动，活动内容、形式根据服务对象的具体情况而定。

（2）小组安全活动

小组安全活动，即针对有共性需求的一群服务对象，设计小组安全活动，通过小组成员的深入探讨，共同学习，满足组员共同的需求，小组活动的人数以 8～12 人为最佳。例如，有 8 个服务对象对电信诈骗不了解，那么可以策划开展“告别电信诈骗”小组活动。

（3）社区安全活动

社区安全活动的服务人数较多，活动规模较大，活动内容需要丰富多彩。社区安全活动通常以开放式和封闭式两种方式开展，活动内容紧紧围绕活动主题。例如，开展消防安全社区活动，活动内容可以是消防安全知识问答、学习使用消防器具、发放消防安全宣传单等。

任务实施

分析“案例导入”中的案例，结合“相关知识”，学生 5 人为一组，分析讨论该社区存在的安全问题，填写表 10-1。针对社区存在的安全问题，讨论可以采取的措施。

表 10-1　该社区存在的安全问题及类型

安全问题	安全类型
问题一：	
问题二：	
问题三：	
问题四：	
……	

任务点评

组别	评价内容及分值			
	问题陈述（30 分）	活动分类（40 分）	应对措施（30 分）	总分（100 分）
第 1 组				
第 2 组				
第 3 组				
第 4 组				
第 5 组				
第 6 组				
……				
总评价				
备注				

任务二 老年人安全活动策划

案例导入

某社区 2017 年立项了一个社区社会工作室服务项目，主要服务方向是安全建设。项目执行社工策划了“七彩科学站”的系列安全教育活动，包括消防安全、交通安全、居家安全、用药安全、健身安全、电子安全、食品安全等教育活动。每一个主题的活动，都以不同的形式开展，以此提高社区居民的参与度，提升居民的安全意识。近期，社工计划开展一场消防安全主题活动。

任务描述

请策划实施一场消防安全主题活动。

相关知识

一、老年人安全活动策划的概念

老年人安全活动策划主要根据老年人存在的安全问题，设计形式多样的活动内容来提高老年人的安全意识和避险能力。社工通常根据不同服务群体的特征，策划不同形式的活动。老年人安全活动策划的特点：一是活动有鲜明目的性，策划的活动是有意义、有价值的；二是活动具有社会性，好的活动策划参与性和互动性比较高；三是活动具有较高的价值，服务对象参与活动之后能够真正学习到相关知识，或者实现其价值。

二、老年人安全活动策划的原则

老年人安全活动策划并不是看起来那么简单，活动内容要适合老年人的特点。策划的每一个活动步骤都应该是相扣的，要回应活动的目标。为了保障老年人安全活动的顺利实施，在做老年人安全活动策划时要遵循以下 3 个原则。

1. 目的性原则

老年人安全活动的策划要遵循目的性原则，活动内容的设计应以实现活动目标为中心，这样活动策划才有价值、有意义。具有明确清晰的目的是活动策划成功的重要前提。

2. 可行性原则

在活动方案制订的过程中，需要考虑老年人的特点，如活动的形式是否适合老年人、活动的内容老年人是否能理解、活动的时间是否符合老年人的活动时间等，要保证活动方案切实可行。

3. 专业性原则

社工不是专业讲解安全知识的人员，在进行活动策划时，要考虑相关的安全知识由谁向服务对象传递。社工要做的是资源链接、组织策划、满足服务对象的需求等专业服务。

三、老年人安全活动策划的流程

老年人安全活动从策划到实施一般分为 5 个步骤：前期调查、活动主题选择和活动目标设定、活动方案设计、活动具体实施、活动评估，如图 10-1 所示。

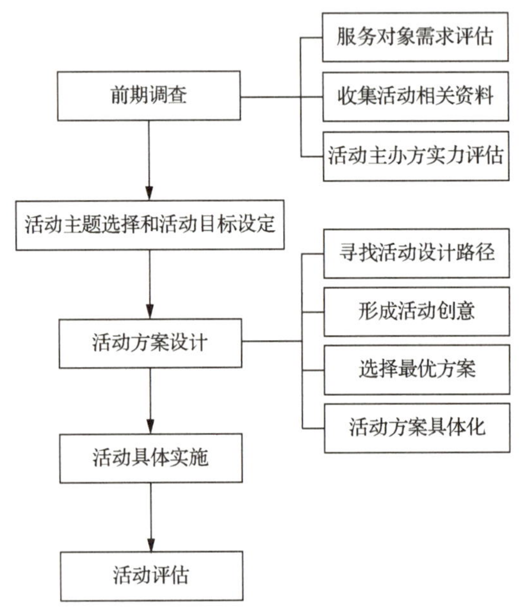

图 10-1　老年人安全活动从策划到实施的 5 个步骤

四、老年人安全活动策划的要素

老年人安全活动策划的要素：一是活动背景，即这场活动基于什么背景开展；二是活动目的，即活动所想要达到的效果和意义；三是活动主题，即活动策划的灵魂，活动主题应言简意赅、紧扣活动中心思想；四是活动内容，活动内容是活动策划的核心，包括活动时间、活动地点、活动对象、活动流程等内容。除以上要素外，老年人安全活动策划还应包含活动预算、活动安排、活动预计困难及应对措施等因素。图 10-2 是某活动策划书的模板。

<table>
<tr><td colspan="6">××活动策划书</td></tr>
<tr><td>活动主题</td><td colspan="5"></td></tr>
<tr><td>活动背景</td><td colspan="2"></td><td></td><td colspan="2"></td></tr>
<tr><td>活动时间</td><td colspan="2"></td><td>活动负责人</td><td colspan="2"></td></tr>
<tr><td>活动形式</td><td colspan="2"></td><td>活动人数</td><td colspan="2"></td></tr>
<tr><td>活动目的</td><td colspan="5"></td></tr>
<tr><td>活动内容</td><td colspan="5">活动内容及流程</td></tr>
<tr><td rowspan="4">活动日程安排</td><td>时间</td><td>内容</td><td>物资</td><td>负责人</td><td>备注</td></tr>
<tr><td></td><td></td><td></td><td></td><td></td></tr>
<tr><td></td><td></td><td></td><td></td><td></td></tr>
<tr><td></td><td></td><td></td><td></td><td></td></tr>
<tr><td rowspan="5">活动预算</td><td>物资名称</td><td>单价/元</td><td>数量</td><td>总价/元</td><td>备注</td></tr>
<tr><td></td><td></td><td></td><td></td><td></td></tr>
<tr><td></td><td></td><td></td><td></td><td></td></tr>
<tr><td></td><td></td><td></td><td></td><td></td></tr>
<tr><td>合计/元</td><td colspan="4"></td></tr>
<tr><td>活动预计困难</td><td colspan="5">预计困难及解决方法</td></tr>
<tr><td>活动评估方法</td><td colspan="5">活动评估方法、评估内容</td></tr>
</table>

图 10-2 活动策划书模板

任务实施

1）活动设计：根据“案例导入”，策划一场消防安全主题活动。

2）活动形式：结合“相关知识”，参考“案例导入”，以小组为单位，进行消防安全模拟体验。

3）活动时间：60 分钟。

4）活动目的：提高消防安全意识，掌握消防器具的使用技巧。

5）活动步骤：

步骤一，确定需要了解的消防安全知识，填写表 10-2。

表 10-2 需要了解的消防安全知识

安全知识	内容
知识一	
知识二	
知识三	
知识四	
知识五	
……	

步骤二，一组作为活动主办方，另一组作为参加者，以模拟体验式教学开展活动。

步骤三，根据模拟教学情况，各小组派代表进行总结发言。

任务点评

组别	评价内容及分值			
	活动策划（30 分）	活动策划流程（30 分）	活动策划要素（40 分）	总分（100 分）
第 1 组				
第 2 组				
第 3 组				
第 4 组				
第 5 组				
第 6 组				
……				
总评价				
备注				

任务三　老年人安全活动实施

案例导入

某社区为了提高老年人防骗意识，计划开展一次老年人防骗安全活动，在活动策划完成之后，工作人员做了以下工作。

第一，在社区内张贴活动通知，吸引社区居民参与活动。

第二，做好活动现场人员分工，活动分为 3 个环节进行，落实主带人员和辅导人员。

第三，准备活动现场的物资。

在活动当天，出席活动的居民有 10 名，工作人员 8 名。活动开始之前，工作人员带领居民进行了热身游戏，接着为居民讲解了以电信诈骗为主的网络诈骗案例和防骗技巧。其间，有居民说看不清 PPT 上的字。活动结束之后，有的居民问工作人员“今天发什么礼品？”“可以多给我一份吗？”因为礼品的颜色问题，居民之间还闹了点意见。工作人员为居民发放了活动纪念品，并告诉居民希望以后能够多多参与社区组织的活动。

任务描述

学生 6～10 人为一组，开展一场以防骗为主题的老年人安全活动，并讨论活动中的每个环节应该完成的具体工作。

相关知识

一、老年人安全活动实施的一般程序

1. 活动前的调研

服务对象是活动的目标群体，真实了解、分析服务对象的需求，是制定活动目标和规划活动内容的基础和依据。例如，在某些交通不便的农村地区，开展“乘坐公共交通工具安全”的主题活动就是不太合适的。在农村，曾有老年人接到陌生人的电话，说自己的儿子出了车祸昏迷，在医院抢救，急需一笔钱。老年人走了 10 多公里的山路，将辛辛苦苦攒了一辈子的钱邮寄给了骗子。这类情况虽然少，但是发生的几起对受骗村民的影响至远至深，难以测量。骗子的借口各不相同，除了出车祸的理由，还有违法犯罪被抓需拿钱取人、借了高利贷被追杀等理由。结合这些情况，可得出给村内的老年人组织开展以电信诈骗为主题的防骗安全活动较为合适，以此确定活动的总目标：帮助农村老年人提高防电信诈骗意识，掌握防电信诈骗技巧。

了解服务对象的需求可通过多种途径，除了走访服务对象，与其面谈外，也可以通过向社区工作人员咨询、对社区环境进行观察、对社区历年来发生的安全事故进行综合分析等方式获得。

2. 活动宣传和动员

（1）宣传和动员的方式

为了提高老年人的参与性，扩大活动的覆盖范围及成效，活动前期应开展多方位、多渠道的宣传。老年人安全活动宜在社区内开展，所以宜采用成本较低的宣传方式。在这里，主要介绍在社区内开展活动常用的 3 种宣传方式。

1）海报宣传。海报能够比较清楚地说明和展示活动的信息，如时间、地点、内容等，并且广告设计能够吸引更多人的关注。海报可以张贴在社区内人流量较大的地方，如小区广场、楼道入口、电梯旁等。选择用海报宣传的方式应注意以下几点：第一，海报设计应简洁醒目，设计风格要与主题保持一致；第二，海报要张贴在显眼的位置，但更要张贴在规定位置，不得随意张贴。老年人安全活动的宣传，尤其要注意海报所张贴的位置应适宜老年人阅读，选择的位置及高度应适宜老年人观看。

2）居民宣传。一方面，老年人当中不乏具有较高组织能力和宣传能力的热心群众，通过他们进行宣传，活动可信度更高，同时利用他们的号召力，能够动员更多人参与到活动当中；另一方面，有不少老年人更愿意把自己看成是一个有能力的人，且有参与志愿服务的热情，宣传基本不用成本。在不影响居民正常休息的情况下，还可以通过夜巡喊话的方式进行。另外，在宣传过程中还可以让宣传人员注意收集本社区存在的与本次安全主题活动相关的信息。

3）新媒体宣传。城市老年人特别是刚刚退休的老年人，普遍会使用微信，而且很喜欢通过微信的方式进行交流。所以，工作人员在活动宣传的时候，也可通过微信的方式向老年人推广。除了利用微信进行活动前的预告宣传外，还可以让参与者用微信记录参与活动的过程，通过分享让未到现场的朋友了解活动开展情况，如果是系列活动，还可随时征询参与人员的意见和建议，实时对活动成效进行测评。这种方式也有一定局限性，微信的宣传受限于“朋友圈”，宣传的广度不够。

工作人员还可以通过建立微信群，发起老年人安全知识讨论，引发老年人进行自我思考和经验分享。

（2）宣传和动员的内容

老年人安全活动一般采用体验参与式或情景模拟式的方式开展，以提高老年人的安全意识。所以，在宣传的时候，除了告知老年人活动的时间和地点，以及在参与过程中的注意事项，还可以让老年人收集与活动主题相关的、身边发生的安全事故，在活动现场分享事故发生原因及经验教训，促进大家交流、讨论，更重要的是提高老年人的安全意识。

3. 活动前的准备和确认

为保证活动顺利、安全实施，在开展活动之前应再次对活动现场进行确认，确认场地、设备、物资等是否安排妥当，人员是否落实到位，如果要用到 PPT，确认其字体是否合适，颜色搭配是否能够清晰显示内容，这些都是工作人员需要注意的地方。除了活动主带人员，活动的协调人员和安全保障人员也是很重要的。

4. 活动的具体实施

活动的具体实施是将活动方案付诸实践的过程，活动实施的成功与否直接关系到服务对象的需求是否得到满足、活动成效是否得以体现。但是，活动实施虽然是按照方案进行的，但并不意味着照章办事、一板一眼，活动实施过程中要注重灵活性，尤其要妥善处理突发情况，并及时采取措施。在老年人安全活动中，要注意以下几个方面的内容。

（1）场地

大多数老年人因为年龄和身体方面的因素，行动不如年轻人轻快，在布置活动场地的时候要注意地面的平整度，如果有坑洼或台阶，应有醒目的标识。

（2）秩序维护

要安排专门的秩序维护人员，不得由活动现场其他岗位人员兼任。如有意外事故发生，应立即处理。

（3）收集活动资料

除了收集活动痕迹资料（如签到表、满意度、照片等）之外，工作人员还可以结合活动主题，根据参与活动的服务对象身边的安全事故案例，撰写安全口诀等，促进活动成效的提升，让服务对象的安全意识得到进一步提高，减少安全事故发生。

二、老年人安全活动实施的应急处理

设计方案的时候要特别注意本次老年人安全活动可能会在哪些方面出现安全事故，并制订应急预案。如果是大型活动，除了配备安保人员之外，还应准备意外事故的紧急救助物资。

任务实施

结合“案例导入”，参考“相关知识”，以小组为单位，设计策划一场以老年人为主要对象、以防骗为主题的活动，将每个环节应该完成的具体工作填入表 10-3 中。

表 10-3　活动的每个环节应完成的具体工作

序号	活动内容	具体工作	备注
1	活动开始前的准备		
2	活动过程中的掌控		
3	活动后的评估和总结		

任务点评

组别	评价内容及分值			
	准备工作（20 分）	活动现场掌控（40 分）	活动总结和评估（40 分）	总分（100 分）
第 1 组				
第 2 组				
第 3 组				
第 4 组				
第 5 组				
第 6 组				
……				
总评价				
备注				

任务四　老年人安全活动评估

案例导入

某社区为创建安全社区，全年开展了多场次主题安全活动。在迎检的时候，工作人员呈现了很多服务的记录和照片材料，并有 PPT 的汇报。材料按照创建要求撰写和存档，保留了每次活动的策划、记录和通信稿。工作人员信心满满，觉得一定会创建成功。但结果出乎所有工作人员的意料。为解其中之惑，社区请一名高校教师到社区，按照之前的汇报方式再向教师汇报了一遍，请求指教。听完所有的汇报，教师指出："你们的服务看起来很热闹，也确实做了不少事情，但是有几个问题想要问一下。

1）开展这些活动的出发点是什么？

2）每场活动为实现安全社区起到的作用是什么？

3）你不断提到的是开展了很多场次的活动，看上去也有不少人参与，但这些安全活动的开展对个人、社区的改变和影响有哪些？"

任务描述

假设你是某社区的一名工作人员，社区要开展老年人安全活动，安排你去做活动策划和组织，评估是其中很重要的一个部分。为了更好地完成任务，你不仅要做好活动的策划和实施，还要做好服务成效的评估，向不在活动现场的领导汇报活动成效。请根据"相关知识"设计一份活动评估方案。

相关知识

一、老年人安全活动评估的类型

评估作为一项社会活动，运用科学的衡量方法，对某项事物进行宏观或微观、系统或具体的分析，以便在可行性、价值度、重要性方面对该项事物进行评价。

老年人安全活动评估的内容主要包括对活动的完成情况、活动的过程、目标的达成度的评估，可以从现场评估和跟进评估两方面展开。

1. 现场评估

现场评估主要针对活动的现场开展情况进行总结和评估，在于评价活动开展的质量，对有关活动提供一个基本的描述，帮助有关人员了解整个活动的进程和基本情况，也可以利用评估资料对活动的优劣势及工作人员和志愿者的工作分配情况等进行分析。现场评估又可以分为效果评估和时间评估。

（1）效果评估

进行效果评估，应做好以下几个方面的工作：一是明确本次老年人安全活动的目标并进行罗列；二是确定评估的量度准则，即考虑怎样去测评，将活动目标的表达转变成可观察或可衡量的指标。效果评估的内容主要包括对活动的辐射范围、参与人数和参与程度、目标达成度、现场秩序等的评估。

效果评估可以通过问卷调查、访谈或工作人员观察等方式进行。如果通过问卷调查进行评估则可以是通过前后测问卷直接呈现服务成效（前测可在活动开展前甚至是做调研的时候开展），但问题最好简单、简短，以便老年人理解，当然也要考虑不认识字的老年人。

（2）时间评估

活动时间的长短和间隔不仅要考虑老年人的年龄和身体因素，也要考虑其与活动开展类型的契合度。如果是体验式的主题活动，要考虑运动量是否适度，适当安排休息时间。

2. 跟进评估

老年人安全活动的现场评估往往不能很直接地总结出是否已经达成活动预设目标，或者活动是否有额外的成果，所以，活动的跟进评估必不可少。跟进评估更注重活动前后的变化。跟进评估包括个人影响评估和社区影响评估。

（1）个人影响评估

在活动结束之后，随机选择一定比例的服务对象进行跟进，了解活动对个人及其家庭的影响和改变有哪些。将收集到的信息进行整理、分析，据此对活动在个人影响方面进行评估。

（2）社区影响评估

社区影响评估可以通过总结活动现场参与人数，估算活动影响的人群数量并与活动结合，评估活动结束之后该活动对社区的影响。评估的对象既可以是直接参与活动的人，也可以是居住在社区内的其他居民、社区工作人员等相关群体。另外，社工还可以通过走访直接观察社区的变化，如通过照片记录、对话的方式了解社区前后变化。

二、老年人安全活动评估的方法

1. 问卷调查法

问卷调查是活动成效最直接的反应方式，一方面是针对活动成效的问卷，另一方面是针对服务对象的满意度问卷。活动成效问卷可通过前后对比的方法，了解服务对象参与活动前后的安全意识和安全知识技能掌握情况；也可通过比较组和控制组的方法，了解参与活动和没有参与活动的人员在安全意识与安全知识技能掌握方面的区别和差异，从而测评活动成效。满意度问卷可包含服务对象对活动方式、活动时间等的意见，服务对象认为社区内还需开展的安全主题活动的类型，以及所有可以更好提升社区老年人安全意识和安全知识技能掌握的建议。

2. 访谈评估法

访谈评估指选择一定数量的服务对象，进行面谈评估。如果是活动现场的访谈评估，主要针对老年人安全活动实施情况进行评估；如果是活动结束后的访谈评估，则应在访谈前做好访谈提纲，明确访谈的目的，以活动对老年人的个人影响为重点，防止访问偏题而影响评估效果。

3. 观察和自我总结法

观察主要是记录活动现场的所见所闻，主要针对活动现场实施情况和活动目标达成情况。自我总结主要是让工作人员进行反馈，如工作人员的表现、工作人员对活动的想法和在活动现场的感受、遇到的困难或挑战及处理方式等。通过对以上取得的资料进行分析、总结来评估本次活动的成效。

不管是采用现场评估还是跟进评估，还是采用两者结合的方式进行评估；不管是通过问卷调查、访谈评估、观察和自我总结的评估方法，还是多种评估方法相结合的方式进行评估，完整的评估应该是对各种评估结果进行整合和分析得出的，从活动对个体的影响和改变去看活动对社区的影响和改变。老年人安全活动开展的宗旨，不仅仅是提高老年人个体的安全意识和防伤害的技能，更应该是从个体层面的改变促进整个社会大众、社会环境的安全意识和安全环境的建设，让老年人不仅有健康的身体，还有安全舒心的生活环境。

任务实施

1）活动设计：根据本项目任务三的“任务实施”，对以防骗为主题的老年人安全活动的实施进行评估。

2）活动形式：结合“相关知识”，参考“案例导入”，以小组为单位，对以防骗为主题的老年人安全活动做出评估总结。

3）活动目的：掌握老年人安全活动的评估方法和注意事项。

4）活动步骤：

步骤一，选择评估方法。

步骤二，根据选定的评估方法，结合实际案例，根据评估内容指标给出活动评估总结。

步骤三，进行小组分享，通过总结分享呈现活动成效。

任务点评

组别	评价内容及分值			
	评估方法（20分）	资料收集（40分）	分析总结（40分）	总分（100分）
第1组				
第2组				
第3组				
第4组				
第5组				
第6组				
……				
总评价				
备注				

拓展阅读

可运用老年人家居安全查对表（表10-4）检查老年人家中可能存在的安全隐患。

表10-4 老年人家居安全查对表

运用本表检查老年人家中可能存在的安全隐患。每个问题用“是”或“否”来回答。完成以后，对回答为“否”的项目采取行动，消除隐患		
① 灯具、外接物品及电话线是否放置在无人走动的地方	是	否
② 电源插座安全状态是否良好，是否有磨损或爆裂声	是	否
③ 延长线是否超负荷	是	否
④ 所有地毯是否防滑	是	否
⑤ 紧急呼叫号码是否张贴在电话上或电话附近	是	否
⑥ 是否妥善安装了烟雾探测器	是	否
⑦ 烟雾探测器是否运行良好	是	否
⑧ 电热器是否放置在不会被撞翻的地方	是	否
⑨ 煤气炉是否恰当地放在空气流通的地方	是	否
⑩ 老年人是否有紧急情况下逃离房屋的方案？万一失火是否有紧急出口	是	否
⑪ 各房间之间的所有门厅、过道和其他走动多的地方是否有充足的照明	是	否
⑫ 房屋的出口和通道是否通畅	是	否
⑬ 浴缸和淋浴的地方是否安装了防滑垫	是	否
⑭ 药物是否放在原有装它的容器里并有清楚的标识	是	否
⑮ 楼梯是否安装了扶手	是	否
⑯ 楼梯间的照明是否充足	是	否

拓展练习

一、单选题

1. 以下关注老年人心理安全的活动是（ ）。

A. 退休员工社会适应活动 B. 居家安全评估
C. 消防知识讲座 D. 安全知识大赛

2. 小组安全活动的参与人数最佳为（ ）。

A. 3～5人 B. 8～12人 C. 12～18人 D. 18人以上

3. （ ）不属于老年人安全活动策划的原则。

A. 可行性原则 B. 目的性原则
C. 专业性原则 D. 时效性原则

4. 活动实施过程中要注重（ ），尤其要妥善处理突发情况，并及时采取措施。

A. 灵活性 B. 规范性 C. 针对性 D. 可操作性

5. 问卷是活动成效最直接的反应方式，一方面是针对活动成效的问卷，另一方面是针对（ ）的满意度问卷。

A. 社工 B. 组织者 C. 服务对象 D. 志愿者

6. 下列选项表述不正确的是（ ）。

A. 老年人安全问题仅仅是一个经济安全问题
B. 老年人安全是老年人工作的核心内容
C. 老年人安全问题是关系到国家稳定和发展的大问题
D. 老年人安全问题关系到一个家庭的稳定和谐

二、多选题

1. 按活动内容，老年人安全活动可以分为（ ）。

A. 老年人人身安全 B. 老年人财产安全
C. 老年人日常安全 D. 老年人心理安全

2. 按活动形式，老年人安全活动可以分为（ ）。

A. 趣味型安全活动 B. 宣传型安全活动
C. 体验型安全活动 D. 参观型安全活动

3. 老年人安全活动策划的要素包括（ ）。

A. 活动背景 B. 活动主题 C. 活动目的
D. 活动预计困难及应对措施 E. 活动内容

4. 在开展活动之前，需要做的确认工作包括（ ）。

A. 场地确认 B. 人员确认 C. 物资确认 D. 流程预演

5. 以下属于老年人安全活动的成效评估对象的是（ ）。

A. 参与活动的老年人 B. 参与活动的老年人家属
C. 社区居民 D. 社区干部 E. 社工

6. 解决老年人的安全问题，可以从（　　）方面入手。
A. 公共安全设施的建设　　B. 必要的安全社会保障体系
C. 培养老年人的安全意识　　D. 减少老年人外出

三、简答题

1. 简述老年人安全活动策划的要素。
2. 如果设计的活动在室外，但是活动之前开始下雨了，你需要做哪些协调工作？
3. 请设计一份防跌倒安全小组活动的前后测量表。

项目总结

老年安全共参与，社工介入更放心；
安全意识要提高，避险能力才更强；
老年活动分三类，内容形式加方法；
人财心理和日常，趣味宣传体验高；
个案小组社区帮，安全第一幸福好。

老年安全共参与，活动策划有新意；
策划流程五大步，调查分析引大路；
设计实施与评估，居民需求更精准；
策划要素九部曲，步步精心全盘稳；
服务设计不担心，活动策划做指引。

活动虽然很重要，评估更是不可少；
前后测评易对比，数据呈现更直观；
方式单选或结合，成效才是最关键；
活动氛围要关注，需求划分要精细；
老年安全多方面，还得要把环境建。

参 考 文 献

范明林，张钟汝，2011．老年社会工作[M]．上海：上海大学出版社．

高曾伟，易向阳，高晖，2012．中老年旅游[M]．上海：上海交通大学出版社．

顾东辉，2009．社会工作评估[M]．北京：高等教育出版社．

何静，周良才，2015．社会福利机构活动策划与组织[M]．北京：电子工业出版社．

何雪松，2007．社会工作理论[M]．上海：上海人民出版社．

李方，1997．现代教育科学研究方法[M]．广州：广东高等教育出版社．

李沂靖，2010．社区工作[M]．北京：中国社会出版社．

李迎生，2010．社会工作概论[M]．2 版．北京：中国人民大学出版社．

卢晓，2016．节事活动策划与管理[M]．4 版．上海：上海人民出版社．

梅陈玉婵，齐铱，徐永德，2009．老年社会工作[M]．上海：格致出版社，上海人民出版社．

全国社会工作者职业水平考试教材编写组，2015．全国社会工作者职业水平考试指导教材：社会工作实务（初级）[M]．4 版．北京：中国社会出版社．

全国社会工作者职业水平考试教材编写组，2018．社会工作综合能力（初级）[M]．北京：中国社会出版社．

全国社会工作者职业水平考试教材编写组，2018．社会工作综合能力（中级）[M]．北京：中国社会出版社．

全国社会工作者职业水平考试教材编写组，2019．社会工作实务（中级）[M]．北京：中国社会出版社．

孙颖心，齐芳，2014．老年人心理护理[M]．北京：中国劳动社会保障出版社．

唐东霞，2014．老年活动策划与组织[M]．南京：南京大学出版社．

王思斌，2013．社会工作导论[M]．2 版．北京：高等教育出版社．

吴华，张韧韧，2011．老年社会工作[M]．北京：北京大学出版社．

辛涛，2006．新课程背景下的学业评价：测量理论的价值[J]．北京师范大学学报（社会科学版），（1）：58-63．

徐月宾，郭名倞，2015．老年社会工作实务[M]．北京：中国社会出版社．

余运英，2012．应用老年心理学[M]．北京：中国社会出版社．

袁慧玲，2017．老年人活动策划与组织[M]．北京：海洋出版社．

张清华，罗伟凡，2007．老年人养生[M]．北京：中国社会出版社．

张沙骆，刘隽铭，2015．老年人活动策划与组织[M]．北京：北京师范大学出版社．

郑日昌，漆书清，马世晔，1990．考试的教育测量学基础[M]．北京：高等教育出版社．

周晓虹，1997．现代社会心理学[M]．上海：上海人民出版社．

朱东武，朱眉华，2011．家庭社会工作[M]．北京：高等教育出版社．

GINSBERG L H，2013．社会工作评估：原理与方法[M]．黄晨曦，译．上海：华东理工大学出版社．